MATTHIAS WIENER
MARTIN BENNER

KOMMUNALES FINANZ- UND ABGABENRECHT SACHSEN-ANHALT

LEHR- UND ARBEITSBUCH

SIKOSA

Maximilian Verlag
Hamburg

MATTHIAS WIENER
MARTIN BENNER

KOMMUNALES FINANZ- UND ABGABENRECHT SACHSEN-ANHALT

LEHR- UND ARBEITSBUCH

Bibliografische Information der Deutschen Nationalbibliothek
Die Deutsche Nationalbibliothek verzeichnet diese Publikation in
der Deutschen Nationalbibliografie; detaillierte bibliografische
Daten sind im Internet über http://dnb.d-nb.de abrufbar.

Redaktionsstand: 01.02.2021

ISBN 978-3-7869-1145-6

© 2021 by Maximilian Verlag, Hamburg
Ein Unternehmen der **TAMM**MEDIA
Alle Rechte vorbehalten

Druck und Bindung: Plump Druck & Medien GmbH

Printed in Germany

AUTOREN

Matthias Wiener, Verwaltungsfachwirt, ist Leiter der Abteilung Finanzbuchhaltung bei der Stadt Dessau-Roßlau sowie Hochschuldozent für Öffentliche Finanzwirtschaft und Kommunalverfassungsrecht am Fachbereich Verwaltungswissenschaften der Hochschule Harz. Daneben ist er Lehrbeauftragter und Fachkoordinator für Kommunales Haushalts- und Kassenrecht am Studieninstitut für kommunale Verwaltung Sachsen-Anhalt e.V., Autor für verschiedene Fachzeitschriften und Lehrbücher sowie Mitglied in Prüfungskommissionen und Prüfungserstellungsausschüssen. Darüber hinaus ist er Redakteur der DVP Vorschriftensammlung Sachsen-Anhalt sowie des myDVP Magazin.

Dipl.-Rpfl. (FH) **Martin Benner**, LL. M. (oec.), M.A., MPA, war Prüfer an einem Landesrechnungshof und Leiter eines Rechnungsprüfungsamtes. Derzeit leitet er die Abteilung Hoheitliche Jugendhilfe im Amt für Jugend und Familie der Stadt Leipzig mit den Sachgebieten Beistandschaft/Beurkundung, Amtsvormundschaft, Jugendgerichtshilfe, Unterhaltsvorschuss Rückgriff und Pflegekinderdienst/Adoptionsvermittlung. Er ist Lehrbeauftragter an der Hochschule Meißen und Prüfer für Verwaltungsfachwirte sowie Verwaltungsfachangestellte. Daneben ist er im Auftrag von Kommunen, Bildungsträgern und Unternehmen als Dozent für die Zwangsvollstreckung und Beitreibung tätig. Regelmäßig veröffentlicht er zu diesen Themen auch Beiträge in Fachzeitschriften und anderen Werken. Außerdem ist Redakteur des myDVP Magazin.

VORWORT

Das vorliegende Lehrbuch wurde für die Aus- und Fortbildung im Land Sachsen-Anhalt verfasst und erscheint als Teil der Schriftenreihe des Studieninstitutes für kommunale Verwaltung Sachsen-Anhalt e. V. Aufgrund weitgehend vergleichbarer Rechtsgrundlagen kann es in anderen Bundesländern herangezogen werden.

Das Lehrbuch wurde für die Ausbildung der Verwaltungsfachgestellten, die Beschäftigtenlehrgänge I und II, die Finanz- und Bilanzbuchhalterlehrgänge sowie die Studiengänge Öffentliche Verwaltung (B.A.) und Verwaltungsökonomie (B.A.) der Hochschule Harz konzipiert. Ziel ist es, den Auszubildenden, Studierenden und Teilnehmenden an Beschäftigtenlehrgängen die komplexen, schwierigen und praxisrelevanten Lehrinhalte des Finanz- und Abgabenrechts in Sachsen-Anhalt zu vermitteln. Neben den theoretischen Erläuterungen enthält das Lehrbuch deshalb eine Vielzahl praktischer Fallgestaltungen, die einfache, aber auch schwierige und komplexe Problemstellungen behandeln. Durch die Bearbeitung und Lösung der Sachverhalte ist eine erfolgreiche Prüfungsvorbereitung möglich. Das Lehrbuch soll dadurch im besonderen Maß der Aus- und Weiterbildung dienen.

Bei Gerichtsentscheidungen wird vorzugsweise auf freizugängliche Fundstellen im Internet verwiesen, insbesondere openjur.de. Bei bit.ly/[...] handelt es sich um Internetadressen. Alle Internetadressen wurden letztmals am 01.02.2021 aufgerufen.

Anregungen und Verbesserungsvorschläge nehmen wir gern entgegen (matthias.wiener@gmx.de/info@martin-benner.de).

Für die umfangreiche Unterstützung möchten wir uns insbesondere bei Herrn Thomas Bantle und Frau Susanne Dürr vom Maximilian Verlag GmbH & Co. KG sowie Herrn Prof. Dr. Dirk Furchert und Frau Claudia Weinert vom Studieninstitut für kommunale Verwaltung Sachsen-Anhalt e. V. bedanken. Weiterhin bedanken wir uns bei der Fachkoordinatorin für Kommunales Finanz- und Abgabenrecht, Frau Vicki Scharfen-Lossack, für die gründliche Durchsicht des Manuskriptes und die konstruktiven Verbesserungsvorschläge.

Wir wünschen viel Erfolg bei der Erarbeitung der theoretischen Kenntnisse und Lösung der praktischen Fallgestaltungen.

Zörbig und Leipzig, im Jahr 2021
Matthias Wiener und Martin Benner

INHALTSVERZEICHNIS

A. Finanzierung kommunaler Aufgaben   **13**

I. Kommunale Selbstverwaltung und Finanzhoheit   **13**

II. Aufgabenerfüllung   **14**

III. Finanzausgleich   **15**

    1. Übergemeindlicher Finanzausgleich   15

    2. Zwischengemeindlicher Finanzausgleich   17

IV. Grundsätze der Finanzmittelbeschaffung   **18**

V. Abgabenrechtliche Grundlagen   **21**

    1. Grundbegriffe   21

    2. Abgabenarten   21

      a) Steuern   22

      b) Gebühren und Beiträge   23

      c) Kommunalabgaben   24

      d) Zusammenfassender Überblick   24

    3. Abgabenprinzipien   24

B. Realsteuern   **26**

I. Begriff und Rechtsgrundlagen   **26**

II. Grundsteuer   **26**

    1. Gegenstand der Grundsteuer   26

    2. Steuerschuldner   28

    3. Ermittlung der Grundsteuer   28

      a) Grundsteuer- bzw. Einheitswert (1. Stufe)   29

        (1) Feststellungsanlässe   29

          (aa) Hauptfeststellung   29

          (bb) Fortschreibungen   30

          (cc) Nachfeststellung   30

        (2) Mitwirkungspflichten   31

        (3) Bewertungsverfahren   31

      b) Grundsteuermessbetrag (2. Stufe)   32

        (1) Ermittlung und Festsetzung   32

        (2) Zerlegung   33

      c) Höhe der jährlichen Grundsteuer (3. Stufe)   34

    4. Stichtagsprinzip   36

    5. Haftung   36

      a) Persönliche Haftung   37

      b) Dingliche Haftung   37

III. Gewerbesteuer   **38**

    1. Gegenstand der Gewerbesteuer   38

      a) Stehender Gewerbebetrieb   38

b) Reisegewerbebetrieb 39

2. Steuerschuldner, Steuererklärungspflicht und Verspätungszuschlag 39

3. Ermittlung der Gewerbesteuer 40

   a) Um Gewerbeverlust gekürzter maßgebender Gewerbeertrag (Stufe 1) 40

   b) Gewerbesteuermessbetrag (Stufe 2) 41

      (1) Ermittlung und Festsetzung 41

      (2) Zerlegung 42

   c) Höhe der jährlichen Gewerbesteuer (Stufe 3) 43

4. Vorauszahlungen 45

5. Nachzahlungs- und Erstattungszinsen 46

6. Gewerbesteuerumlage 47

IV. Zuständigkeit für die Realsteuerverwaltung (Zusammenfassung) **48**

1. Sachliche Zuständigkeit 48

   a) Finanzämter 49

   b) Gemeinden 49

2. Örtliche Zuständigkeit 49

   a) Finanzämter 49

   b) Gemeinden 50

C. Kommunalabgaben **51**

  I. Rechtsgrundlagen **51**

  II. Örtliche Verbrauch- und Aufwandsteuern **51**

1. Begriff der örtlichen Verbrauch- und Aufwandsteuer 51

2. Gesetzgebungskompetenz und Ertragshoheit 53

3. Steuerfindungsrecht 54

4. Örtlicher Charakter 55

5. Gleichartigkeitsverbot 56

6. Lenkungswirkung 57

  III. Gebühren **57**

1. Verwaltungskosten 57

   a) Begriffe 57

   b) Erhebung 59

      (1) Rechtsgrundlagen 59

         (aa) Amtshandlungen im eigenen Wirkungskreis 59

         (bb) Amtshandlungen im übertragenen Wirkungskreis 61

         (cc) Zusammenfassung 62

      (2) Kostenerhebungspflicht der Kommunen 62

      (3) Kostentragungspflicht der Beteiligten 63

      (4) Ausnahmen von der Gebührenpflicht 64

         (aa) Öffentliches Interesse 64

         (bb) Rechtsbehelfsverfahren 65

   c) Gebührenbemessung 65

      (1) Auf der Normebene 65

         (aa) Kostendeckungsprinzip 66

(bb) Äquivalenzprinzip 68
(cc) Gebührenarten 70
(2) Bemessung im Einzelfall 71
d) Auslagen 72
e) Verwaltungsgebühren und Auslagen in der Verwaltungsvollstreckung 74
2. Benutzungsgebühren 75
a) Begriffe 75
(1) Benutzungsgebühr 75
(2) Öffentliche Einrichtung 75
b) Zwei-Stufen-Theorie 76
(1) Zulassungsanspruch 76
(2) Anschluss- und Benutzungszwang 77
(3) Nutzungsverhältnis 78
c) Gebührenbemessung 80
(1) Gebührenkalkulation 80
(aa) Kostendeckungsprinzip 80
(bb) Gebührenrelevante Kosten der Einrichtung 81
(cc) Wirklichkeits- oder Wahrscheinlichkeitsmaßstab 82
(dd) Äquivalenzprinzip und Gleichheitsgrundsatz 82
(ee) Progressive und degressive Gebührenbemessung 83
(2) Beschlussfassung 83
(3) Anpassung 84
d) Gebührenerhebung 85
(1) Gebührenschuldner 85
(2) Erhebungsverfahren 86

IV. Beiträge **87**
1. Beitragsarten 87
a) Anschlussbeiträge nach §§ 6–7 KAG-LSA 87
b) Kostenerstattungen für Grundstücksanschlüsse nach § 8 KAG-LSA 88
c) Exkurs: Erschließungsbeiträge nach §§ 127–135 BauGB 90
2. Bemessung 90
3. Pflichtiger 91
4. Entstehung und Erhebung 92

D. Abgabenverfahrensrecht **93**
I. Rechtsgrundlagen **93**
1. AO und KAG-LSA 93
a) Realsteuern 94
b) Kommunalabgaben 94
c) Gegenüberstellung und Besonderheiten 95
2. AEAO 97
II. Verfahrensrechtlicher Überblick **98**
III. Entstehung **98**
IV. Festsetzung **99**
1. Festsetzung durch Verwaltungsakt 99

a) Begriff und Mindestinhalt 99
b) Bekanntgabe 99
  (1) Adressaten 99
  (2) Art der Bekanntgabe 101
  (3) Zugang und Frist bei einfacher Post 102
2. Festsetzung durch öffentliche Bekanntmachung 105
3. Besonderheiten bei Gesamtschuldnern 107
4. Besonderheit bei Realsteuern 108
5. Besonderheiten bei Kommunalabgaben 109
a) Abgabenbescheide 109
b) Vereinfachungsregelungen 110
6. Festsetzungsfrist und Festsetzungsverjährung 111
a) Beginn, Dauer und Ende 111
b) Anlaufhemmung 112
c) Ablaufhemmung 113

V. Leistungsgebot **114**

VI. Fälligkeit **115**
1. Grundsatz 115
2. Stundung 116
a) Begriff und Rechtsgrundlagen 116
b) Voraussetzungen der Stundung 117
  (1) Erhebliche Härte 117
  (2) Anspruchsgefährdung und -sicherung 119
c) Antragserfordernis 119
d) Stundungszinsen 121

VII. Erfassung und Einziehung **122**

VIII. Zahlungsverzug **122**
1. Säumniszuschlag 123
a) Begriff und Höhe 123
b) Zweck 123
c) Ermittlung 124
2. Mahnung 125
3. Beitreibung 125
a) Verwaltungsvollstreckung 125
  (1) Rechtsgrundlagen 125
  (2) Vollstreckungsvoraussetzungen 126
  (3) Zuständigkeit 126
  (4) Sachaufklärung 127
  (5) Mobiliarvollstreckung 128
    (aa) Pfändung körperlicher Sachen 128
    (bb) Pfändung von Forderungen und anderen Rechten 129
  (6) Immobiliarvollstreckung 131
  (7) Vollstreckungsaufschub 131
b) Insolvenzverfahren 132

IX. Niederschlagung   **134**

  1. Hintergrund   134

  2. Gründe für eine Niederschlagung   135

  3. Verfahren   136

  4. Dauer der Niederschlagung   136

X. Erlöschen von Ansprüchen   **137**

  1. Zahlung   137

  2. Aufrechnung   137

  3. Zahlungsverjährung   137

    a) Beginn, Dauer und Ende   138

    b) Hemmung   138

    c) Unterbrechung   139

  4. Erlass   140

    a) Begriff   140

    b) Voraussetzungen   141

      (1) Sachliche Unbilligkeit   141

      (2) Persönliche Unbilligkeit   142

        (aa) Erlassbedürftigkeit   142

        (bb) Erlasswürdigkeit   143

XI. Steuergeheimnis   **145**

  1. Einordnung und Zweck   145

  2. Verletzung des Steuergeheimnisses   146

    a) Verpflichtete   146

    b) Geschützte Daten   146

    c) Verletzungshandlung   146

  3. Zulässige Offenbarung oder Verwertung   147

  4. Folgen bei Verletzung   149

E. Abgabenbezogene Grundlagen der Kommunalverfassung   **150**

I. Rechtsgrundlagen   **150**

II. Zuständigkeit für den Erlass einer Abgabensatzung   **150**

III. Verfahren für den Erlass einer Abgabensatzung   **151**

IV. Mindestinhalte der Abgabensatzung   **151**

  1. Abgabenschuldner   152

  2. Abgabentatbestand   153

  3. Maßstab der Abgabe (Bemessungsgrundlage)   153

  4. Satz der Abgabe   155

  5. Zeitpunkt der Abgabenentstehung   156

  6. Fälligkeit der Abgabe   158

V. Fehlerhafte Abgabensatzungen   **159**

  1. Formelle Fehler   159

  2. Materielle Fehler   161

VI. Rückwirkender Erlass einer Abgabensatzung   **162**

    1. Verfassungsrechtliche Schranken   162

      a) Echte und unechte Rückwirkung von Satzungen   162

      b) Rückwirkende Korrektur fehlerhafter Satzungen   163

    2. Einfachgesetzliche Schranken   164

      a) Zeitraum der Rückwirkung   165

      b) Höhe der Abgabenpflicht   165

  VII. Muster einer Abgabensatzung   **166**

ABBILDUNGSVERZEICHNIS   **173**

TABELLENVERZEICHNIS   **175**

ABKÜRZUNGSVERZEICHNIS   **176**

STICHWORTVERZEICHNIS   **179**

LITERATURVERZEICHNIS   **181**

A. Finanzierung kommunaler Aufgaben

I. Kommunale Selbstverwaltung und Finanzhoheit

Das kommunale Abgabenrecht hat seinen Ursprung im Grundgesetz. Den Gemeinden muss das Recht gewährleistet sein, alle Angelegenheiten der örtlichen Gemeinschaft im Rahmen der Gesetze in eigener Verantwortung zu regeln (Art. 28 Abs. 2 S. 1 GG). Das wird als Kommunales Selbstverwaltungsrecht bezeichnet. Angelegenheiten der örtlichen Gemeinschaft „sind diejenigen Bedürfnisse und Interessen, die in der örtlichen Gemeinschaft wurzeln oder auf sie einen spezifischen Bezug haben, die also den Gemeindeeinwohnern gerade als solchen gemeinsam sind, indem sie das Zusammenleben und -wohnen der Menschen in der Gemeinde betreffen."[1] Dieses Recht steht auch den Landkreisen im Rahmen ihres gesetzlichen Aufgabenbereiches nach der Maßgabe der Gesetze zu (Art. 28 Abs. 2 S. 2 GG).[2] Die Gewährleistung der Selbstverwaltung umfasst die Grundlagen der finanziellen Eigenverantwortung. Dazu zählt eine den Gemeinden zustehenden wirtschaftskraftbezogene Steuerquelle – die Gewerbesteuer → S. 38 (Art. 28 Abs. 2 S. 3 GG)[3], deren Höhe die Gemeinden selbst beeinflussen können (Hebesatzrecht). Das Recht der kommunalen Selbstverwaltung wird auch durch die Landesverfassung (Art. 2 Abs. 3, 87 Abs. 1 Verf ST) sowie einfachgesetzlich durch das Kommunalverfassungsgesetz (§ 1 Abs. 1 KVG LSA) gewahrt.

Um die Angelegenheiten der örtlichen Gemeinschaft eigenverantwortlich zu erledigen, stehen den Kommunen verschiedene Hoheiten bzw. Rechte zu. Dazu zählen u. a. die Organisationshoheit, die Kooperationshoheit, die Personalhoheit, die Planungshoheit, die Satzungshoheit sowie die Finanzhoheit.[4] Letztere umfasst z. B. eine Einnahmehoheit, eine Ausgabehoheit und eine Haushaltshoheit.[5] Durch die Einnahmehoheit können die Kommunen grundsätzlich die Höhe und Struktur der Finanzmittel selbst bestimmen.[6] Dadurch zielt die Finanzhoheit auch auf die Finanzmittelbeschaffung ab.[7] Durch die Ausgabehoheit sind die Kommunen befugt, grundsätzlich über die Verwendung der Finanzmittel frei zu entscheiden, wobei die Höhe der verausgabten Finanzmittel durch den Grundsatz des Haushaltsausgleichs (§ 98 Abs. 3 KVG LSA) begrenzt wird.[8] Die Haushaltshoheit ermöglicht den Kommunen eine eigenständige Haushaltswirtschaft.[9] Diese ist in den §§ 98 ff. KVG LSA sowie der KomHVO und den verbindlichen Mustern zur Haushaltswirtschaft normiert. Darüber hinaus steht den Kommunen eine Abgabenhoheit zu.[10] Danach sind sie berechtigt, Abgaben – Steuern, Gebühren und Beiträge – nach den gesetzlichen Vorschriften zu erheben, soweit nicht Bundes- oder Landesrecht etwas anderes bestimmt (Art. 88 Abs. 3 Verf ST i. V. m. § 99 Abs. 1 KVG LSA i. V. m. § 1 Abs. 1 KAG-LSA).

1

2

---

[1] BVerfG, Beschl. v. 23.11.1988 – 2 BvR 1619/83 u. a. NVwZ 1989, 347-352.
[2] Vgl. dazu Burgi, Kommunalrecht, § 20 Rn. 12.
[3] Mehde in Maunz et al., Art. 28 Abs. 2 Rn. 147.
[4] Vgl. dazu näher Burgi, Kommunalrecht, § 6 Rn. 33.
[5] Vgl. dazu umfassend Schmid, H. in Schmid et al., § 98 Rn. 49-56.
[6] Schmid, H. in Schmid et al., § 98 Rn. 52.
[7] Grimberg et al., S. 4 f.
[8] Schmid, H. in Schmid et al., § 98 Rn. 54.
[9] Schmid, H. in Schmid et al., § 98 Rn. 56; so auch Burgi, Kommunalrecht, § 6 Rn. 33.
[10] Haack in Kirchmer et al., § 1 Nr. 1; Holtbrügge in Driehaus, Kommunalabgabenrecht, § 1 Rn. 8.

II. Aufgabenerfüllung

3   Die Gemeinden und Landkreise sind für eine Vielzahl von Aufgaben zuständig.[11] Während die Gemeinden für alle Aufgaben in ihrem Gebiet die Verantwortung tragen (§ 2 Abs. 2 KVG LSA), sind die Landkreise Träger der Aufgaben von überörtlicher Bedeutung oder deren zweckmäßige Erfüllung die Verwaltungs- oder Finanzkraft der landkreisangehörigen Gemeinden übersteigt (§ 3 Abs. 2 S. 1 KVG LSA).

4   Dabei wird zwischen Aufgaben des eigenen und übertragenen Wirkungskreises unterschieden (§ 4 S. 1 KVG LSA):

– Aufgaben des eigenen Wirkungskreises sind die Selbstverwaltungsangelegenheiten, also die Angelegenheiten der örtlichen Gemeinschaft (Art. 28 Abs. 2 S. 1 GG i.V.m. Art. 87 Abs. 1 Verf ST). Diese können entweder freiwillig wahrgenommen werden oder sie sind den Kommunen als Pflichtaufgaben zur Erfüllung in eigener Verantwortung zugewiesen (Art. 87 Abs. 3 S. 1 Alt. 1 Verf ST i.V.m. § 5 Abs. 1 Nr. 1–3 KVG LSA). Dazu zählen z.B. die Trinkwasserversorgung, die Abfallbeseitigung, der Brandschutz, die Förderung von Kultur- und Sportvereinen, die Einrichtung und Unterhaltung von Sport-, Spiel- und Freizeiteinrichtungen wie Schwimmbädern, Bibliotheken oder Park- und Gartenanlagen (vgl. auch § 90 Abs. 1 KVG LSA).
– Zum übertragenen Wirkungskreis zählen staatliche Aufgaben, die den Kommunen durch Gesetz zur Erfüllung nach Weisung zugewiesen sind (Art. 87 Abs. 3 S. 1 Alt. 2 Verf ST i.V.m. § 6 Abs. 1 S. 1 Nr. 1 KVG), z.B. die Gefahrenabwehr nach dem SOG LSA, die Bauaufsicht nach der BauO LSA oder Aufgaben des Naturschutzes nach dem NatSchG LSA.[12]

5   Der oberste Haushaltsgrundsatz verlangt, dass die Haushaltswirtschaft so geplant und geführt wird, dass die stetige Erfüllung dieser Aufgaben sichergestellt ist (§ 98 Abs. 1 S. 1 KVG LSA). Dafür ist eine dauerhafte und solide Aufgabenfinanzierung notwendig, die sich auf vier wesentliche Säulen stützt:

– Eine Grundausstattung der Kommunen mit Finanzmitteln wird durch das Land Sachsen-Anhalt gewährleistet (Art. 88 Abs. 1 Verf ST), wobei die unterschiedliche Finanzkraft der Kommunen durch den Finanzausgleich angemessen ausgeglichen wird → S. 15.
– Werden den Kommunen Aufgaben übertragen, ist für die dadurch entstehenden Mehrbelastungen ein angemessener Ausgleich durch das Land Sachsen-Anhalt zu schaffen (Art. 87 Abs. 3 S. 2, 3 Verf ST), sog. Konnexitätsprinzip.
– Wie bereits ausgeführt, sind die Kommunen berechtigt, Abgaben zu erheben.
– Daneben erhalten die Gemeinden Anteile an den Gemeinschaftssteuern. Dazu zählen die Einkommensteuer, die Körperschaftssteuer und die Umsatzsteuer. Deren Aufkommen steht grds. dem Bund und den Ländern gemeinsam zu (Art. 106 Abs. 3 S. 1 GG). Die Gemeinden erhalten jedoch einerseits einen Anteil am Aufkommen der Einkommensteuer, der von den Ländern an ihre Gemeinden auf der Grundlage der Einkommensteuerleistungen der jeweiligen Einwohner weitergeleitet wird (Art. 106 Abs. 5 S. 1 GG). Zum anderen erhalten die Gemeinden einen Anteil am Umsatzsteueraufkommen, der von den

---

[11] Aus Vereinfachungsgründen wird auf die Verbandsgemeinde nicht näher eingegangen. Außerdem werden Gemeinden und Landkreise mit dem Begriff der Kommunen zusammengefasst.
[12] Vgl. dazu Reich in Schmid et al., § 6 Rn. 5, mit weiteren Beispielen.

Ländern auf der Grundlage eines orts- und wirtschaftsbezogenen Schlüssels an ihre Gemeinden weitergeleitet wird (Art. 106 Abs. 5a S. 1, 2 GG). Die Höhe der Gemeindeanteile sowie das Verfahren zur Verteilung des Aufkommens richten sich nach dem FAG (des Bundes), dem GemFinRefG sowie der GemFinRefGDV ST 2015.

III. Finanzausgleich

Die Aufgabenerfüllung ist in jeder Kommune unabhängig von ihrer Finanzkraft sicherzu- 6
stellen. Die Finanzkraft der einzelnen Kommunen kann jedoch aufgrund verschiedener Faktoren – teilweise deutlich – voneinander abweichen und ist deshalb angemessen durch den kommunalen Finanzausgleich nach dem FAG LSA auszugleichen (Art. 88 Abs. 2 S. 1 Verf ST). Dabei wird zwischen

– einem übergemeindlichen (zwischen dem Land und den Kommunen),
– als auch einem zwischengemeindlichen Finanzausgleich (zwischen den kommunalen Ebenen untereinander)

unterschieden (§ 1 Abs. 1 FAG LSA). 7

1. Übergemeindlicher Finanzausgleich

Um die Erfüllung der Aufgaben des eigenen und übertragenen Wirkungskreises sicherzu- 8
stellen, werden die Kommunen durch das Land zur Ergänzung der eigenen Einnahmen mit Finanzmitteln in einem angemessenen Umfang ausgestattet, sog. vertikaler Finanzausgleich (§ 1 Abs. 1, Abs. 2 S. 1 FAG LSA). Der Umfang beträgt mindestens 18 % des Landesanteils am Aufkommen der Gemeinschaftssteuern (Art. 106 Abs. 7 S. 1 GG, § 1 Abs. 2 S. 2 FAG LSA). Damit dieses Ziel erreicht wird, stellt das Land eine Finanzausgleichsmasse zur Verfügung (§ 2 Abs. 1 FAG LSA), deren Höhe abweichend von § 1 Abs. 2 S. 2 FAG LSA mit einem fixen jährlichen Eurobetrag normiert ist. Um die angemessene Höhe der Finanzausgleichsmasse zu ermitteln, werden als Bemessungsgrundlage die notwendigen kommunalen Aufgaben herangezogen und wird eine effiziente Aufgabenerfüllung durch die Kommunen unterstellt (§ 2 Abs. 4 S. 2 FAG LSA).

Im Rahmen des horizontalen Finanzausgleichs werden die Unterschiede beim Finanzmit- 9
telbedarf und der Finanzkraft zwischen den einzelnen Kommunen durch ein System an Zuweisungen reduziert, aber nicht vollständig ausgeglichen. Dazu wird die Finanzausgleichsmasse nach festgelegten Kriterien auf die Kommunen verteilt und zunächst in die folgenden vier Teilmassen aufgeteilt (§ 3 FAG LSA):

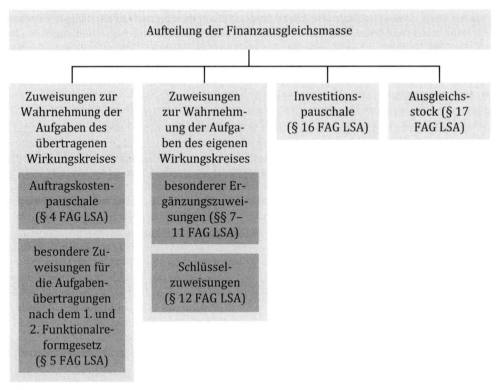

Abb. 1 – Aufteilung der Finanzausgleichsmasse nach § 3 FAG LSA

10   Die Aufteilung der Finanzausgleichsmasse in Zuweisungen für den eigenen und übertragenen Wirkungskreis liegt darin begründet, dass die angemessenen Kosten für die Aufgaben
des übertragenen Wirkungskreises in der Regel vollständig und unabhängig von den jeweiligen Einnahmen der Kommunen ausgeglichen werden sollen (vgl. Art 87 Abs. 3 S. 3
Verf ST, § 6 Abs. 1 S. 1 Nr. 1 Hs. 2 KVG LSA). Für die Aufgaben des eigenen Wirkungskreises
stehen den Kommunen noch andere Finanzmittel zur Verfügung (z.B. Mieten, Pachten, Gebühren, Steuern), sodass das Land insoweit nur die unterschiedliche Finanzkraft zwischen
den Kommunen in einem angemessenen Umfang ausgleicht.

11   Eine besondere Schwierigkeit besteht bei der Verteilung der Schlüsselzuweisungen für die
Aufgaben des eigenen Wirkungskreises. Hier wird zunächst die jeweilige Einnahmesituation der Städte und Gemeinden durch eine Steuerkraftmesszahl (§ 14 FAG LSA) sowie bei
den Landkreisen durch eine Umlagekraftmesszahl (§ 15 FAG LSA) ermittelt. In einem zwei-
ten Schritt wird auf der Grundlage der Einwohnerzahlen der jeweilige Finanzbedarf der
Kommune berechnet, der sich in der Bedarfsmesszahl widerspiegelt (§ 13 FAG LSA). Dabei
werden die Einwohnerzahlen durch verschiedene Zuschläge erhöht bzw. „veredelt", z.B.
aufgrund der Größe der Kommune oder weil es sich um ein Mittelzentrum handelt. Anschließend werden die Steuerkraft- bzw. Umlagekraftmesszahl und die Bedarfsmesszahl
gegenübergestellt. Bleibt die Steuerkraft- bzw. Umlagekraftmesszahl hinter der Bedarfsmesszahl zurück, wird der Unterschiedsbetrag in Höhe eines bestimmten prozentualen
Anteils durch die Schlüsselzuweisung ausgeglichen (§ 12 Abs. 2, 3, 4 FAG LSA). Unter

bestimmten Umständen müssen finanzstarke kreisangehörige Städte und Gemeinden sogar Finanzmittel an die Finanzausgleichsmasse durch eine Finanzkraftumlage abführen, welche über die Schlüsselzuweisung an finanzkraftschwächere kreisangehörige Städte und Gemeinden wiederum verteilt wird (§ 12 Abs. 4 FAG LSA).[13]

Neben den Zuweisungen für die Erfüllung von Aufgaben des eigenen und übertragenen Wirkungskreises erhalten die Kommunen eine Investitionspauschale zur Verbesserung der kommunalen Infrastruktur (§ 16 Abs. 1 FAG LSA). Innerhalb der Teilmasse für die Investitionspauschale werden wiederum Teilmassen für spezielle Zwecke gebildet, um die kommunalen Investitionen in Sportstätten, Feuerwehren und Krankenhäuser zielgerichtet zu fördern (§ 16 Abs. 2 FAG LSA). 12

Zur Milderung bzw. zum Ausgleich außergewöhnlicher Belastungen und Notlagen sowie zur Vermeidung besonderer Härten durch den Finanzausgleich können die Kommunen Bedarfszuweisungen und Liquiditätshilfen aus dem Ausgleichsstock beantragen (§ 17 Abs. 1 S. 2, 4, Abs. 2 S. 1 FAG LSA). Als Notlage gilt insbesondere der Fall, dass die Einnahmemöglichkeiten der Kommunen zur Erfüllung ihrer unabweisbaren Ausgabeverpflichtungen nicht ausreichen (§ 17 Abs. 1 S. 3 FAG LSA). Auf die Bewilligung von Mitteln aus dem Ausgleichsstock besteht für die Kommunen jedoch kein Rechtsanspruch (§ 17 Abs. 3 S. 1 FAG LSA). Überdies kann das Land durch Entschuldungsprogramme den Abbau von kommunalen Kreditverbindlichkeiten unterstützen (§ 18 FAG LSA). 13

2. Zwischengemeindlicher Finanzausgleich

Neben dem übergemeindlichen Finanzausgleich werden auch Finanzmittel zwischen den Kommunen transferiert. Zum einen sind die Landkreise berechtigt, eine Kreisumlage von den kreisangehörigen Städten und Gemeinden zu erheben, um ihren erforderlichen Finanzmittelbedarf zur Aufgabenerfüllung zu decken (§ 99 Abs. 3 S. 1 KVG LSA). Die Kreisumlage ist nachrangig zu den anderen Finanzmitteln des Landkreises (z. B. Mieten, Pachten, Gebühren), da zunächst diese ausgeschöpft werden müssen (§ 99 Abs. 3 S. 1 KVG LSA). Der Umlagesatz wird in § 5 der Haushaltssatzung des Landkreises anstelle der Hebesätze für die Realsteuern → S. 34, 43 festgesetzt, die nur von den Städten und Gemeinden erhoben werden (§§ 99 Abs. 3 S. 2, 100 Abs. 2 S. 1 Nr. 6 KVG LSA, § 19 Abs. 1 S. 1 FAG LSA). Grundlage für die Umlage bilden die Schlüsselzuweisungen nach § 12 FAG LSA des jeweiligen vergangenen Haushaltsjahres der kreisangehörigen Städte und Gemeinden sowie die Steuerkraftmesszahlen nach § 14 FAG LSA (Art. 106 Abs. 6 S. 6 GG i. V. m. § 19 Abs. 2 S. 1 FAG LSA). 14

Die Erhöhung des Kreisumlagesatzes ist nur zulässig, wenn in angemessenem Umfang die anderen Möglichkeiten, den Kreishaushalt auszugleichen, ausgeschöpft sind (§ 99 Abs. 3 S. 3 KVG LSA). Durch die Kreisumlage werden die verfügbaren Finanzmittel auf der kommunalen Ebene umverteilt, ohne dass sich diese insgesamt erhöhen. Folglich ist eine solche Einschränkung notwendig, da jede Erhöhung der Kreisumlagesätze die finanziellen Handlungsspielräume der kreisangehörigen Städte und Gemeinden für die eigene Aufgabenerfüllung einschränkt. In der Praxis führt deshalb die Festsetzung des Kreisumlagesatzes 15

---

13 Vgl. dazu LVerfG Sachsen-Anhalt, Urt. v. 26.11.2014 – LVG 12/13, NVwZ 2015, 1131.

vielfach zu Auseinandersetzungen zwischen den Landkreisen und den kreisangehörigen Städten und Gemeinden.[14]

16 Innerhalb des Haushaltsjahres muss eine Erhöhung des Umlagesatzes bis zum 31.05. vom Kreistag beschlossen sein und den kreisangehörigen Städten und Gemeinden spätestens drei Wochen vor Beschlussfassung angezeigt werden (§ 20 Abs. 1 S. 1 FAG LSA). Damit eine solche rückwirkende Festsetzung der Kreisumlage zu Beginn des Haushaltsjahres wirksam wird, ist die vom Kreistag beschlossene Änderung den betroffenen Städten und Gemeinden spätestens zwei Wochen nach Beschlussfassung mitzuteilen (§ 20 Abs. 2 FAG LSA). Die Erhöhung der Kreisumlagesätze bedarf der Genehmigung durch die Kommunalaufsichtsbehörde (§ 99 Abs. 3 S. 3 KVG LSA, § 20 Abs. 3 S. 1 FAG LSA). Die Entscheidung, ob eine Genehmigung erfolgt oder nicht, hat die Kommunalaufsichtsbehörde grundsätzlich innerhalb eines Monates nach Vorlage des Beschlusses zu treffen (§ 20 Abs. 3 S. 2 FAG LSA). Nach Ablauf der Frist gilt die Erhöhung als genehmigt (§ 20 Abs. 3 S. 3 FAG LSA). Um die Umlagesätze zu reduzieren, kann die Aufsichtsbehörde die Genehmigung mit Auflagen und Bedingungen für die Gestaltung der Haushaltswirtschaft des Landkreises verbinden (§ 99 Abs. 3 S. 4 KVG LSA).

17 Ein weiterer zwischengemeindlicher Finanzausgleich findet zwischen den Verbandsgemeinden und ihren Mitgliedsgemeinden durch die Erhebung einer Verbandsgemeindeumlage statt. Für die Festsetzung, Erhebung und Erhöhung dieser Umlage gelten die Regelungen zur Kreisumlage entsprechend (§ 99 Abs. 4 KVG LSA, § 23 FAG LSA).[15]

IV. Grundsätze der Finanzmittelbeschaffung

18 Abgaben können die Kommunen jedoch nicht ohne Weiteres erheben. Vielmehr sind die zur Aufgabenerfüllung erforderlichen Finanzmittel nach einer im KVG LSA vorgeschriebenen Rangfolge zu beschaffen:

– Die Kommunen haben ihren Mittelbedarf zunächst aus sonstigen Finanzmitteln zu beschaffen. Dazu zählen z. B. Mieten, Pachten, Zuweisungen, Zuschüsse, Bußgelder, Verkaufserlöse, die Gemeindeanteile an der Einkommens- und Umsatzsteuer sowie die Zuweisungen nach dem FAG LSA (§ 99 Abs. 2 S. 1 a. E. KVG LSA).
– Erst wenn diese nicht ausreichen, sind öffentlich- und privatrechtliche Entgelte zulässig, z. B. Verwaltungs- und Benutzungsgebühren → S. 57 oder Beiträge → S. 87. Diese müssen aber „vertretbar und geboten" sein (§ 99 Abs. 2 S. 1 Nr. 1 KVG LSA). Mit dieser Einschränkung fließen soziale Anforderungen in die finanzwirtschaftliche Entscheidung ein.[16] Daher werden vor allem bei Benutzungsgebühren soziale Aspekte durch die Staffelung der Abgabensätze berücksichtigt, z. B. mit Ermäßigungen für Schwerbehinderte → S. 80.
– Nachrangig („subsidiär") zu den vorgenannten Finanzierungsmöglichkeiten ist eine Deckung des Finanzmittelbedarfs durch Steuern zulässig (§ 99 Abs. 2 S. 1 Nr. 2 KVG LSA)[17], wozu auf kommunaler Ebene die Realsteuern → S. 26 und die örtlichen Verbrauch- und

---

[14] Vgl. nur OVG Magdeburg, Urt. v. 17.03.2020 – 4 L 184/18, openJur 2020, 46248; OVG Magdeburg, Urt. v. 17.03.2020 – 4 L 14/19, openJur 2020, 46250.
[15] Vgl. dazu OVG Magdeburg, Urt. v. 16.07.2020 – 4 L 176/19, openJur 2020, 46421.
[16] Vgl. Schmid, H. in Schmid et al., § 99 Rn. 20.
[17] Vgl. zur Steuersubsidiarität Holtbrügge in Driehaus, Kommunalabgabenrecht, § 1 Rn. 47.

Aufwandsteuern → S. 51 zählen. Das wird auch als „Subsidiaritätsprinzip" bezeichnet. Die vorgenannten Steuerquellen stehen den Gemeinden zu bzw. werden von ihnen vollständig ausgeschöpft. Die Landkreise erheben deshalb anstelle eigener Steuern von ihren kreisangehörigen Gemeinden eine Kreisumlage, um ihren verbleibenden Finanzmittelbedarf zu decken (§ 99 Abs. 3 S. 1 KVG LSA).

Durch die nachrangige Finanzmittelbeschaffung über Steuern sollen öffentliche Einrichtungen vorrangig durch diejenigen finanziert werden, denen sie in erster Linie zugutekommen, z. B. bei Kindertagesstätten den Eltern der dort betreuten Kinder.[18] Dadurch wird ein ausgewogenes Verhältnis zwischen der Erhebung von allgemeinen Steuern und nutzungsabhängigen Entgelten geschaffen, um einen angemessenen Interessensausgleich zwischen den verschiedenen Abgabepflichtigen herzustellen.[19] Die Abgabenpflichtigen haben jedoch keinen rechtlichen Anspruch darauf, dass öffentlich- und privatrechtliche Entgelte erhöht bzw. kostendeckend erhoben werden, um im Gegenzug Steuern zu senken oder auf eine Steuererhöhung zu verzichten.[20] Vielmehr kann die Kommune von der grundsätzlichen Rangfolge der Finanzmittelbeschaffung abweichen, wenn Abgabenpflichtige bei ihrer Einhaltung unverhältnismäßig beansprucht werden würden (§ 99 Abs. 2 S. 2 KVG LSA).[21] In welchem Umfang die einzelnen Abgabensätze angemessen und zumutbar sind, ist anhand verschiedener Kriterien zu prüfen, z. B. dem Landesdurchschnitt einzelner Abgabensätze.[22]

Unabhängig von der vorgeschriebenen Rangfolge lassen sich die kommunalen Finanzmittel wie folgt ordnen:

19

20

---

[18] OVG Münster, Beschl. v. 14.01.2010 – 15 B 1753/09, openJur 2011, 67897; OVG Münster, Beschl. v. 24.05.2007 – 15 B 778/07, openJur 2011, 48049, zur vorrangigen Deckung der Ausgaben für Kindertageseinrichtungen durch Entgelte; Holtbrügge in Driehaus, Kommunalabgabenrecht, § 1 Rn. 47.

[19] Schmid, H. in Schmid et al., § 99 Rn. 39, 43.

[20] Vgl. zum Ermessen bei der Festsetzung der Realsteuerhebesätze unabhängig vom landesrechtlichen Subsidiaritätsprinzip im Rahmen der Finanzmittelbeschaffung BVerwG, Beschl. v. 11.06.1993 – 8 C 32/90, NVwZ 1994, 176 f.; VGH München, Beschl. v. 01.02.2007 – 4 ZB 06.2567, NVwZ-RR 2008, 53 f.; OVG Schleswig, Urt. v. 19.09.1990 – 13 C 4/87, NVwZ 1991, 907 f.

[21] Schmid, H. in Schmid et al., § 99 Rn. 43.

[22] Schmid, H. in Schmid et al., § 99 Rn. 48.

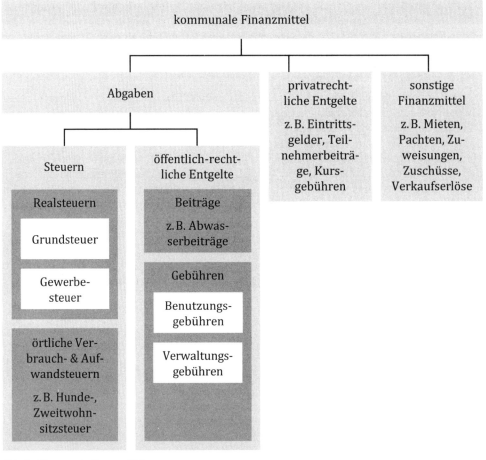

Abb. 2 – Kommunale Finanzmittel

21

> **Sachverhalt 1:** Aufgrund von gestiegenen Kosten beim Betrieb der vier städtischen Schwimmhallen und Saunen schlägt die Verwaltung eine erhebliche Gebührenerhöhung vor. Einige Stadträte haben Bedenken. Sie möchten stattdessen die Gewerbesteuer anheben.
>
> **Aufgabe:** Beschreiben Sie anhand der einschlägigen Rechtsnormen mögliche Folgen der Gebührenerhöhung und gehen Sie auf eine Anhebung der Gewerbesteuer ein.
>
> **Lösung:** Das Gebührenaufkommen soll grundsätzlich die Kosten der jeweiligen Einrichtung decken (§ 5 Abs. 1 S. 1 KAG-LSA). Ausnahmsweise kann jedoch im öffentlichen Interesse von der Erhöhung abgesehen werden (§ 5 Abs. 1 S. 2 KAG-LSA). Das ist beispielsweise der Fall, wenn die betroffenen Abgabenpflichtigen durch die Erhöhung überproportional belastet würden. Dadurch würde sich die Attraktivität der Einrichtung für die Nutzer verringern, sodass mit Ertrags-/Einzahlungsausfällen zu rechnen wäre.

> Ob diese Voraussetzungen erfüllt sind, lässt sich mit den vorhandenen Sachverhaltsangaben nicht abschließend beantworten. Wären sie zu bejahen, dürfte die Vertretung – entgegen der grundsätzlichen Rangfolge bei der Finanzmittelbeschaffung – keine oder nur eine teilweise Erhöhung und im Übrigen eine Anhebung der Gewerbesteuer in Betracht ziehen (§ 99 Abs. 2 KVG LSA). Dann müsste sie aber andererseits eine mögliche Existenzgefährdung der Gewerbetreibenden in den Abwägungsprozess einbeziehen.

Erst wenn die sonstigen Finanzmittel, die Entgelte für Leistungen sowie die Steuern zur Aufgabenfinanzierung nicht ausreichen, ist eine Deckung des Finanzmittelbedarfs durch Kreditaufnahmen zulässig (§ 99 Abs. 5 KVG LSA). Zu beachten ist, dass Kreditaufnahmen allerdings nur zur Finanzierung von Investitionen und Investitionsfördermaßnahmen sowie zur Umschuldung infrage kommen (§ 108 Abs. 1 S. 1 KVG LSA).   22

V. Abgabenrechtliche Grundlagen

1. Grundbegriffe

Abgabengegenstand	Woran knüpft die Abgabe an?
Abgabenschuld	Welchen Betrag hat der Abgabenschuldner zu zahlen?
Bemessungsgrundlage	Wie wird der Abgabengegenstand bewertet?
Abgabensatz	Mit welchem Faktor wird die Bemessungsgrundlage zur Berechnung der Abgabenschuld multipliziert?
Abgabenschuldner	Wer muss die Abgabe zahlen?
Abgabenpflichtiger	Wen treffen im Zusammenhang mit Abgabenerhebung Pflichten?
Abgabenträger	Wer hat die Abgabenlast zu tragen?
Abgabengläubiger	Wer hat Anspruch auf die Abgabenerträge?

23

Tab. 1 – Abgabenrechtliche Grundbegriffe

Die Abgabenschuldner, -pflichtigen, -träger und -gläubiger werden zusammenfassend auch als Abgabenbeteiligte bezeichnet.   24

Ein verfahrensrechtlicher Überblick mit den dazugehörigen Grundbegriffen findet sich auf → S. 98.   25

2. Abgabenarten

Abgaben sind „Geldleistungen, die von öffentlichen Aufgaben- oder Bedarfsträgern [u.a. Kommunen] aufgrund gesetzlicher Vorschriften in Ausübung öffentlicher Gewalt zur Er-   26 zielung von Einnahmen den einzelnen Abgabenpflichtigen auferlegt werden"[23]. Darunter fallen (§ 1 Abs. 1 KAG-LSA):

– Steuern → S. 26, → S. 51,
– Gebühren → S. 57 und
– Beiträge → S. 87.

27   „Abgabe" ist daher ein Oberbegriff. Gleiches gilt für den Begriff des „Abgabenpflichtigen". In Abhängigkeit von der jeweiligen Abgabenart werden in den folgenden Kapiteln die spezielleren Begriffe der Steuer bzw. des Steuerpflichtigen → S. 26, 51, der Gebühren bzw. des Gebührenpflichtigen → S. 57 und des Beitrags bzw. des Beitragspflichtigen → S. 87 verwendet.

a) Steuern

28   Nach § 3 Abs. 1 AO sind Steuern

– Geldleistungen,
– die nicht eine Gegenleistung für eine besondere Leistung darstellen,
– von einem öffentlich-rechtlichen Gemeinwesen,
– zur Erzielung von Einnahmen allen auferlegt werden,
– bei denen der Tatbestand zutrifft, an den das Gesetz die Leistungspflicht knüpft.

29   Die Steuern können nach unterschiedlichen Kriterien eingeteilt werden:

30   Wer trägt die Steuer?
– Teilweise belasten sie den Steuerschuldner direkt, d.h. derjenige, der die Steuer zu zahlen hat, ist von ihr auch unmittelbar belastet (direkte Steuern). Das trifft beispielsweise auf die Einkommensteuer zu: Der Arbeitnehmer ist der Steuerschuldner und sein Einkommen wird unmittelbar gemindert. Er ist daher nicht nur Steuerschuldner, sondern auch Steuerträger.
– Teilweise kann die Steuer aber vom Steuerschuldner weitergegeben werden (indirekte Steuern). So gibt der Verkäufer eine Getränkesteuer über den Preis an den Verbraucher weiter. In diesem Fall ist der Verkäufer Steuerschuldner, aber der Verbraucher Steuerträger.

31   Was wird besteuert?
– Besteuert werden kann ein bestimmter „Besitz" im weiteren Sinne. Diese Besitzsteuern können an Objekten anknüpfen (Objekt- oder Realsteuern). Dazu gehören die Gewerbe- und die Grundsteuer. Andere Besitzsteuern wie die Einkommensteuer beziehen sich auf Subjekte (Subjekt- oder Personensteuern).
– Des Weiteren kommt ein Verbrauch oder Aufwand als Anknüpfungspunkt für Steuern in Betracht, z.B. Getränke-, Mineralöl-, Hunde- oder Zweitwohnungssteuer (Verbrauch- und Aufwandsteuern).
– Schließlich können Rechtsvorgänge mit Steuern belegt werden, wie dies etwa Grunderwerbs- oder der Kraftfahrzeugsteuer der Fall ist.

---

[23]   Holtbrügge in Driehaus, Kommunalabgabenrecht, § 1 Rn. 33.

Wem steht der Ertrag aus der Steuer zu?

– Es gibt Steuern, die stehen allein dem Bund (z. B. Kraftfahrzeugsteuer), dem Land (z. B. Grunderwerbssteuer) oder der Gemeinde (z. B. Gewerbe- und Grundsteuer) zu. Dementsprechend wird von Bundes-, Landes- oder Gemeindesteuern gesprochen. Letztere werden auch als örtliche oder kommunale Steuern bezeichnet.

– Gemeinschaftssteuer werden dagegen zwischen mehreren Körperschaften aufgeteilt. Die Erträge aus der Umsatzsteuer stehen beispielsweise sowohl dem Bund als auch den Ländern und (zu einem sehr kleinen Teil) den Gemeinden zu.

Welchem Zweck dient die Steuer?

– Bei vielen Steuer geht es primär darum, Finanzmittel zu beschaffen, d. h. Einnahmen zu erzielen. Das ist etwa bei der Einkommens- oder der Grundsteuer der Fall (Finanzsteuern).

– Teilweise dienen Steuern aber auch oder sogar vordergründig einem ordnungspolitischen Ziel, d. h. sie sollen ordnen oder lenkende Wirkung haben (Ordnungssteuern). So soll beispielsweise die Hundesteuer die Anzahl der Hunde in der Gemeinde regulieren.

Mangels einer direkten Gegenleistung stellen Steuern das allgemeine Finanzierungsmittel des Kommunalhaushalts dar und unterscheiden sich dadurch von den Gebühren und Beiträgen. Das kommt im kommunalen Haushaltsrecht Sachsen-Anhalt u. a. dadurch zum Ausdruck, dass die Erträge und Einzahlungen aus Steuern im Haushaltsplan in der Produktklasse 6 – Zentrale Finanzleistungen unter dem Produkt 6111 – Steuern, allgemeine Zuweisungen, allgemeine Umlagen nach dem Produktrahmenplan des Landes Sachsen-Anhalt (vgl. § 161 Abs. 4 KVG LSA) veranschlagt und bei keinem konkreten Aufgabenbereich nachgewiesen werden.

b) Gebühren und Beiträge

Gebühren sind „öffentlich-rechtliche Geldleistungen, die aus Anlass individuell zurechenbarer, öffentlicher Leistungen dem Gebührenschuldner durch eine öffentlich-rechtliche Norm oder sonstige hoheitliche Maßnahme als Gegenleistung auferlegt werden und dazu bestimmt sind, in Anknüpfung an diese Leistung deren Kosten ganz oder teilweise zu decken"[24]. Darunter fallen beispielsweise die Gebühren für die Ummeldung eines Kraftfahrzeuges oder Benutzung einer Schwimmhalle.

Beiträge sind insbesondere Abgaben „zur Deckung [des] Aufwandes für die erforderliche Herstellung, Anschaffung, Erweiterung, Verbesserung und Erneuerung [von kommunalen] öffentlichen leitungsgebundenen Einrichtungen" (§ 6 Abs. 1 S. 1 KAG-LSA). Dazu zählt etwa der Anschlussbeitrag für die Trinkwasserversorgung.

Gebühren und Beiträge werden auch als öffentlich-rechtliche Entgelte bezeichnet, weil damit eine Gegenleistung der Kommune verbunden ist → S. 26. Sie werden bei den Produkten im Haushaltsplan veranschlagt, die für die jeweilige Leistung bzw. Aufgabe bestehen, z. B. 4242 – Bereitstellung und Betrieb von Bädern oder 5381 – Abwasserbeseitigung. Hauptzweck der Steuererhebung ist die Einnahmeerzielung. Allerdings können auch Lenkungsziele verfolgt werden → S. 57.

32

33

34

35

36

37

---

[24] BVerfG, Beschl. v. 06.02.1979 – 2 BvL 5/76, NJW 1979, 1345–1347.

c) Kommunalabgaben

38 Wird nachfolgend von Kommunalabgaben gesprochen, sind damit

– die örtlichen Verbrauch- und Aufwandsteuern → S. 51,
– die örtlichen Gebühren → S. 57 sowie
– die Beiträge → S. 87

39 gemeint, deren Erhebungsgrundlagen im KAG-LSA enthalten sind. Zu den Kommunalabgaben im weiteren Sinne zählen auch die Realsteuern, weil sie von den Kommunen erhoben werden und ihnen die Einnahmen zufließen. Die materiellen Rechtsgrundlagen sind jedoch in bundesgesetzlichen Regelungen enthalten, sodass die Darstellung in einem separaten Abschnitt erfolgt.

40 Als Teil des öffentlichen Rechts umfasst das Abgabenrecht keine Erträge und Einzahlungen, die den Kommunen aufgrund von privatrechtlichen Vereinbarungen oder Vorschriften zufließen, z.B. Mieten, Pachten oder als privatrechtliche Entgelte ausgestaltete Eintrittsgelder.[25]

d) Zusammenfassender Überblick

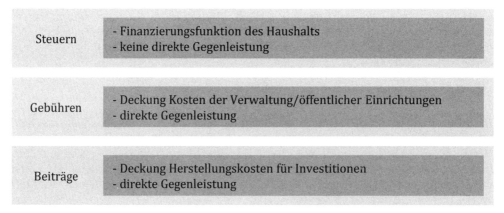

Steuern	- Finanzierungsfunktion des Haushalts - keine direkte Gegenleistung
Gebühren	- Deckung Kosten der Verwaltung/öffentlicher Einrichtungen - direkte Gegenleistung
Beiträge	- Deckung Herstellungskosten für Investitionen - direkte Gegenleistung

Abb. 3 – Abgrenzung Steuern/Gebühren/Beiträge

3. Abgabenprinzipien

41 Die Gestaltung von Abgabensystemen erfolgt auf der Basis verschiedener Grundsätze, die häufig auch als Steuergrundsätze oder Besteuerungsprinzipien bezeichnet werden. In der modernen Ausprägung lassen sich folgende Kategorien bilden:[26]

---

[25] Holtbrügge in Driehaus, Kommunalabgabenrecht, § 1 Rn. 35.
[26] Piepenbrock, S. 53.

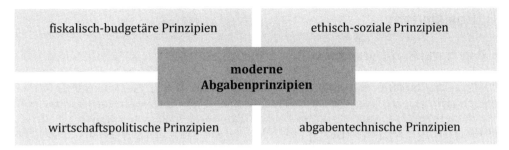

Abb. 4 – Moderne Abgabenprinzipien

Die fiskalisch-budgetäre Prinzipien beinhalten den Grundsatz der Bedarfsdeckung, d.h. die   42
Einnahmen decken die Ausgaben. Die ethisch-soziale Prinzipien umfassen vor allem die
Grundsätze der Gleichbehandlung und Leistungsfähigkeit, nach denen einerseits jeder Abgabenpflichtige gleich behandelt werden soll, aber andererseits eine größere ökonomische
Leistungsfähigkeit zu einem überproportionalen Abgabenopfer führen soll. Die Berücksichtigung wirtschaftspolitischer Prinzipien führt zu Systemen, die durch ihre Flexibilität
eine moderne Konjunkturpolitik ermöglichen. Zu den abgabentechnischen Prinzipien gehören beispielsweise die Grundsätze der Transparenz und Vorhersehbarkeit, der Prakti-
kabilität und der Wirksamkeit, d.h. die Pflichtigen sollen beispielsweise erkennen können,
welche Abgaben auf sie zukommen und diese Abgaben sollen durchsetzbar sein.[27]

---

[27] Vgl. dazu Piepenbrock, S. 53.

B. Realsteuern

I. Begriff und Rechtsgrundlagen

43   Realsteuern sind die Grund- und Gewerbesteuer (§ 3 Abs. 2 AO). Die Grundsteuer ist eine Steuer auf das Eigentum an Grundstücken, bestimmten grundstücksgleichen Rechten (z. B. Wohnungs- und Teileigentum) sowie auf die Betriebe der Land- und Forstwirtschaft, d. h. eine sogenannte Substanzsteuer.[28] Die Gewerbesteuer wird dagegen auf den objektiven Ertrag eines Gewerbebetriebs erhoben.[29] Die Realsteuern werden daher auch als Objekt- oder Sachsteuern bezeichnet.[30]

44   Die Gesetzgebungskompetenz für die Realsteuern liegt beim Bund (Art. 105 Abs. 2, Art. 72 Abs. 2 GG), der aufgrund dieser Befugnis ein Grund- sowie ein Gewerbesteuergesetz erlassen hat.

45   Wegen einer Entscheidung des BVerfG[31] war der Bundesgesetzgeber zu einer umfassenden Reform der Grundsteuer bis zum 31.12.2019 aufgefordert. Eine Neuregelung ist mit dem Grundsteuer-Reformgesetz vom 26.11.2019[32] erfolgt. Zur Umsetzung der daraus resultierenden Änderungen wurde der Verwaltung eine Übergangsfrist eingeräumt. Das geänderte GrStG wird erstmals für die Grundsteuer des Kalenderjahres 2025 angewandt (§ 37 Abs. 1 GrStG). Die nachfolgenden Erläuterungen beziehen sich vorrangig auf diese Fassung. Grundlage dafür bilden das GrStG und das BewG. Aufgrund einer Öffnungsklausel haben die Länder allerdings die Möglichkeit, durch Landesgesetz eigene Regelungen zu treffen, die von den Regelungen des Bundes abweichen (Art. 72 Abs. 3 S. 1 Nr. 7, 125b Abs. 3 GG). Das Land Sachsen-Anhalt hat davon mit Stand Februar 2021 keinen Gebrauch gemacht.

46   Für die Grundsteuer bis einschließlich zum Kalenderjahr 2024 gilt weiterhin das GrStG a. F.[33] (§ 37 Abs. 2 GrStG). Auf abweichende Regelungen wird im Folgenden ebenfalls hingewiesen. Die bis einschließlich zum Kalenderjahr 2024 geltenden Regelungen des BewG sind dabei ebenfalls als „a. F." gekennzeichnet.

II. Grundsteuer

1. Gegenstand der Grundsteuer

47   Steuergegenstand ist der inländische Grundbesitz i. S. d. BewG, der in

- Betriebe der Land- und Forstwirtschaft und
- Grundstücke

---

[28] OLG Hamm, Urt. v. 02.12.2009 – 30 U 93/09, openJur 2011, 69081.
[29] FG Köln, Urt. v. 10.11.2015 – 10 K 410/14, openJur 2015, 19712.
[30] BFH, Urt. v. 24.10.1990 – X R 64/89, bit.ly/XR64-89.
[31] BVerfG, Urt. v. 10.04.2018 – 1 BvL 11/14 u. a., bit.ly/1BvL11-14.
[32] BGBl. I 2019, 1794 ff.
[33] Im Volltext unter bit.ly/GrStG-aF.

unterschieden wird (§ 2 GrStG). Zu den Grundstücken zählen vor allem auch das Wohnungs- und Teileigentum sowie Erbbaurechte (§ 2 Nr. 2 GrStG i. V. m. § 243 Abs. 1 Nr. 2, 3 BewG bzw. § 68 Abs. 1 Nr. 2, 3 BewG a. F.).

Das BewG stellt in § 2 BewG auf die „wirtschaftliche Einheit" ab. Mehrere Grundstücke gehören – trotz kataster- und grundbuchrechtlicher Selbstständigkeit – zu einer wirtschaftlichen Einheit in diesem Sinne, wenn sie zu einem einheitlichen Zweck zusammengefasst sind, der sich äußerlich in einer entsprechenden einheitlichen Ausgestaltung niederschlägt, durch welche die selbstständige Funktion des einzelnen Grundstücks nach der Verkehrsauffassung aufgehoben wird.[34] Beispiel: 48

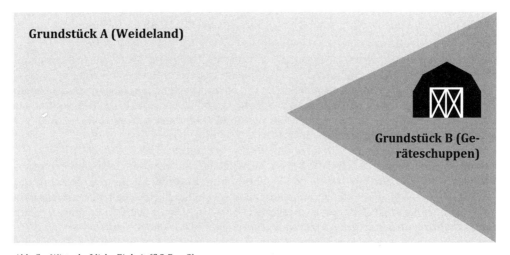

Grundstück A (Weideland)

Grundstück B (Geräteschuppen)

Abb. 5 – Wirtschaftliche Einheit (§ 2 BewG)

Auch mehrere Gewerbebetriebe können eine wirtschaftliche Einheit nach § 2 BewG bilden, z. B. wenn der Steuerschuldner drei gleichartige Geschäfte in räumlicher Nähe zueinander unterhält.[35]   49

Die §§ 3–8 GrStG enthalten eine Vielzahl von Steuerbefreiungstatbeständen. Dafür müssen sowohl subjektive als auch objektive Voraussetzungen erfüllt sein.[36] Während die subjektiven Voraussetzungen an den jeweiligen Rechtsträger anknüpfen, wie die Religionsgesellschaft (vgl. § 3 Abs. 1 Nr. 4 GrStG), ist die Nutzung für einen steuerbegünstigten Zweck objektive Voraussetzung für eine Steuerbefreiung.[37] So ist z. B. Grundbesitz, der von einer inländischen juristischen Person des öffentlichen Rechts für einen öffentlichen Dienst oder Gebrauch benutzt wird (§ 3 Abs. 1 S. 1 Nr. 1 GrStG), von der Grundsteuer befreit. Das ist bei Grundbesitz der Fall, der für hoheitliche Tätigkeiten in Anspruch genommen wird oder der Allgemeinheit dient (§ 3 Abs. 2 S. 1 GrStG). Dazu zählen z. B. die Verwaltungsgebäude des Landkreises, Straßengrundstücke oder die öffentlichen Einrichtungen wie Kläranlagen   50

---

[34] BFH, Urt. v. 25.01.2012 – II R 25/10, openJur 2013, 18485.
[35] BFH, Urt. v. 09.08.1989 – X R 130/87, bit.ly/XR130-87.
[36] Mutschler, S. 62.
[37] Mutschler, S. 62.

und Abfalldeponien.[38] Für Betriebe gewerblicher Art ist hingegen nicht von einem öffentlichen Dienst oder Gebrauch auszugehen, sodass der vorgenannte Befreiungstatbestand nicht zutrifft (§ 3 Abs. 3 GrStG).

2. Steuerschuldner

51 Die Grundsteuer schuldet derjenige, dem der Steuergegenstand bei der Feststellung des Grundsteuerwerts zugerechnet ist (§ 10 Abs. 1 GrStG). Handelt es sich dabei um mehrere Personen, sind sie Gesamtschuldner (§ 10 Abs. 2 GrStG).

> In der bis einschließlich zum Kalenderjahr 2024 geltenden Fassung spricht das GrStG nicht vom Grundsteuerwert, sondern vom Einheitswert (§ 10 Abs. 1 GrStG a. F.)

52 Der Steuergegenstand wird im Regelfall dem privatrechtlichen Eigentümer zugerechnet (§ 39 Abs. 1 AO). Auf die Nutzung durch den Eigentümer kommt es dabei nicht an, sodass z. B. der Eigentümer grundsteuerpflichtig bleibt, obwohl er den Steuergegenstand an einen Dritten vermietet hat. Unabhängig davon ist die Grundsteuer jedoch ggf. Bestandteil der Betriebskosten, die der Mieter an den Vermieter zu entrichten hat (vgl. § 556 Abs. 1 S. 3 BGB i. V. m. § 2 Nr. 1 BetrKV).

53 Soweit ein anderer als der Eigentümer die tatsächliche Herrschaft über den Steuergegenstand in der Weise ausübt, dass er den Eigentümer im Regelfall für die gewöhnliche Nutzungsdauer von der Einwirkung auf den Steuergegenstand wirtschaftlich ausschließen kann, ist ihm das Wirtschaftsgut zuzurechnen (§ 39 Abs. 2 Nr. 1 S. 1 AO). In diesen Fällen wird vom sog. wirtschaftlichen Eigentum gesprochen.[39] Das ist z. B. denkbar, wenn im Zusammenhang mit einer Veräußerung Besitz, Gefahr, Nutzen und Lasten auf den Käufer übergehen, obwohl der Eigentumsübergang erst zu einem späteren Zeitpunkt mit der Eintragung des Erwerbers im Grundbuch erfolgt (vgl. § 929 BGB).[40]

3. Ermittlung der Grundsteuer

54 Das Verfahren zur Ermittlung der Grundsteuer ist dreistufig und stellt sich wie folgt dar:

Grundsteuerwert bzw. Einheitswert nach dem GrStG a. F. (1. Stufe)
x   Steuermesszahl
=   Grundsteuermessbetrag (2. Stufe)
x   Hebesatz
=   Höhe der jährlichen Grundsteuer (3. Stufe)

55 Während für die ersten beiden Stufen – Ermittlung des Grundsteuer- bzw. Einheitswertes und des Steuermessbetrages – das Finanzamt zuständig ist, erfolgt die abschließende Berechnung und Festsetzung der Grundsteuer durch die Gemeinde → S. 48, → S. 108.

---

[38] Vgl. dazu Mutschler, S. 62.
[39] Ratschow in Klein, § 39 Rn. 15.
[40] Vgl. Horn in Schwarz et al., § 39 Rn. 38.

a) Grundsteuer- bzw. Einheitswert (1. Stufe)

Ausgangspunkt für die Berechnung der Grundsteuer ist der Grundsteuerwert bzw. Einheitswert nach dem GrStG a. F. Er wird

56

– nach den Vorgaben der §§ 218 ff. BewG bzw. §§ 18 ff. BewG a. F. ermittelt (§ 13 S. 2 GrStG bzw. § 13 Abs. 1 S. 2 GrStG a. F.),
– auf volle 100 EUR abgerundet (§ 230 BewG bzw. § 30 BewG a. F.) und
– durch einen gesonderten Bescheid festgestellt (§ 219 Abs. 1, 2 BewG bzw. § 19 Abs. 1, 3 BewG a. F. i. V. m. §§ 179, 180 Abs. 1 S. 1 AO).

Neben dem Grundsteuerwert werden in diesem Feststellungsbescheid auch folgende Entscheidungen getroffen (§ 219 Abs. 2 BewG bzw. § 19 Abs. 3 BewG a. F.):

57

– die Zurechnung → S. 28 sowie
– die Vermögens- und Grundstücksart → S. 31.

(1) Feststellungsanlässe

Die Feststellung des Grundsteuerwertes erfolgt im Rahmen einer Bewertung, die zu verschiedenen Zeitpunkten vorgesehen ist. Dabei wird in Hauptfeststellung, Fortschreibung und Nachfeststellung unterschieden.

58

(aa) Hauptfeststellung

Ausgangspunkt ist eine Hauptfeststellung der Grundsteuerwerte, die alle sieben Jahre erfolgt (§ 221 Abs. 1 BewG). Die Grundsteuerwerte werden erstmalig zum 01.01.2022 nach der Neuregelung durch das Grundsteuer-Reformgesetz festgestellt (§ 266 Abs. 1 BewG). Maßgeblich sind dabei die Verhältnisse zu Beginn des Kalenderjahres, des sog. Hauptfeststellungszeitpunktes (§ 221 Abs. 2 BewG).

59

In seiner alten Fassung sah das BewG eine Hauptfeststellung in Zeitabständen von je sechs Jahren vor (§ 21 Abs. 1 BewG a. F.). Auch dabei waren grundsätzlich die Verhältnisse zu Beginn des Kalenderjahres maßgeblich (§ 21 Abs. 2 S. 1 BewG a. F.). Tatsächlich fand die letzte Hauptfeststellung in der alten Bundesrepublik zum 01.01.1964 und für die neuen Bundesländer zum 01.01.1935 statt.[41]

60

---

41 BVerfG, Urt. v. 10.04.2018 – 1 BvL 11/14 u. a., bit.ly/1BvL11-14.

(bb) Fortschreibungen

61 Eine Fortschreibung des Grundsteuerwertes (eine Aktualisierung) kann aus den folgenden Gründen erforderlich werden:

– bei einer Abweichung des Grundsteuerwertes von mehr als 15.000 EUR im Vergleich zur letzten Wertfeststellung, sog. Wertfortschreibung (§ 222 Abs. 1 BewG),
– bei Änderungen der Nutzungsart oder Eigentumsverhältnisse des Grundstücks, sog. Art- oder Zurechnungsfortschreibung (§ 222 Abs. 2 BewG), oder
– zur Fehlerkorrektur (§ 222 Abs. 3 BewG).

62 In seiner alten Fassung sah das BewG eine Wertfortschreibung vor, wenn der in Deutscher Mark ermittelte und auf volle 100 Deutsche Mark abgerundete Wert, der sich für den Beginn eines Kalenderjahrs ergab, von dem entsprechenden Wert des letzten Feststellungszeitpunkts nach oben um mehr als den zehnten Teil, mindestens aber um 5.000 Deutsche Mark, oder um mehr als 100.000 Deutsche Mark, nach unten um mehr als den zehnten Teil, mindestens aber um 500 Deutsche Mark, oder um mehr als 5.000 Deutsche Mark, abwich (§ 22 Abs. 1 BewG a. F.).

Im Übrigen kam es auch bei Änderungen der Nutzungsart oder Eigentumsverhältnisse des Grundstücks und bei Fehlerkorrekturen zu einer Fortschreibung (§ 22 Abs. 2, 3 BewG a. F.).

63 Eine Wertfortschreibung kann z. B. durch eine Neubebauung oder eine Erweiterung der vorhandenen Bebauung erforderlich sein.[42] Eine Artfortschreibung ist notwendig, wenn ein landwirtschaftlich genutztes Grundstück bebaut wird, und die Zurechnungsfortschreibung kommt insbesondere bei einer Änderung der Eigentumsverhältnisse in Betracht, z. B. durch Verkauf des Grundstücks.[43]

(cc) Nachfeststellung

64 Eine Nachfeststellung des Grundsteuerwertes (ebenfalls eine Form der Aktualisierung) ist notwendig, wenn zwischen den Hauptfeststellungszeitpunkten eine wirschaftliche Einheit neu entsteht oder eine bereits bestehende wirtschaftliche Einheit erstmals zur Grundsteuer herangezogen werden soll (§ 223 Abs. 1 BewG bzw. § 23 Abs. 1 BewG a. F.). Das ist z. B. denkbar, wenn ein unbebautes Grundstück rechtlich in mehrere Grundstücke geteilt wird und deshalb die neugebildeten Grundstücke bewertet werden müssen.[44]

Abb. 6 – Hauptfeststellung, Fortschreibung und Nachfeststellung

---

[42] Mutschler, S. 67.
[43] Mutschler, S. 67.
[44] Mutschler, S. 67.

(2) Mitwirkungspflichten

Die Steuerpflichtigen müssen bei der Feststellung der Grundsteuerwerte mitwirken. Zum einen sind sie verpflichtet, Erklärungen zur Feststellung der Grundsteuerwerte abzugeben, wenn das Finanzamt dazu auffordert (§ 228 Abs. 1 S. 1 BewG i.V.m. § 149 Abs. 1 S. 2 AO). Zum anderen müssen die Steuerpflichtigen Änderungen der tatsächlichen Verhältnisse anzeigen, die sich auf die Höhe des Grundsteuerwertes, die Vermögensart oder die Grundstücksart auswirken können bzw. ggf. eine erstmalige Feststellung zur Folge haben (§ 228 Abs. 2 S. 1 BewG).

65

> In seiner alten Fassung sah das BewG ebenfalls Mitwirkungspflichten vor (§ 28 BewG a.F.). Allerdings fehlte es an einer Anzeigepflichtig.

66

Darüber hinaus bestehen verschiedene Auskunfts- und Mitteilungspflichten gegenüber dem Finanzamt, z.B. durch die Grundbuchämter bei Änderungen von Eigentumsverhältnissen (§ 229 Abs. 4 S. 1 Nr. 1 BewG bzw. § 29 Abs. 4 S. 1 Nr. 1 BewG a.F.) sowie die Befugnis des Finanzamtes zur örtlichen Erhebung von Bewertungsgrundlagen (§ 229 Abs. 2 BewG bzw. § 29 Abs. 2 BewG a.F.).

67

(3) Bewertungsverfahren

Das Bewertungsgesetz unterscheidet zwei Vermögensarten: das Land- und forstwirtschaftliche Vermögen sowie das Grundvermögen (§ 218 S. 1 BewG bzw. § 18 BewG a.F.). Für das inländische Vermögen gelten die Regelungen der §§ 232 bis 262 BewG (§ 231 Abs. 1 S. 1 BewG).

68

Der Grundsteuerwert für Betriebe der Land- und Forstwirtschaft (§§ 232, 234 BewG) wird aus dem Ertragswert ermittelt (§§ 235–240 BewG).

69

Das Bewertungsverfahren der Grundstücke (§§ 243–245 BewG) ist abhängig davon, ob es sich um ein unbebautes oder bebautes Grundstück handelt. Auf unbebauten Grundstücken befinden sich keine benutzbaren Gebäude (vgl. § 246 Abs. 1 BewG). Der Grundsteuerwert dieser Grundstücke wird regelmäßig durch die Multiplikation ihrer Fläche mit dem jeweiligen Bodenrichtwert nach § 196 BauGB ermittelt (§ 247 Abs. 1 BewG). Um ein bebautes Grundstück handelt es sich folglich, wenn sich darauf benutzbare Gebäude befinden (§ 248 S. 1 BewG). Nach welchem Verfahren die Bewertung der bebauten Grundstücke erfolgt, ist von der Grundstücksart abhängig (§ 249 BewG). So wird der Grundsteuerwert für Ein- und Zweifamilienhäuser, Mietwohngrundstücke sowie Wohnungseigentum im Ertragswertverfahren ermittelt (§§ 250 Abs. 1, 2, 252–257 BewG), während Geschäftsgrundstücke, gemischt genutzte Grundstücke, Teileigentum und sonstige bebaute Grundstücke nach dem Sachwertverfahren bewertet werden (§§ 250 Abs. 1, 3, 258–260 BewG). Die Bewertungsverfahren stellen sich zusammengefasst wie folgt dar:

70

Betriebe der Land- und Forstwirtschaft	Grundstücke	
	unbebaut	**bebaut**
Ertragswertverfahren	Fläche x Bodenrichtwert	Ertrags- oder Sachwertverfahren in Abhängigkeit von der Grundstücksart

Tab. 2 – Bewertungsverfahren bei der Grundsteuer

> Für die Bewertung des inländischen land- und forstwirtschaftlichen sowie Grundvermögens nach dem BewG gelten die Vorschriften der §§ 33–109 BewG a. F. (§ 32 BewG a. F.).

b) Grundsteuermessbetrag (2. Stufe)

(1) Ermittlung und Festsetzung

71 Die Berechnung der Grundsteuer erfolgt auf der Grundlage eines Steuermessbetrages (§ 13 S. 1 GrStG), der durch die Anwendung eines Promillesatzes, der sog. Steuermesszahl, auf den Grundsteuerwert ermittelt wird (§ 13 S. 2 GrStG). Die Steuermesszahlen sind im GrStG festgelegt und betragen grundsätzlich:

Betriebe der Land- und Forstwirtschaft	Grundstücke
§ 14 GrStG	§ 15 Abs. 1 GrStG
0,55 ‰[45]	0,34 ‰

Tab. 3 – Ermittlung des Grundsteuermessbetrages

72
> Da die letzte Hauptfeststellung für die neuen Bundesländer zum 01.01.1935 stattfand[46], gelten für die Grundsteuer bis einschließlich zum Kalenderjahr 2024 die abweichenden Steuermessbeträge nach § 41 GrStG a. F. und §§ 29–33 GrStDV.

73 Für die Steuermesszahl der Grundstücke sieht § 15 Abs. 2–5 GrStG verschiedene Ermäßigungsregelungen vor, z. B. wenn sich auf dem Grundstück Gebäude befinden, bei denen es sich um Baudenkmäler nach dem DSchG LSA handelt (vgl. § 15 Abs. 5 S. 1 GrStG).

74 Die Festsetzung der Grundsteuermessbeträge erfolgt durch eine Hauptveranlagung auf den Hauptfeststellungszeitpunkt der Grundsteuerwerte (§ 16 Abs. 1 S. 1 GrStG) → S. 29. Dabei handelt es sich um den sog. Hauptveranlagungszeitpunkt (§ 16 Abs. 1 S. 2 GrStG). Der festgesetzte Grundsteuermessbetrag gilt grundsätzlich von dem Kalenderjahr an, das zwei Jahre nach dem Hauptveranlagungszeitpunkt beginnt (§ 16 Abs. 2 S. 1 GrStG). Die erste Hauptveranlagung nach den Neuregelungen durch die Grundsteuerreform erfolgt zum 01.01.2025 (§ 36 Abs. 1 GrStG). Abweichend zu § 16 Abs. 2 S. 1 GrStG gelten die Steuermessbeträge bereits ab diesem Zeitpunkt (§ 36 Abs. 2 GrStG).

---

[45] Während „%" Hundertstel bedeutet, heißt „‰" Tausendstel, d. h. „0,55 ‰" sind „0,055 %".
[46] BVerfG, Urt. v. 10.04.2018 – 1 BvL 11/14 u. a., bit.ly/1BvL11-14.

Soweit der Grundsteuerwert fortgeschrieben wird → S. 30, ist eine Neufestsetzung/-ver- 75
anlagung des Grundsteuermessbetrages notwendig (§ 17 Abs. 1 GrStG). Die Nachfeststellung des Grundsteuerwertes → S. 30 mündet in einer Nachveranlagung des Grundsteuermessbetrages (§ 18 GrStG).

Die Festsetzung der Steuermessbeträge schließt sich unmittelbar an den Erlass der Fest- 76
stellungsbescheide über den Grundsteuerwert und den dabei getroffenen weiteren Entscheidungen an, sodass grundsätzlich von einem zeitgleichen Erlass des Feststellungsbe-
scheides über den Grundsteuerwert und des Steuermessbescheides auszugehen ist.[47]

(2) Zerlegung

Soweit sich der Steuergegenstand über mehrere Gemeinden erstreckt, muss der Steuer- 77
messbetrag auf die einzelnen Gemeinden aufgeteilt, also zerlegt werden (§ 22 Abs. 1
GrStG).

Abb. 7 – Zerlegung des Grundsteuermessbetrages

Nur durch die Zerlegung kann jede Gemeinde den ihr zustehenden Anteil der Grundsteuer 78
erheben. Maßstab für die Zerlegung bei Betrieben der Land- und Forstwirtschaft ist der
nach § 239 Abs. 2 BewG bzw. § 22 Abs. 1 S. 2 GrStG a. F. ermittelte Gemeindeanteil am
Grundsteuerwert des jeweiligen Betriebes. Bei den Grundstücken ist das Verhältnis, in dem
die auf die einzelnen Gemeinden entfallenden Flächengrößen zueinanderstehen, aus-
schlaggebend (§ 22 Abs. 3 S. 1 GrStG bzw. § 22 Abs. 1 S. 2 Nr. 1 S. 2, Nr. 2 S. 1 GrStG a. F.).
Zerlegungsanteile von weniger als 25 EUR werden der Gemeinde mit dem größten Zerlegungsanteil zugewiesen (§ 22 Abs. 4 GrStG bzw. § 22 Abs. 2 GrStG a. F.).

Über die Zerlegung ergeht durch das Finanzamt ein Zerlegungsbescheid, der dem Steuer- 79
pflichtigen sowie den betroffenen Gemeinden bekannt gegeben wird (§§ 188 Abs. 1, 186
AO). Der Zerlegungsbescheid stellt ein Folgebescheid des Steuermessbescheides dar

---

[47] Vgl. Mutschler, S. 78.

(§§ 182 Abs. 1, 184 Abs. 1 S. 4, 185 AO). Er ist für die Gemeinden ein Grundlagenbescheid und für die weitere Festsetzung der Grundsteuer bindend (§ 171 Abs. 10 S. 1 AO). Gegen den Zerlegungsbescheid können die Gemeinden Einspruch erheben (§§ 347, 350 AO).

80

Sachverhalt 2:[48] Ingo Notlage ist Eigentümer eines unbebauten Grundstücks. Das Grundstück liegt mit 50 % im Gebiet der Stadt Dessau-Roßlau, mit 49 % im Gebiet der Stadt Zerbst/Anhalt und mit 1 % im Gebiet der Stadt Coswig (Anhalt). Der Grundsteuerwert beträgt 300.000 EUR.

Aufgabe: Ermitteln Sie anhand der einschlägigen Rechtsnormen die Höhe der anteiligen Steuermessbeträge für die einzelnen Städte im Jahr 2025.

Lösung: Erstreckt sich das Grundstück über mehrere Gemeinden, ist der Steuermessbetrag anteilig in die Anteile zu zerlegen, die auf die einzelnen Gemeinden entfallen (§§ 2 Nr. 2, 22 Abs. 1 GrStG). Das unbebaute Grundstück von Notlage erstreckt sich auf das Gebiet der Stadt Dessau-Roßlau, der Stadt Zerbst/Anhalt und der Stadt Coswig (Anhalt), sodass eine Zerlegung des Steuermessbetrages notwendig ist. Zunächst ist der Steuermessbetrag zu ermitteln (§ 13 S. 1 GrStG). Dazu ist der Grundsteuerwert von 300.000 EUR mit einem Promillesatz, der Steuermesszahl, zu multiplizieren (§ 13 S. 2 GrStG). Die Steuermesszahl beträgt für unbebaute Grundstücke 0,34 ‰ (§ 15 Abs. 1 Nr. 1 GrStG i. V. m. § 246 BewG). Daraus ergibt sich ein Steuermessbetrag von 102 EUR (300.000 EUR x 0,34 ‰). Die Zerlegung erfolgt nach dem Verhältnis der auf die Gemeinden entfallenden Flächengrößen (§ 22 Abs. 3 S. 1 GrStG) und stellt sich folgendermaßen dar:

Stadt	Anteil	anteiliger Steuermessbetrag
Dessau-Roßlau	50,00 %	51,00 EUR
Zerbst/Anhalt	49,00 %	49,98 EUR
Coswig (Anhalt)	1,00 %	1,02 EUR
Gesamt	**100,00 %**	**102,00 EUR**

Wenn auf eine Gemeinde ein Zerlegungsanteil von weniger als 25 EUR entfällt, wird dieser Anteil der Gemeinde zugewiesen, der der größte Zerlegungsanteil zusteht (§ 22 Abs. 4 GrStG). Da der Zerlegungsanteil der Stadt Coswig (Anhalt) von 1,02 EUR unter dem Mindestbetrag von 25 EUR liegt, erhöht sich der Zerlegungsanteil der Stadt Dessau-Roßlau daher von 51 EUR auf 52,02 EUR.

c) Höhe der jährlichen Grundsteuer (3. Stufe)

81

Auf der Grundlage des Steuermess- und ggf. des Zerlegungsbescheides des Finanzamtes wird die Grundsteuer durch die hebeberechtigte Gemeinde gegenüber dem Grundsteuerpflichtigen durch den Erlass eines Grundsteuerbescheides festgesetzt. Um die Grundsteuer zu ermitteln, wird der Steuermessbetrag mit einem Hebesatz multipliziert (§ 25 Abs. 1 GrStG).

---

48 In Anlehnung an Mutschler, S. 102 f.

Der Hebesatz ist ein Prozentsatz und wird von jeder hebeberechtigten Gemeinde bestimmt (Art. 28 Abs. 2 S. 3 Hs. 2 GG, 106 Abs. 6 S. 2 GG i.V.m. § 25 Abs. 1 GrStG).[49] Die Gemeinde kann den Hebesatz jährlich in der Haushaltssatzung festlegen oder, wenn sie den Hebesatz für mehrere Jahre bestimmen will, eine Hebesatzsatzung erlassen (§ 25 Abs. 2 GrStG i.V.m. § 100 Abs. 1 S. 1, Abs. 2 S. 1 Nr. 5 KVG LSA i.V.m. § 5 des verbindlichen Musters 1 zur Haushaltsführung sowie Haushaltssystematik der Kommunen). Die Entscheidung über die Höhe des Hebesatzes trifft die Vertretung (§§ 45 Abs. 2 Nr. 1, 4, 102 KVG LSA).

82

Der Hebesatz muss einerseits für die in einer Gemeinde liegenden Betriebe der Land- und Fortwirtschaft sowie andererseits für die in einer Gemeinde liegenden Grundstücke jeweils einheitlich sein (§ 25 Abs. 4 S. 1 Nr. 1, 2 GrStG). Die Trennung dieser beiden Hebesätze erfolgt in den Haushaltssatzungen u.a. mit den Bezeichnungen (vgl. § 5 des verbindlichen Musters 1 zur Haushaltsführung sowie Haushaltssystematik der Kommunen)

83

– „Grundsteuer A" für Betriebe der Land- und Forstwirtschaft und
– „Grundsteuer B" für Grundstücke.

Das GrStG kennt diese Bezeichnungen nicht. Ab dem 01.01.2025 können die Gemeinden für baureife Grundstücke einen abweichenden Hebesatz im Rahmen einer Grundsteuer C festgelegen (§ 36 Abs. 2 GrStG). Soll der Hebesatz z.B. für das Jahr 2020 erhöht werden, muss dies bis zum 30.06.2020 durch die Vertretung beschlossen werden (§ 25 Abs. 3 S. 1 GrStG). Im Anschluss daran ist nur noch möglich, den Hebesatz für das laufende Kalenderjahr beizubehalten oder zu reduzieren (§ 25 Abs. 3 S. 2 GrStG).

84

Bei Änderungen des Gemeindegebiets (vgl. Art. 90 Verf ST i. V. m. §§ 16 ff. KVG LSA), z. B. durch eine Gebietsreform, können für einen bestimmten Zeitabschnitt verschiedene Hebesätze in den jeweiligen Gemeindeteilen zugelassen werden (§ 25 Abs. 4 S. 2 GrStG).

85

Sachverhalt 3: Ingo Notlage ist Eigentümer eines unbebauten Grundstücks in Dessau-Roßlau. Der Grundsteuerwert beträgt 100.000 EUR. Die Hebesätze sind in der Haushaltssatzung wie folgt festgelegt: Grundsteuer A 350 % und Grundsteuer B 400 %.

86

Aufgabe: Ermitteln Sie anhand der einschlägigen Rechtsnormen die Höhe der Grundsteuer. Wie würde es sich auf die Höhe der Grundsteuer auswirken, wenn es sich anstelle eines unbebauten Grundstücks um ein Grundstück mit einem Einfamilienhaus oder um einen Betrieb der Land- und Forstwirtschaft handelt?

Lösung:

	100.000 EUR	Grundsteuerwert (§ 13 S. 2 GrStG i.V.m. §§ 218 ff. BewG)
x	0,34 ‰	Steuermesszahl unbebautes Grundstück (§§ 13 S. 2, 15 Abs. 1 Nr. 1 GrStG)
=	34 EUR	Grundsteuermessbetrag (§ 13 S. 1 GrStG)
x	400 %	Hebesatz der Grundsteuer B (§ 25 Abs. 1 GrStG i.V.m. § 5 der Haushaltssatzung, Ziff. 1.2 bzw. Hebesatzsatzung)
=	136 EUR	Höhe der jährlichen Grundsteuerforderung

---

[49] Der durchschnittliche Hebesatz der Grundsteuer A betrug im Jahr 2018 bundesweit 339 % und der Grundsteuer B 472 %, vgl. Statistisches Bundesamt, bit.ly/Realsteuerhebesätze.

87

> Bei einem Grundstück mit einem Einfamilienhaus beträgt die Steuermesszahl auch 0,34 ‰ (§§ 13 S. 2, 15 Abs. 1 Nr. 2 lit. a GrStG i. V. m. § 249 Abs. 1 Nr. 1 BewG). Der Hebesatz entspricht dem eines unbebauten Grundstücks (§ 25 Abs. 1 GrStG i. V. m. § 5 der Haushaltssatzung, Ziff. 1.2 bzw. Hebesatzsatzung). Insoweit ergeben sich keine Abweichungen bei der Grundsteuer im Vergleich zum unbebauten Grundstück.
>
> Bei einem Betrieb der Land- und Forstwirtschaft beträgt die Steuermesszahl 0,55 ‰ (§ 14 GrStG) und der Steuermessbetrag damit 55 EUR. Dieser wird mit dem Hebesatz der Grundsteuer A von 350 % multipliziert (§ 25 Abs. 1 GrStG i. V. m. § 5 der Haushaltssatzung, Ziff. 1.1 bzw. Hebesatzsatzung), sodass die Grundsteuerforderung 192,50 EUR beträgt.

88   Die Festsetzung der Grundsteuer erfolgt grundsätzlich jeweils für ein Kalenderjahr (§ 27 Abs. 1 S. 1 GrStG). Wurde der Hebesatz für mehr als ein Kalenderjahr bestimmt, kann auch die Grundsteuer für mehrere Jahre festgesetzt werden (§ 27 Abs. 1 S. 2 GrStG). Soweit allerdings der Hebesatz verändert wird, muss die Festsetzung der Grundsteuer korrigiert werden (§ 27 Abs. 2 GrStG). Zur Festsetzung durch öffentliche Bekanntmachung → S. 105.

89   Die Grundsteuer wird zu je einem Viertel ihres Jahresbetrages am 15.02., 15.05., 15.08. und 15.11. fällig (§ 28 Abs. 1 GrStG). Für Kleinbeträge können die Gemeinden auf die Vereinfachungsregelungen des § 28 Abs. 2 GrStG zurückgreifen. Dadurch können Grundsteuerjahresbeträge bis 15 EUR einmalig zum 15.08. und bis 30 EUR jeweils zur Hälfte des Jahresbetrages zum 15.02. und 15.08. fällig gestellt werden. Durch diese Regelung kann der Verwaltungsaufwand – insbesondere in der Kommunalkasse – reduziert werden. Daneben kann der Steuerpflichtige beantragen, den Grundsteuerjahresbetrag einmal jährlich zum 01.07. zu entrichten (§ 28 Abs. 3 S. 1 GrStG). Ist die Steuerfestsetzung für das laufende Kalenderjahr unterblieben, muss der Grundsteuerpflichtige zu den bisherigen Fälligkeiten Vorauszahlungen in Höhe der zuletzt festgesetzten Jahressteuer entrichten (§ 29 GrStG). Das Verfahren zur Abrechnung der Vorauszahlungen regelt § 30 GrStG.

4. Stichtagsprinzip

90   Die Grundsteuer wird nach den Verhältnissen zu Beginn des Kalenderjahres festgesetzt, sog. Stichtagsprinzip (§ 9 Abs. 1 GrStG). Änderungen, die im laufenden Jahr eintreten, wirken sich deshalb erst zum 01.01. des Folgejahres aus. Das gilt z. B. bei der Frage, wer die Grundsteuer schuldet. Wird ein Grundstück z. B. am 17.06.2020 veräußert, bleibt der bisherige Eigentümer für das gesamte Jahr 2020 grundsteuerpflichtig, während der neue Grundstückseigentümer erst ab dem 01.01.2021 die Grundsteuer schuldet. Gleiches gilt für den Eintritt von Grundsteuerbefreiungen oder deren Wegfall sowie für die Änderung der Wertverhältnisse eines Grundstücks, z. B. wenn ein unbebautes Grundstück bebaut wird.

5. Haftung

91   Im Rahmen der Haftung muss jemand für eine fremde Steuerschuld einstehen.[50] Zu unterscheiden sind die persönliche und die dingliche Haftung.

---

[50]   Käsbohrer et al., S. 100.

a) Persönliche Haftung

Bei der persönlichen Haftung muss ein bestimmtes Rechtssubjekt, z. B. eine konkrete natürliche Person, mit ihrem gesamten Vermögen („persönlich") für die fremde Grundsteuerschuld einstehen. Das gilt bei der Grundsteuer für den Nießbraucher des Steuergegenstandes und denjenigen, dem ein dem Nießbrauch ähnliches Recht zusteht (§ 11 Abs. 1 GrStG i. V. m. §§ 1030 ff. BGB). Bei einem Nießbrauch handelt es sich um das Recht, die Nutzungen der Sache zu ziehen (§ 1030 BGB). Der Nießbrauchberechtigte an einer Eigentumswohnung kann sie beispielsweise selbst bewohnen oder zu seinen Gunsten vermieten. Ein dem Nießbrauch ähnliches Recht ist beispielsweise das Wohnungsrecht (§ 1093 BGB) an der Eigentumswohnung[51], die der Berechtigte dadurch selbst bewohnen, aber nicht vermieten dürfte.

92

Wird der Steuergegenstand ganz oder zum Teil einer anderen Person übereignet, so haftet der Erwerber neben dem Veräußerer – also dem früheren Eigentümer und Steuerschuldner – für die Grundsteuer. Eine Haftung besteht allerdings nur für die Zeit seit dem Beginn des letzten vor der Übereignung liegenden Kalenderjahres (§ 11 Abs. 2 S. 1 GrStG). Die Erwerberhaftung tritt nicht ein, wenn der Erwerb aus einer Insolvenzmasse → S. 132 oder im Rahmen eines Zwangsversteigerungsverfahrens → S. 131 erfolgt ist (§ 11 Abs. 2 S. 2 GrStG).

93

Der Haftungsschuldner, also z. B. der Nießbraucher oder der Erwerber, ist durch einen Haftungsbescheid in Anspruch zu nehmen (§ 191 Abs. 1 S. 1 AO). Voraussetzung ist dafür, dass die Vollstreckung in das bewegliche Vermögen des Steuerschuldners ohne Erfolg geblieben oder anzunehmen ist, dass die Vollstreckung aussichtslos sein würde (§ 219 S. 1 AO) → S. 125.

94

Auch wenn durch den Haftungsbescheid ein Dritter für die Steuerschuld in Anspruch genommen wird, bleibt unabhängig davon der eigentliche Steuerschuldner weiterhin zahlungspflichtig.[52]

95

b) Dingliche Haftung

Bei der dinglichen Haftung muss der jeweilige Eigentümer mit dem betroffenen Steuergegenstand („dinglich") für die Grundsteuerschuld einstehen, weil sie als öffentliche Last auf dem Grundbesitz ruht (§ 12 GrStG). Der Grundbesitz wird dadurch in ähnlicher Weise mit der Grundsteuer belastet, wie dies bei einer Hypothek der Fall wäre[53]. Infolgedessen muss der Eigentümer des Grundstücks ggf. die Immobiliarvollstreckung dulden → S. 131. Voraussetzung ist dafür ein Duldungsbescheid (§ 191 Abs. 1 S. 1 AO). Bei der Zwangsversteigerung eines Grundstücks hat die Gemeinde dadurch den Vorteil, dass die Grundsteuerforderungen eines bestimmten Zeitabschnitts z. B. vorrangig vor den Forderungen, die durch eine Grundschuld oder Hypothek am Grundstück gesichert sind, aus dem Versteigerungserlös bedient werden (§ 10 Abs. 1 Nr. 3 ZVG).

96

---

[51] Vgl. FG Köln, Urt. v. 08.08.2012 – 9 K 3615/11, openJur 2012, 87769.
[52] Käsbohrer et al., S. 175.
[53] Käsbohrer et al., S. 176.

97   Die persönliche und die dingliche Haftung für die Grundsteuer fallen in der Regel zusammen, d.h., der Grundstückeigentümer haftet persönlich mit seinem gesamten Vermögen und außerdem dinglich mit seinem Grundstück. In bestimmten Konstellationen fallen die persönliche und dingliche Haftung allerdings auseinander. Das ist z.B. der Fall, wenn das Grundstück veräußert wurde und noch Grundsteuerforderungen aus dem vorletzten Jahr vor der Veräußerung offen sind. Der frühere Veräußerer haftet dann für die Rückstände weiter persönlich mit seinem gesamten Vermögen, der Erwerber aber nur dinglich mit seinem Grundstück.

III. Gewerbesteuer

1. Gegenstand der Gewerbesteuer

a) Stehender Gewerbebetrieb

98   Der Gewerbesteuer unterliegt nach § 2 Abs. 1 S. 1 GewStG i.V.m. § 1 GewStDV jeder

– im Inland betriebene
– stehende
– Gewerbebetrieb.

99   Gewerbebetriebe werden im Inland betrieben, soweit im Inland eine Betriebsstätte vorhanden ist (§ 2 Abs. 1 S. 3 GewStG).[54] Eine nähere Definition der Betriebsstätte enthält § 12 AO. Die Gewerbesteuer steht der Gemeinde zu, in der die Betriebsstätte unterhalten wird (§ 4 Abs. 1 S. 1 GewStG). Befinden sich die Betriebsstätten eines Gewerbebetriebes in unterschiedlichen Gemeinden, muss die Gewerbesteuer aufgeteilt/zerlegt werden (§ 4 Abs. 1 S. 2 GewStG) → S. 42.

100   Stehend ist ein Gewerbebetrieb, wenn es sich nicht um einen Reisegewerbebetrieb → S. 39 handelt.

101   Gewerbebetriebe in diesem Sinne sind:

– gewerbliche Unternehmen i.S.d. EStG (§ 2 Abs. 1 S. 2 GewStG i.V.m. § 15 Abs. 2 EStG), z.B. ein Einzelunternehmer oder Personengesellschaften wie eine GbR;
– Kapitalgesellschaften (§ 2 Abs. 2 GewStG), z.B. eine AG oder GmbH (vgl. § 3 Abs. 1 Nr. 2 UmwG), sowie
– die sonstigen juristischen Personen des Privatrechts, z.B. ein rechtsfähiger Verein, und die nicht rechtsfähigen Vereine, soweit sie einen wirtschaftlichen Geschäftsbetrieb unterhalten (§ 2 Abs. 3 GewStG).

102   Die Eigenschaft eines Gewerbebetriebes fehlt daher freiberuflichen Tätigkeiten, z.B. von Journalisten und Dolmetschern. Sie sind deshalb von der Gewerbesteuerpflicht befreit (§ 18 Abs. 1 Nr. 1 S. 2 EStG). Darüber hinaus enthält § 3 GewStG eine Vielzahl weiterer Befreiungstatbestände, z.B. für das Bundeseisenbahnvermögen, die staatlichen Lotterieun-

---

[54]   Vgl. zur Gewerbesteuer bei Betriebsstätten im Ausland Blankenhorn, S. 9.

ternehmen, die Deutsche Bundesbank, Krankenhäuser, Alten- und Pflegeheime sowie gemeinnützige Vereine.

Sachverhalt 4: Ingo Notlage lehrt kommunales Abgabenrecht als freiberuflicher Dozent am Studieninstitut für kommunale Verwaltung Sachsen-Anhalt e.V. und der Hochschule Harz.

Aufgabe: Prüfen und begründen Sie anhand der einschlägigen Rechtsnormen, ob es sich dabei um einen Gewerbebetrieb handelt und Herr Notlage damit der Gewerbesteuer unterliegt.

Lösung: Der Gewerbesteuer unterliegt jeder im Inland betriebene stehende Gewerbebetrieb (§ 2 Abs. 1 S. 1 GewStG i.V.m. § 1 GewStDV). Gewerbebetriebe sind u.a. die gewerblichen Unternehmen im Sinne des EStG (§ 2 Abs. 1 S. 2 GewStG i.V.m. § 15 Abs. 2 EStG). Nach § 15 Abs. 2 S. 1 EStG ist eine selbstständige nachhaltige Betätigung, die mit der Absicht, Gewinn zu erzielen, unternommen wird und sich als Beteiligung am allgemeinen wirtschaftlichen Verkehr darstellt, Gewerbebetrieb, wenn die Betätigung weder als Ausübung von Land- und Forstwirtschaft noch als Ausübung eines freien Berufs noch als eine andere selbstständige Arbeit anzusehen ist. Zu den freiberuflichen Tätigkeiten gehören u.a. die unterrichtenden Tätigkeiten (§ 18 Abs. 1 Nr. 1 S. 2 EStG). Ingo Notlage ist damit als freiberuflicher Dozent nicht gewerbesteuerpflichtig.

103

b) Reisegewerbebetrieb

Neben den stehenden Gewerbebetrieben unterliegen auch Reisegewerbebetriebe der Gewerbesteuer, soweit sie im Inland betrieben werden und ihre Inhaber einer Reisegewerbekarte nach der Gewerbeordnung bedürfen (§ 35a Abs. 1, 2 GewStG). Reisegewerbebetriebe werden unabhängig von einer Betriebsstätte geführt, wie das z.B. bei Schaustellern der Fall ist. In diesen Fällen steht die Gewerbesteuer der Gemeinde zu, in der sich der Mittelpunkt der gewerblichen Tätigkeit befindet (§ 35a Abs. 3 GewStG).

104

2. Steuerschuldner, Steuererklärungspflicht und Verspätungszuschlag

Die Gewerbesteuer schuldet der Unternehmer, für dessen Rechnung das Gewerbe betrieben wird. Bei Personengesellschaften ist das die Gesellschaft, z.B. die GbR (§ 5 Abs. 1 GewStG).

105

Die in § 25 GewStDV aufgeführten Steuerschuldner sind verpflichtet, eine Erklärung zur Festsetzung des Steuermessbetrags → S. 40 und zu einer ggf. erforderlichen Zerlegung → S. 42 abzugeben (§ 14a S. 1 GewStG i.V.m. §§ 1 Abs. 1, 149 Abs. 1 S. 1 AO). Der Steuerpflichtige muss dabei verschiedene Fristen beachten. Für den Erhebungszeitraum 2020 muss er die Gewerbesteuererklärung z.B. bis zum 31.07.2021 abgeben (§§ 1 Abs. 1, 149 Abs. 2 S. 1 AO). Wird die Erklärung durch einen Steuerberater angefertigt, verlängert sich diese Frist bis zum 28.02.2022 (§§ 1 Abs. 1, 149 Abs. 3 Nr. 3 AO).

106

Kommt ein Steuerschuldner der Verpflichtung zur Abgabe der Steuererklärung nicht oder nicht fristgerecht nach, sieht §§ 1 Abs. 1, 152 AO die Erhebung eines Verspätungszuschla-

107

ges vor, der den Gemeinden zusteht (§ 14b S. 1 GewStG). Die Höhe des Zuschlages beträgt 25 EUR für jeden angefangenen Monat der eingetretenen Verspätung (§ 152 Abs. 6 S. 2 AO).

3. Ermittlung der Gewerbesteuer

108   Das Verfahren zur Ermittlung der Gewerbesteuer ist dreistufig und stellt sich wie folgt dar:

    Gewerbeertrag

+   1/4 der Summe der Hinzurechnungen nach § 8 Nr. 1 lit. a–f GewStG, soweit sie einen Freibetrag von 200.000 EUR übersteigen

+   Hinzurechnungen nach § 8 Nr. 4–12 GewStG

./.   Kürzungen nach § 9 GewStG

=   <u>maßgebender Gewerbeertrag</u>

./.   ggf. Gewerbeverlust

=   <u>um Gewerbeverlust gekürzter maßgebender Gewerbeertrag (Stufe 1)</u>

=   <u>Abrundung auf volle 100 EUR</u>

./.   ggf. Freibetrag nach § 11 Abs. 1 S. 3 GewStG

=   <u>verbleibender Gewerbeertrag</u>

x   Steuermesszahl von 3,5 %

=   <u>Gewerbesteuermessbetrag (Stufe 2)</u>

x   Hebesatz (§ 16 Abs. 1 GewStG i. V. m. § 5 der Haushaltssatzung bzw. Hebesatzsatzung)

=   <u>Höhe der jährlichen Gewerbesteuerforderung (Stufe 3)</u>

a) Um Gewerbeverlust gekürzter maßgebender Gewerbeertrag (Stufe 1)

109   Bemessungsgrundlage für die Gewerbesteuer ist der Gewerbeertrag (§ 6 GewStG), der die Leistungsfähigkeit des stehenden Gewerbebetriebes bzw. des Reisegewerbebetriebes widerspiegelt.[55] Dabei handelt es sich um den Gewinn aus dem Gewerbebetrieb, der nach den Regelungen des EStG oder KStG ermittelt wird (§ 7 S. 1 GewStG).

110   Um eine einheitliche Besteuerung zu gewährleisten und die objektive Ertragskraft des Gewerbebetriebes zu bestimmen, wird der Gewinn um verschiedene, den einzelnen Gewerbebetrieb betreffende Faktoren bereinigt.[56] Der Gewinn wird deshalb durch Hinzurechnungen nach § 8 GewStG vermehrt oder durch Kürzungen nach § 9 vermindert (§ 7 S. 1 a. E. GewStG).

111   Bei den Hinzurechnungen[57] nach § 8 Nr. 1 lit. a–f GewStG ist zunächst ein Freibetrag von 200.000 EUR zu berücksichtigten (§ 8 Nr. 1 a. E. GewStG). Dadurch sollen kleine und mittlere Gewerbebetriebe entlastet werden, indem der Gewinn bis zu diesem Freibetrag nicht

---

[55] Mutschler, S. 114.
[56] Vgl. Mutschler, S. 114 f.
[57] Vgl. dazu insgesamt Blankenhorn, S. 39–83.

erhöht wird.[58] Von dem verbleibenden Betrag der ermittelten Hinzurechnungen wird lediglich ein Viertel gewinnerhöhend berücksichtigt.

Hingegen werden die in § 8 Nr. 4–12 GewStG genannten Bestandteile dem Gewinn in voller Höhe hinzugerechnet. Dabei handelt es sich z. B. um Spenden für gemeinnützige Zwecke, die der Gewerbebetrieb geleistet hat (§ 8 Nr. 9 GewStG i. V. m. § 9 Abs. 1 Nr. 2 KStG). Durch die Spende wurde der Gewinn gemindert und deshalb die Leistungsfähigkeit des Gewerbebetriebes für Zwecke der Gewerbesteuererhebung unzutreffend beeinflusst.   112

Im Gegensatz zu den Hinzurechnungen wird der Gewinn durch Kürzungen für die Gewerbebesteuerung vermindert. § 9 GewStG enthält dazu eine Vielzahl von Tatbeständen.[59]   113

Grundlage für die Ermittlung der Gewerbesteuer bildet der um Hinzurechnungen und Kürzungen bereinigte, sog. maßgebende Gewerbeertrag nach § 10 Abs. 1 GewStG. Dieser wird nach § 10a GewStG um ggf. in den Vorjahren entstandene Gewerbeverluste bereinigt.   114

b) Gewerbesteuermessbetrag (Stufe 2)

(1) Ermittlung und Festsetzung

Für die Berechnung der Gewerbesteuer ist ein Steuermessbetrag zu ermitteln (§ 11 Abs. 1 S. 1 GewStG). Dazu ist der um Hinzurechnungen, Kürzungen und Verluste aus Vorjahren bereinigte Gewerbeertrag auf volle 100 EUR abzurunden. Anschließend ist ggf. ein Freibetrag zu berücksichtigen (§ 11 Abs. 1 S. 3 GewStG). Einen solchen sieht das GewStG u. a. für natürliche Personen sowie bei Personengesellschaften, z. B. die GbR, von 24.500 EUR vor (§ 11 Abs. 1 S. 3 Nr. 1 GewStG). Für Kapitalgesellschaften, z. B. eine GmbH oder AG (vgl. § 3 Abs. 1 Nr. 2 UmwG), wird kein Freibetrag gewährt. Der verbleibende Gewerbeertrag ist mit 3,5 %, die sog. Steuermesszahl, zu multiplizieren (§ 11 Abs. 1 S. 2, Abs. 2 GewStG), woraus sich der Gewerbesteuermessbetrag ergibt.   115

Der Steuermessbetrag wird nach Ablauf des Erhebungszeitraums durch einen Steuermessbescheid vom Finanzamt festgesetzt (§ 14 S. 1 GewStG) und dem Gewerbetreibenden bekannt gegeben sowie der Gemeinde mitgeteilt → S. 108.   116

Der Erhebungszeitraum ist das Kalenderjahr (§ 14 S. 2 GewStG). Besteht die Gewerbesteuerpflicht nicht für ein vollständiges Kalenderjahr, weil z. B. ein Gewerbebetrieb erstmalig seine Tätigkeit aufnimmt[60], wird der Erhebungszeitraum nur anteilig berücksichtigt (§ 14 S. 3 GewStG).   117

---

[58] Mutschler, S. 116.
[59] Vgl. dazu insgesamt Blankenhorn, S. 39–83.
[60] Vgl. dazu Blankenhorn, S. 84.

(2) Zerlegung

118   Damit jede Gemeinde den ihr zustehenden Anteil der Gewerbesteuer erheben kann, ist – ähnlich der Grundsteuer – eine Zerlegung des Gewerbesteuermessbetrages nach § 28 Abs. 1 GewStG erforderlich, wenn

119   – mehrere Betriebsstätten in verschiedenen Gemeinden unterhalten werden (→ Abb. 8),
– die Betriebsstätte gemeindeübergreifend verlegt wurde (→ Abb. 8, Betriebsstätte 1) oder
– eine Betriebsstätte sich über mehrere Gemeinden erstreckt (→ Abb. 8, Betriebsstätte 2).

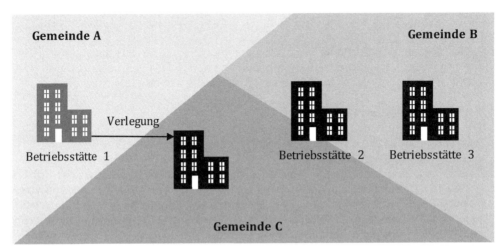

Abb. 8 – Zerlegung des Gewerbesteuermessbetrages

120   Nach welchem Maßstab die Zerlegung erfolgt, regelt § 29 GewStG. Bei den überwiegenden Gewerbebetrieben wird der Gewerbesteuermessbetrag nach dem Verhältnis der in den Betriebsstätten anfallenden Arbeitslöhne aufgeteilt (§§ 29 Abs. 1 Nr. 1, 31 GewStG). Durch diesen Maßstab wird die Bedeutung der einzelnen Betriebsstätte für den Gewerbebetrieb insgesamt sowie für die jeweilige Gemeinde widergespiegelt.[61]

121   Für Betriebe, die ausschließlich Anlagen zur Erzeugung von Strom und andere Energieträger sowie Wärme aus Wind- und Solarenergie betreiben, gilt § 29 Abs. 1 Nr. 2 GewStG.

122   Erstreckt sich eine Betriebsstätte auf mehrere Gemeinden (→ Abb. 8, Betriebsstätte 2), ist eine Einzelfallbeurteilung notwendig. Die Zerlegung erfolgt in diesen Fällen nach Lage der örtlichen Verhältnisse unter Berücksichtigung der Gemeindebelastung, die durch die jeweilige Betriebsstätte entsteht (§ 30 GewStG). Dazu zählt z. B. die von der Gemeinde für die Betriebsstätte vorzuhaltende Infrastruktur.[62]

123   Da bei Reisegewerbebetrieben die Gemeinde hebeberechtigt ist, in der sich der Mittelpunkt der gewerblichen Tätigkeit befindet (§ 35a Abs. 3 GewStG) und keine Betriebsstätten bestehen, erfolgt insoweit keine Zerlegung des Steuermessbetrages.

---

[61] Vgl. dazu Schober in Schwind et al., S. 97.
[62] Vgl. Mutschler, S. 123.

Für Kleinbeträge, die im Zusammenhang mit der Zerlegung entstehen, enthält § 34 GewStG Vereinfachungsregelungen.

124

Zur bescheidmäßigen Umsetzung wird auf die Zerlegung des Grundsteuermessbetrages verwiesen → S. 33.

125

Sachverhalt 5:[63] Die Bäckerei Notlage GmbH betreibt Betriebsstätten in Bitterfeld-Wolfen, Zörbig und Köthen (Anhalt). Der Geschäftssitz ist in Bitterfeld-Wolfen, an dem auch ausgebildet wird. In dem zu betrachtenden Kalenderjahr wurden Arbeitslöhne von insgesamt 500.000 EUR gezahlt, darin sind 50.000 EUR Ausbildungsentgelte enthalten. Am größten Standort in Köthen (Anhalt) fallen 250.000 EUR für Arbeitslöhne an, während in Zörbig insoweit lediglich 40.000 EUR zu Buche schlagen. Die restlichen Arbeitslöhne werden am Geschäftssitz in Bitterfeld-Wolfen gezahlt. Der Steuermessbetrag wurde vom zuständigen Finanzamt auf 10.000 EUR festgesetzt.

126

Aufgabe: Ermitteln Sie anhand der einschlägigen Rechtsnormen die Höhe der anteiligen Steuermessbeträge für die einzelnen Betriebsstätten.

Lösung: Da Betriebsstätten in unterschiedlichen Gemeinden geführt werden, ist eine Zerlegung des Steuermessbetrages erforderlich (§ 28 Abs. 1 GewStG). Dabei ist der Gewerbesteuermessbetrag nach dem Verhältnis der in den Betriebsstätten anfallenden Arbeitslöhne aufzuteilen (§ 29 Abs. 1 Nr. 1 GewStG). Die Ausbildungsentgelte von 50.000 EUR fallen nicht darunter (§ 31 Abs. 2 GewStG), sodass die maßgeblichen Arbeitslöhne insgesamt 450.000 EUR betragen. Eine Abrundung nach § 29 Abs. 3 GewStG ist nicht erforderlich. Die Arbeitslöhne verteilen sich auf die Standorte wie folgt:

– Köthen (Anhalt) = 250.000 EUR
– Zörbig = 40.000 EUR
– Bitterfeld-Wolfen = 160.000 EUR (450.000 EUR ./. 250.000 EUR ./. 40.000 EUR)
Ein Zuschlag nach § 31 Abs. 5 GewStG ist bei einer Kapitalgesellschaft, wie der GmbH (vgl. § 3 Abs. 1 Nr. 2 UmwG), nicht anzusetzen. Die Zerlegung des Steuermessbetrages stellt sich folgendermaßen dar:

Betriebsstätte	Arbeitslöhne	Anteil	anteiliger Steuermessbetrag
Bitterfeld-Wolfen	160.000 EUR	35,56 %	3.555,56 EUR
Köthen (Anhalt)	250.000 EUR	55,56 %	5.555,56 EUR
Zörbig	40.000 EUR	8,89 %	888,89 EUR
Gesamt	**450.000 EUR**	**100,00 %**	**10.000 EUR**

c) Höhe der jährlichen Gewerbesteuer (Stufe 3)

Auf der Grundlage des Steuermess- und ggf. Zerlegungsbescheides setzt die hebeberechtigte Gemeinde die Gewerbesteuer gegenüber dem Gewerbetreibenden durch den Erlass eines Gewerbesteuerbescheides fest. Zur Ermittlung der Höhe der Gewerbesteuer wird der

127

---

[63] In Anlehnung an Mutschler, S. 141 f.

vom Finanzamt festgesetzte Steuermessbetrag mit dem Hebesatz[64] multipliziert (§ 16 Abs. 1 GewStG).

128 Die Festsetzung des Hebesatzes für die Gewerbesteuer weist mehrere Parallelen zur Grundsteuer auf → S. 34. Das betrifft

- die Festsetzung des Hebesatzes durch die hebeberechtigte Gemeinde (Art. 28 Abs. 2 S. 3 Hs. 2 GG, 106 Abs. 6 S. 2 GG i. V. m. § 16 Abs. 1 GewStG),
- die Zuständigkeit der Vertretung (§§ 45 Abs. 2 Nr. 1, 4, 102 KVG LSA),
- die Festsetzung entweder in der Haushaltssatzung oder einer Hebesatzsatzung, soweit der Hebesatz für mehrere Jahre festgesetzt werden soll (§ 16 Abs. 2 GewStG i. V. m. § 100 Abs. 1 S. 1, Abs. 2 S. 1 Nr. 5 KVG LSA i. V. m. § 5 des verbindlichen Musters 1 zur Haushaltsführung sowie Haushaltssystematik der Kommunen),
- die zeitliche Beschränkung bei Erhöhung des Hebesatzes (§ 16 Abs. 3 GewStG) sowie
- spezielle Übergangsregelungen bei Gebietsänderungen (§ 16 Abs. 4 S. 3 GewStG).

129 **Sachverhalt 6:** Ingo Notlage betreibt mit einem Freund eine Kinderspielewelt in Form einer GbR. Die GbR hat im Jahr 2019 einen Gewinn von 300.000 EUR erzielt. Hinzurechnungen nach § 8 Nr. 1 GewStG wurden von 220.000 EUR (ohne Freibeträge) und Kürzungen von 30.000 EUR ermittelt. Der Gewerbesteuerhebesatz beträgt 450 %.

Aufgabe: Berechnen Sie anhand der einschlägigen Rechtsnormen die Höhe der Gewerbesteuer 2019. Wie würde es sich auf die Höhe der Gewerbesteuer auswirken, wenn es sich um eine GmbH anstelle einer GbR handelt?

Lösung:

	300.000 EUR	Gewinn aus Gewerbebetrieb (§ 7 Abs. 1 GewStG)
+	5.000 EUR	1/4 der Summe der Hinzurechnungen nach § 8 Nr. 1 lit. a–f GewStG, soweit sie einen Freibetrag von 200.000 EUR übersteigen (220.000 EUR ./. 200.000 EUR x 25 %)
+	0 EUR	Hinzurechnungen nach § 8 Nr. 4–12 GewStG
./.	30.000 EUR	Kürzungen (§ 9 GewStG)
=	275.000 EUR	maßgebender Gewerbeertrag (§ 10 Abs. 1 GewStG)
./.	0 EUR	Gewerbeverlust (§ 10a GewStG)
=	275.000 EUR	um Gewerbeverlust gekürzter maßgebender Gewerbeertrag
./.	24.500 EUR	Freibetrag (§ 11 Abs. 1 S. 3 Nr. 1 GewStG)
=	250.500 EUR	verbleibender Gewerbeertrag
x	3,5 %	Steuermesszahl (§ 11 Abs. 1 S. 2, Abs. 2 GewStG)
=	8.767,50 EUR	Steuermessbetrag (§ 11 Abs. 1 S. 1 GewStG)
x	450 %	Hebesatz (§ 16 Abs. 1 GewStG i. V. m. § 5 der Haushaltssatzung bzw. Hebesatzsatzung)
=	39.453,75 EUR	Höhe der Gewerbesteuerforderung

---

[64] Der durchschnittliche Hebesatz der Gewerbesteuer betrug im Jahr 2018 bundesweit 402 %, vgl. Statistisches Bundesamt, bit.ly/Realsteuerhebesätze.

Bei einer GmbH handelt es sich um eine Kapitalgesellschaft (vgl. § 3 Abs. 1 Nr. 2 UmwG), sodass der Gewerbeertrag von 275.000 EUR nicht um den Freibetrag von 24.500 EUR nach § 11 Abs. 1 S. 3 Nr. 1 GewStG gekürzt wird. Der Steuermessbetrag beträgt deshalb 9.625 EUR (275.000 EUR x 3,5 v.H.) und die Gewerbesteuerforderung 43.312,50 EUR (9.625 EUR x 450 %).

Zu beachten ist, dass der Hebesatz für alle Gewerbebetriebe im Gemeindegebiet einheitlich sein und mindestens 200 % betragen muss (§ 16 Abs. 4 S. 1, 2 GewStG). 130

4. Vorauszahlungen

Die Höhe der Gewerbesteuer wird erst nach Ablauf des Erhebungszeitraum, d.h. in der Regel nach Ablauf des Kalenderjahres festgestellt (§§ 14 S. 2, 18 GewStG). Damit den Gemeinden bereits vorher Mittel aus der Gewerbesteuer zur Verfügung stehen, müssen die Gewerbesteuerpflichtigen zum 15.02., 15.05., 15.08. und 15.11. des Erhebungszeitraums Vorauszahlungen entrichten (§ 19 Abs. 1 S. 1 GewStG). Jede der vier zu leistenden Vorauszahlungen, für die ein Vorauszahlungsbescheid erlassen wird, beträgt grundsätzlich ein Viertel der Steuer, die sich aus dem letzten Erhebungszeitraum ergeben hat (§ 19 Abs. 2 GewStG). Eine Anpassung der Vorauszahlungen ist nach § 19 Abs. 3 GewStG möglich und erfolgt im Regelfall auf Antrag des Steuerpflichtigen. Dazu muss der Steuerpflichtige nachweisen, dass der Gewerbeertrag geringer als im letzten Erhebungszeitraum ausfällt, z.B. aufgrund fehlender Aufträge. 131

Nach Ablauf des Erhebungszeitraums werden die geleisteten Vorauszahlungen der Steuerschuld gegenübergestellt (§ 20 Abs. 1 GewStG). Das Prinzip lässt sich wie folgt darstellen: 132

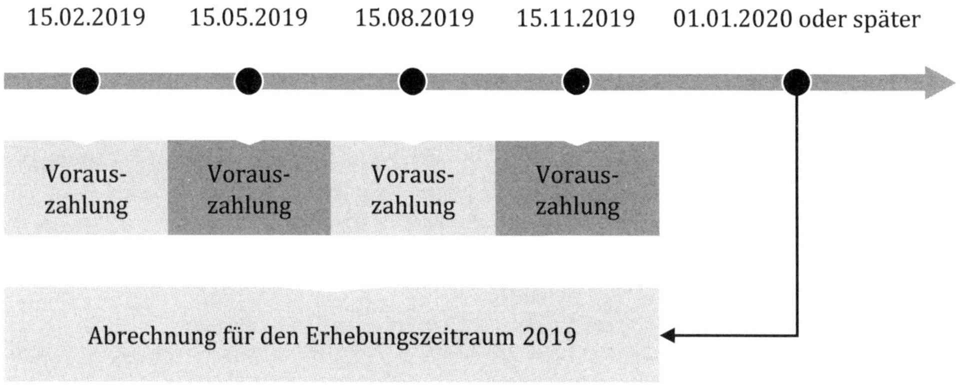

Abb. 9 – Vorauszahlungen und deren Abrechnung

133   Aus der Gegenüberstellung können sich drei Fallkonstellationen ergeben:

– die Steuerschuld ist größer als die geleisteten Vorauszahlungen; der Steuerpflichtige muss eine Abschlusszahlung leisten (§ 20 Abs. 2 GewStG),
– die Steuerschuld ist geringer als die geleisteten Vorauszahlungen; dem Steuerpflichtigen wird die Überzahlung erstattet bzw. es kann mit Forderungen der Gemeinde gegenüber dem Steuerpflichtigen aufgerechnet werden (§ 20 Abs. 3 GewStG) → S. 137 oder
– die Steuerschuld entspricht den Vorauszahlungen.

134   **Sachverhalt 7:** Ingo Notlage hat auf der Grundlage der letzten Gewerbesteuerveranlagung vier Vorauszahlungen von jeweils 3.000 EUR für den Erhebungszeitraum 2019 an die Stadt Dessau-Roßlau gezahlt. Der Gewerbesteuerbescheid für das betreffende Jahr wurde Ingo Notlage am 09.09.2020 bekannt gegeben. Darin wurde eine Gewerbesteuer von 16.000 EUR festgesetzt.

Aufgabe: Prüfen und begründen Sie anhand der einschlägigen Rechtsnormen, ob und wann Ingo Notlage eine Nachzahlung für den Erhebungszeitraum 2019 an die Stadt Dessau-Roßlau leisten muss.

Lösung: Ingo Notlage muss eine Gewerbesteuernachzahlung an die Stadt Dessau-Roßlau leisten, wenn die Steuerschuld größer als die Summe der anzurechnenden Vorauszahlungen ist (§ 20 Abs. 2 GewStG). Es sind vier Vorauszahlungen von jeweils 3.000 EUR, also insgesamt 12.000 EUR, erfolgt. Die abschließende Gewerbesteuerschuld beträgt insgesamt 16.000 EUR. Darauf sind die Vorauszahlungen anzurechnen (§ 20 Abs. 1 GewStG), sodass sich eine Steuerschuld von 4.000 EUR ergibt.

Die Abschlusszahlung ist innerhalb eines Monats nach Bekanntgabe des Steuerbescheids zu entrichten (§ 20 Abs. 2 a. E. GewStG). Der Gewerbesteuerbescheid wurde laut Sachverhalt am 09.09.2020 bekannt gegeben. Für die Berechnung der Fälligkeit ist auf die §§ 187–193 BGB zurückzugreifen (§§ 1 Abs. 2 Nr. 3, 108 Abs. 1 AO). Maßgebliches Ereignis ist die Bekanntgabe des Gewerbesteuerbescheides am 09.09.2020. Dieser Tag wird bei der Bestimmung des Fristbeginns nicht mitgerechnet (§ 187 Abs. 1 BGB). Fristbeginn ist somit der 10.09.2020. Das Fristende richtet sich bei einer nach Monaten bestimmten Frist nach § 188 Abs. 2 Alt. 1 BGB. Danach endet die Frist mit Ablauf desjenigen Tages, der durch seine Zahl dem Tag entspricht, in den das Ereignis fällt. Folglich ist die Gewerbesteuerzahlung von 4.000 EUR mit Ablauf des 09.10.2020 fällig.

5. Nachzahlungs- und Erstattungszinsen

135   Waren die Vorauszahlungen zu gering und muss der Gewerbesteuerpflichtige deshalb eine Nachzahlung leisten, hatte er für einen bestimmten Zeitraum einen Liquiditätsvorteil bzw. die Gemeinde einen -nachteil. Hat der Steuerpflichtige hingegen zu hohe Vorauszahlungen erbracht, die durch die Gemeinde erstattet werden müssen, war die Gemeinde bevorteilt und der Steuerpflichtige benachteiligt.[65] Im Interesse einer gleichmäßigen Besteuerung und um Wettbewerbsverzerrungen zu vermeiden, muss dafür ein Ausgleich geschaffen werden (Nr. 1 AEAO zu § 233a). Deshalb ist der Unterschiedsbetrag, der sich aus der

---

[65] Vgl. dazu Ratjen et al., S. 322 f.

Gegenüberstellung der festgesetzten Vorauszahlungen und der abschließenden Höhe der Gewerbesteuer ergibt, zu verzinsen (§ 233a Abs. 1, 3 AO).

Die Zinsberechnung beginnt allerdings nicht sofort nach Ablauf des Entstehungszeitraumes der Gewerbesteuer, sondern erst nach einer 15-monatigen Karenzzeit (§ 233a Abs. 2 S. 1 AO). Die Höhe der Nachzahlungs- bzw. Erstattungszinsen beträgt 0,5 % für jeden zu verzinsenden Monat, also 6 % pro Jahr (§ 238 Abs. 1 AO).[66] Bei der Berechnung sind nur volle Monate zu berücksichtigen; angefangene Monate bleiben außer Betracht (§ 238 Abs. 1 S. 2 AO).

136

Sachverhalt 8: Ingo Notlage betreibt mit großer Leidenschaft eine gewerbesteuerpflichtige Spielewelt für Kinder. Bei der Buchhaltung lässt er allerdings die nötige Sorgfalt vermissen und schiebt die erforderlichen Steuererklärungen lange vor sich her. Den Gewerbesteuerbescheid für das Jahr 2018 erhält er deshalb erst Anfang Dezember 2020. Die Gewerbesteuer wird auf 50.000 EUR festgesetzt. Vorauszahlungen hat Notlage von insgesamt 40.000 EUR geleistet.

Aufgabe: Prüfen und begründen Sie anhand der einschlägigen Rechtsnormen, ob Ingo Notlage mit der Festsetzung von Nachzahlungszinsen rechnen muss. Ermitteln Sie die Höhe der Zinsen.

Lösung: Führt die Festsetzung der Gewerbesteuer zu einem Unterschiedsbetrag nach § 233a Abs. 3 AO, ist dieser zu verzinsen (§ 233a Abs. 1 S. 1 AO). Nach § 233a Abs. 3 S. 1 AO ist für die Zinsberechnung der Unterschiedsbetrag aus der festgesetzten Gewerbesteuer von 50.000 EUR und den geleisteten Vorauszahlungen von 40.000 EUR maßgebend, mithin 10.000 EUR. Der Zinslauf beginnt 15 Monate nach Ablauf des Kalenderjahres, in dem die Steuer entstanden ist (§ 233a Abs. 2 S. 1 AO). Das ist vorliegend mit Ablauf des 31.12.2018 der Fall (§§ 14 S. 2, 18 GewStG), sodass eine Verzinsung ab 01.04.2020 vorzunehmen ist. Bei der Zinsberechnung werden nur volle Monate berücksichtigt; angefangene Monate bleiben außer Ansatz (§ 238 Abs. 1 S. 2 AO). Damit sind Zinsen für den Zeitraum April bis November 2020 zu erheben; das sind acht volle Monate. Die Zinsen betragen für jeden Monat 0,5 % und somit insgesamt 4 %. Daraus ergeben sich Nachzahlungszinsen von 400 EUR (10.000 EUR x 4 %).

137

6. Gewerbesteuerumlage

Die Gemeinden sind verpflichtet, einen Teil der Gewerbesteuereinnahmen an den Bund und die Länder abzuführen (Art. 106 Abs. 6 S. 4 GG i.V.m. § 6 Abs. 1 GFRG).

138

Zur Ermittlung der Gewerbesteuerumlage wird das Ist-Aufkommen der Gewerbesteuer im Erhebungsjahr durch den von der Gemeinde für dieses Jahr festgesetzten Hebesatz geteilt und mit einem Vervielfältiger multipliziert (§ 6 Abs. 2 S. 1 GFRG). Der Vervielfältiger setzt sich aus einem Bundes- und Landesvervielfältiger zusammen (§ 6 Abs. 3 S. 1 GFRG). Der Bundesvervielfältiger beträgt 14,5 % und der Landesvervielfältiger 20,5 %, also insgesamt 35 % (§ 6 Abs. 3 S. 2, 3 GFRG). Konkrete Regelungen zur Festsetzung und Abführung der Gewerbesteuerumlage finden sich in § 6 Abs. 8 GFRG i.V.m. § 5 GemFinRefGDV ST 2015.

139

---

[66] Zur Verfassungsmäßigkeit der Zinshöhe BFH, Beschl. v. 25.04.2018 – IX B 21/18, bit.ly/IXB21-18.

140

> **Sachverhalt 9:** Die Stadt Dessau-Roßlau hat im Haushaltsjahr 2019 Gewerbesteuer von 53.000.000 EUR festgesetzt, kassenwirksam wurden davon 52.827.721 EUR. Im Haushaltsplan waren lediglich 27.160.000 EUR veranschlagt. Die Haushaltssatzung der Stadt Dessau-Roßlau weist für das Haushaltsjahr 2019 einen Hebesatz für die Gewerbesteuer von 450 % aus.
>
> **Aufgabe:** Ermitteln Sie die Gewerbesteuerumlage für das Haushaltsjahr 2019 anhand der einschlägigen Rechtsnormen.
>
> **Lösung:** Die Gewerbesteuerumlage ist in der Weise zu ermitteln, dass das Ist-Aufkommen der Gewerbesteuer im Erhebungsjahr 2019 durch den von der Gemeinde für dieses Jahr festgesetzten Hebesatz von 450 % geteilt und mit dem Bundes- und Landesvervielfältiger nach § 6 Abs. 3 GFRG multipliziert wird (§ 6 Abs. 2 S. 1 GFRG). Das Ist-Aufkommen entspricht den tatsächlichen Einzahlungen nach dem Kassenwirksamkeitsprinzip (vgl. § 9 Abs. 2 S. 2 KomHVO). Folglich ist von 52.827.721 EUR auszugehen. Der Bundesvervielfältiger beträgt 14,5 % (§ 6 Abs. 3 S. 2 GFRG) und der Landesvervielfältiger für Sachsen-Anhalt 20,5 % (§ 6 Abs. 3 S. 3 GFRG), sodass sich der Gesamtvervielfältiger auf 35 % beläuft. Insofern ergibt sich folgende Berechnung: 52.827.721 EUR / 450 % = 11.739.493,56 EUR x 35 % = 4.108.823 EUR Gewerbesteuerumlage (auf volle EUR gerundet).

IV. Zuständigkeit für die Realsteuerverwaltung (Zusammenfassung)

141

Wie auf → S. 28 und → S. 40 bereits deutlich wurde, sind sowohl die Landesfinanzbehörden als auch die Gemeinden an der Verwaltung der Grund- und Gewerbesteuer beteiligt. Diese Zuständigkeit stellt sich zusammengefasst wie folgt dar.

1. Sachliche Zuständigkeit

142

Das Aufkommen der Grund- und Gewerbesteuern steht den Gemeinden zu (Art. 106 Abs. 6 S. 1 GG). Die beiden Steuerarten werden nach dem gesetzlichen Ausgangszustand jedoch grundsätzlich von den Landesfinanzbehörden verwaltet (Art. 108 Abs. 1 S. 1, Abs. 2 S. 1 GG). Allerdings können die Länder diese Zuständigkeit ganz oder teilweise auf die Gemeinden übertragen (Art. 108 Abs. 4 S. 2, 106 Abs. 6 S. 1 GG). Von dieser Ermächtigung hat das Land Sachsen-Anhalt Gebrauch gemacht und die angesprochene zweistufige sachliche Zuständigkeit bestimmt (§ 3 Abs. 3 S. 1 KAG-LSA). Sie lässt sich wie folgt grob skizzieren:

143

1. Stufe – Finanzämter
Festsetzung und ggf. Zerlegung der Steuermessbeträge
2. Stufe – Gemeinden
Festsetzung und Erhebung der Grund- und/oder Gewerbesteuer auf der Grundlage der Steuermessbeträge

Tab. 4 – Sachliche Zuständigkeit für die Steuerverwaltung

a) Finanzämter

Die Grundlage für die Festsetzung und Erhebung der Realsteuern bilden Steuermessbeträge → S. 28, → S. 40. Dafür sind die Finanzämter als örtliche Landesfinanzbehörden sachlich zuständig (§ 16 AO i.V.m. §§ 2 Abs. 1 Nr. 4, 17 Abs. 2 S. 1 FVG i.V.m. § 3 Abs. 3 S. 1, Hs. 2 KAG-LSA). Zu diesem Aufgabenbereich zählen u.a.

144

- die Feststellung der Steuerpflicht,
- die Entscheidung über mögliche Steuerbefreiungen,
- die Ermittlung der Besteuerungsgrundlagen,
- die Festsetzung und ggf. Zerlegung der Steuermessbeträge,
- die Aussetzung der Vollziehung der Steuermessbescheide und
- die Feststellung der Grundsteuerwerte.

b) Gemeinden

In den sachlichen Zuständigkeitsbereich der Gemeinden fallen neben der Bestimmung der Hebesätze (Art. 106 Abs. 6 S. 2 GG) nach § 3 Abs. 3 S. 1, Hs. 1 KAG-LSA u.a.

145

- die Festsetzung und Erhebung der Realsteuern,
- ggf. die Stundung, die Niederschlagung und der Erlass sowie
- ggf. die Mahnung und zwangsweise Beitreibung, d.h. die Vollstreckung nicht zur Fälligkeit entrichteter Realsteuern.

2. Örtliche Zuständigkeit

a) Finanzämter

Für die Festsetzung und Zerlegung der Steuermessbeträge → S. 32, 41 ist bei der Grundsteuer das Lagefinanzamt und bei der Gewerbesteuer das Betriebsfinanzamt örtlich zuständig (§§ 17, 22 Abs. 1 S. 1 AO).

146

Lagefinanzamt	Betriebsfinanzamt
§ 18 Abs. 1 Nr. 1 AO	§ 18 Abs. 1 Nr. 2 AO
Finanzamt, in dessen Bezirk das Grundstück bzw. der wertvollste Teil davon liegt.	Finanzamt, in dessen Bezirk sich die Geschäftsleitung des Gewerbebetriebes befindet. Soweit keine Geschäftsleitung besteht, das Finanzamt, in dessen Bezirk eine Betriebsstätte bzw. die wirtschaftlich bedeutendste Betriebsstätte unterhalten wird.

147

Tab. 5 – Örtliche Zuständigkeit für die Realsteuerverwaltung

b) Gemeinden

148   Die örtliche Zuständigkeit der Gemeinden ergibt sich bei der Grundsteuer aus § 1 Abs. 1 GrStG und ist davon abhängig, auf welchem Gemeindegebiet sich der Grundbesitz befindet.

149   Bei der Gewerbesteuer ist die Gemeinde örtlich zuständig, in der eine Betriebsstätte zur Ausübung eines stehenden Gewerbes unterhalten wird (§§ 1, 4 Abs. 1 S. 1 GewStG) und bei Reisegewerbebetrieben die Gemeinde, in der sich der Mittelpunkt der gewerblichen Tätigkeit befindet (§ 35a Abs. 3 GewStG).

150

Sachverhalt 10: Ingo Notlage betreibt im Gebiet der Stadt Dessau-Roßlau eine Spielewelt für Kinder. Dafür besteht eine Grund- und Gewerbesteuerpflicht.

Aufgabe: Erläutern Sie anhand der einschlägigen Rechtsnormen, welche Behörde für den Erlass des Grund- und Gewerbesteuermessbescheides sowie des Grund- und Gewerbesteuerbescheides sachlich und örtlich zuständig ist.

Lösung: Mit Ausnahme der Festsetzung und Zerlegung der Steuermessbeträge obliegt die Verwaltung der Grund- und Gewerbesteuer den Gemeinden (Art. 108 Abs. 1 S. 1, Abs. 2 S. 1, Abs. 4 S. 2 GG, 106 Abs. 6 S. 1 GG; § 3 Abs. 3 S. 1 KAG-LSA).

Für den Erlass des Grund- und Gewerbesteuermessbescheides (2. Stufe) ist deshalb das Finanzamt sachlich zuständig (§ 16 AO i.V.m. §§ 2 Abs. 1 Nr. 4, 17 Abs. 2 S. 1 FVG). Für den Erlass des Grundsteuermessbescheides ist das Lagefinanzamt örtlich zuständig, in dessen Bezirk das Grundstück bzw. der wertvollste Teil davon liegt (§§ 17, 18 Abs. 1 Nr. 1, 22 Abs. 1 S. 1 AO). Für den Erlass des Gewerbesteuermessbescheides ist das Betriebsfinanzamt örtlich zuständig, in dessen Bezirk sich die Geschäftsleitung des Gewerbebetriebes befindet (§§ 17, 18 Abs. 1 Nr. 2, 22 Abs. 1 S. 1 AO). Da der Gewerbebetrieb in Dessau-Roßlau geführt wird und mangels gegenteiliger Angaben davon auszugehen ist, dass das Grundstück im Gebiet der Stadt Dessau-Roßlau liegt, ist folglich das Finanzamt Dessau-Roßlau als Lage- und Betriebsfinanzamt örtlich zuständig.

Sachlich zuständig für den Erlass des Grund- und Gewerbesteuerbescheides (3. Stufe) sind die Gemeinden nach § 3 Abs. 3 S. 1, Hs. 1 KAG-LSA. Die örtliche Zuständigkeit für den Erlass des Grundsteuerbescheides ist davon abhängig, auf welchem Gemeindegebiet sich der Grundbesitz befindet (§ 1 Abs. 1 GrStG). Bei der Gewerbesteuer ist die Gemeinde örtlich zuständig, in der eine Betriebsstätte zur Ausübung eines stehenden Gewerbes unterhalten wird (§ 4 Abs. 1 S. 1 GewStG). Da die Betriebsstätte und damit das Grundstück im Gebiet der Stadt Dessau-Roßlau liegen, ist diese für den Erlass der Grund- und Gewerbesteuerbescheide örtlich zuständig.

C. Kommunalabgaben

I. Rechtsgrundlagen

Kommunalabgaben, d.h. 151

– die örtlichen Verbrauch- und Aufwandsteuern → S. 51,
– die örtlichen Gebühren → S. 57 sowie
– die Beiträge → S. 87,

werden aufgrund von Satzungen erhoben (§ 2 Abs. 1 S. 1 KAG-LSA), bei denen es sich um 152
materielles Steuerrecht in Form von Ortsgesetzen handelt.[67] Systematisch sind sie daher
mit dem GrStG und dem GewStG vergleichbar. Die dafür erforderliche Kompetenz ergibt
sich aus dem kommunalen Selbstverwaltungsrecht (Art. 28 Abs. 2 S. 1 GG, Art. 2 Abs. 3, 87
Abs. 1, 88 Abs. 3 Verf. ST).[68] Daraus resultiert zum einen die Abgabenhoheit → S. 13, also
die Befugnis, Abgaben erheben zu dürfen. Zum anderen besitzen die Kommunen eine Sat-
zungs- bzw. Rechtssetzungshoheit und sind deshalb berechtigt, eigene Angelegenheiten
durch Satzungen zu regeln (§ 8 Abs. 1 S. 1 KVG LSA). Allerdings ist die Erhebung von Abgaben eine Maßnahme, die den Pflichtigen besonders belastet. Über die Generalermächti-
gung des § 8 Abs. 1 S. 1 KVG LSA hinaus bedurfte es daher für diesen Zweck einer speziellen
gesetzlichen Grundlage.[69] Deshalb hat der Landtag von Sachsen-Anhalt (Legislative) das
KAG-LSA beschlossen und damit die erforderliche Eingriffsnorm geschaffen (siehe § 1
Abs. 1 KAG-LSA).

II. Örtliche Verbrauch- und Aufwandsteuern

1. Begriff der örtlichen Verbrauch- und Aufwandsteuer

Die Kommunen sind berechtigt, Steuern als Teil der kommunalen Abgaben zu erheben 153
(Art. 88 Abs. 3 LVerf ST, § 3 Abs. 1 S. 1 KAG-LSA). Der Steuerbegriff des § 3 KAG-LSA ist
identisch mit der Definition nach der AO[70] → S. 23 und umfasst eine Vielzahl unterschied-
licher Steuerarten.[71] Bei den kommunalen Steuern handelt es sich dabei um die örtlichen
Verbrauch- und Aufwandsteuern.

Verbrauchsteuern werden jedoch überwiegend auf Bundesebene erhoben, z.B. Kaffee-, 154
Energie- und Tabaksteuer. Für die Kommunen haben sie nur eine geringe Bedeutung.[72] Als
Beispiel sei hier die Getränkesteuer genannt.[73] Hingegen nehmen die Aufwandsteuern auf

---

[67] Holtbrügge in Driehaus, Kommunalabgabenrecht, § 2 Rn. 2.
[68] Miller in Bücken-Thielmeyer et al., § 8 Nr. 1.
[69] BVerfG, Beschl. v. 21.12.1966 – 1 BvR 33/64, NJW 1967, 545–548; Miller in Bücken-Thielmeyer et al., § 8 Nr. 1.
[70] BVerfG, Beschl. v. 25.06.2014 – 1 BvR 668/10, 1 BvR 2104/10, openJur 2014, 15390, zur Abgrenzung von
   Steuern und nichtsteuerliche Abgaben; vgl. Henke in Driehaus, Kommunalabgabenrecht, Rn. 102 § 3.
[71] Zur Einteilung der Steuerarten insgesamt Drüen in Tipke et al., § 3 Rn. 56–92.
[72] Henke, § 2 Rn. 11.
[73] BVerwG, Urt. v. 28.06.1974 – VII C 97.72, NJW 1974, 2298–2301.

kommunaler Ebene, z. B. mit der Hunde-, Vergnügungs- oder Zweitwohnungssteuer, einen deutlich größeren Raum ein.[74]

155 Die (örtlichen) Verbrauch- und Aufwandsteuern werden von folgenden Kriterien gekennzeichnet:

156

Verbrauchsteuern[75]	Aufwandsteuern[76]
	Besteuert werden der Gebrauch oder das Halten von Gütern bzw. die Inanspruchnahme von Dienstleistungen und die dadurch vorhandene besondere wirtschaftliche Leistungsfähigkeit. Die damit zusammenhängende Befriedigung geht über den allgemeinen Lebensbedarf hinaus, ohne dass es sich um Luxusgüter handeln muss.
Besteuert wird der Verbrauch von Gütern des ständigen Bedarfs.	
Steuerpflichtig ist der Vertreiber der Güter, der die Steuer über den Preis an den Verbraucher weitergeben kann.	Steuerpflichtig ist der Verbraucher oder Veranstalter/Betreiber.
Die Verbraucher werden nicht direkt, sondern nur indirekt belastet, wenn der Vertreiber die Steuer über den Preis weitergibt.	Die Verbraucher werden direkt (z. B. Hundesteuer) oder indirekt belastet (z. B. Vergnügungssteuer).

Tab. 6 – Abgrenzung Verbrauch-/Aufwandsteuern

157 Das Halten eines Hundes ist beispielsweise nicht dem üblichen Lebensbedarf zuzuordnen und bringt mit Blick auf die Anschaffungs-, Ausstattungs- und Futterkosten außerdem eine besondere wirtschaftliche Leistungsfähigkeit des Steuerpflichtigen zum Ausdruck.[77] Das gilt unabhängig davon, ob er tatsächlich leistungsfähig ist und die Steuer entrichten kann.[78] Daher handelt es sich um eine Aufwandsteuer.

---

[74] Zu den einzelnen örtlichen Verbrauch- und Aufwandsteuern umfassend Henke in Driehaus, Kommunalabgabenrecht, § 3 Rn. 110 bis 218. Zur Hundesteuer im Besonderen BVerwG, Beschl. v. 28.11.1997 – 8 B 224.97, bit.ly/8B224-97, Beschl. v. 31.10.1990 – 8 B 72/90, bit.ly/8B72-90; Henke in Driehaus, Kommunalabgabenrecht, § 3 Rn. 112, 113.

[75] BVerfG, Urt. v. 07.05.1998 – 2 BvR 1991/95 u. a., bit.ly/2BvR1991-95; BVerwG, Urt. v. 19.08.1994 – 8 N 1/93, bit.ly/8N1-93.

[76] BVerfG, Beschl. v. 07.05.1963 – 2 BvL 8/61 u. a., bit.ly/2BvL8-61, Beschl. v. 06.12.1983 – 2 BvR 1275/79, openJur 2011, 118339; BVerwG, Urt. v. 10.10.1995 – 8 C 40/93, bit.ly/8C40-93, Urt. v. 19.08.1994 – 8 N 1/93, bit.ly/2LQktpz, Urt. v. 06.12.1996 – 8 C 49.95, bit.ly/8C49-95; Urt. v. 29.11.1991 – 8 C 107/89, bit.ly/8C107-89; Henke, § 2 Rn. 12, und zur Abgrenzung von direkten und indirekten Steuern § 4 Rn. 21–23.

[77] BVerwG, Beschl. v. 28.11.1997 – 8 B 224.97, bit.ly/8B224-97, Beschl. v. 31.10.1990 – 8 B 72/90, bit.ly/8B72-90; Henke in Driehaus, Kommunalabgabenrecht, § 3 Rn. 112, 113.

[78] BVerfG, Beschl. v. 06.12.1983 – 2 BvR 1275/79, openJur 2011, 118339; BVerwG, Beschl. v. 31.10.1990 – 8 B 72/90, bit.ly/8B72-90.

Sachverhalt 11:[79] Ingo Notlage ist Eigentümer eines Mehrfamilienhauses in Dessau-Roßlau. Dort können Prostituierte Zimmer für 90 bis 130 EUR pro Tag mieten. Von der Stadt erhält er einen Steuerbescheid für „das Angebot sexueller Handlungen gegen Entgelt in Beherbergungsbetrieben".

Aufgabe: Prüfen und begründen Sie, ob es sich um eine Verbrauch- oder Aufwandsteuer handelt.

Lösung: Besteuert wird die Inanspruchnahme von Dienstleistungen und nicht der Verbrauch von Gütern des ständigen Bedarfs. Es handelt sich daher um eine Aufwandsteuer in der Form einer Vergnügungssteuer.

158

Sowohl die Verbrauch- als auch Aufwandsteuern sollen vorrangig die private Verwendung von Einkommen oder Vermögen der Steuerpflichtigen belasten.[80] Das wird insbesondere bei der Aufwandsteuer deutlich. So ist z. B. die Erhebung der Hundesteuer für Diensthunde[81] oder die Erhebung einer Steuer für Übernachtungen (sog. Bettensteuer)[82] im Zusammenhang mit der Berufsausübung unzulässig.

159

2. Gesetzgebungskompetenz und Ertragshoheit

Für die örtlichen Verbrauch- und Aufwandsteuern besitzen die Bundesländer die ausschließliche Befugnis zur Gesetzgebung (Art. 105 Abs. 2a S. 1 GG).[83] Das Aufkommen und damit die Ertragshoheit steht den Kommunen zu (Art. 106 Abs. 6 S. 1 GG). Infolgedessen sind die Länder berechtigt, die Verwaltung dieser Steuern auf die Kommunen zu übertragen (Art. 108 Abs. 4 S. 2 GG).[84] Das Land Sachsen-Anhalt hat von dieser Befugnis Gebrauch gemacht und die Kompetenz zur Erhebung und die Verwaltung von örtlichen Verbrauch- und Aufwandsteuern auf die Kommunen übertragen und dadurch mit der Ertragshoheit verknüpft (Art. 88 Abs. 3 LVerf ST i. V. m. § 3 KAG-LSA). Die Kommunen sind daher berechtigt, örtliche Verbrauch- und Aufwandsteuern zu erheben (§ 3 Abs. 1 S. 1 KAG-LSA). Im Gegensatz zu den Realsteuern sind sie aufgrund der mit ihnen verbundenen Erträge und Einzahlungen für den kommunalen Haushalt von vergleichsweise geringer Bedeutung und werden deshalb in der Literatur und Rechtsprechung vielfach als „kleine Gemeindesteuern"[85] oder „Bagatellsteuern"[86] bezeichnet.

160

---

79 Vgl. VG Köln, Urt. V. 11.07.2007 – 23 K 4180/04, openJur 2011, 53875.
80 Seiler in Maunz et al., Art. 105 Rn. 170.
81 BVerwG, Urt. v. 16.05.2007 – 10 C 1.07, bit.ly/10C1-07.
82 BVerwG, Urt. v. 11.07.2012 – 9 CN 1.11, bit.ly/9CN1-11.
83 Umfassend: Holtbrügge in Driehaus, Kommunalabgabenrecht, § 1 Rn. 12–15.
84 Vgl. BVerfG, Beschl. v. 06.12.1983 – 2 BvR 1275/79, openJur 2011, 118339, Urt. v. 16.12.1997 – 2 BvR 1991/95 u. a., bit.ly/2BvR1991-95; Seiler in Maunz et al., Art. 105 Rn. 175; Christ in Christ et al., Kap. C Rn. 233.
85 Seiler in Maunz et al., Art. 105 Rn. 176; Henke in Driehaus, Kommunalabgabenrecht, § 3 Rn. 1.
86 OVG Münster, Beschl. v. 09.10.2015 – 14 A 1851/15, openJur 2015, 19947.

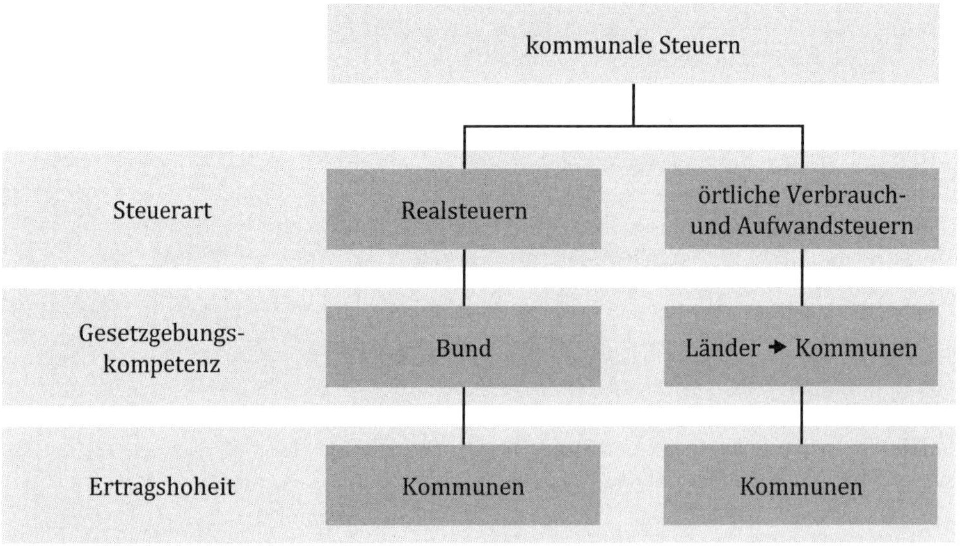

	kommunale Steuern	
Steuerart	Realsteuern	örtliche Verbrauch- und Aufwandsteuern
Gesetzgebungs-kompetenz	Bund	Länder ➜ Kommunen
Ertragshoheit	Kommunen	Kommunen

Abb. 10 – Kommunale Steuern

3. Steuerfindungsrecht

161   Indem die Zuständigkeit zur Erhebung der örtlichen Verbrauch- und Aufwandsteuern auf die Kommunen übertragen wurde, ging auch das originär dem Land Sachsen-Anhalt zustehende Steuerfindungsrecht auf die Kommunen über (Art. 105 Abs. 2a GG i. V. m. Art. 88 Abs. 3 LVerf ST i. V. m. § 3 Abs. 1 S. 1 KAG-LSA).[87] Dadurch sind sie berechtigt, eigenständig mögliche Steuerquellen zu ermitteln und sie auszuschöpfen.[88] Das Steuerfindungsrecht wird daher in der Literatur auch als „Steuer(er)findungsrecht" bezeichnet.[89] Überwiegend erheben die Kommunen die Hundesteuer[90], die Vergnügungssteuer[91] und die Zweitwohnungssteuer[92]. Einzelne Kommunen haben z.B. die Einführung einer Pferdesteuer[93], einer Getränkesteuer[94], einer Bräunungssteuer für Solarien[95], einer Mobilfunkmastensteuer[96] oder einer Windradsteuer[97] geprüft. In den überwiegenden Fällen stellte sich heraus, dass die Kommunen dafür entweder keine Gesetzgebungskompetenz besitzen oder das Aufkommen im Vergleich zu dem entstehenden Verwaltungsaufwand zu gering ausfällt.

---

[87] BVerwG, Beschl. v. 28.04.2010 – 9 B 95.09, bit.ly/9B95-09, Beschl. v. 20.05.2010 – 9 B 96.09, bit.ly/9B96-09, Urt. v. 19.08.1994 – 8 N 1/93, bit.ly/8N1-93, mit der Feststellung, dass sich ein originäres Steuerfindungsrecht aus der kommunalen Selbstverwaltungsgarantie des Art. 28 Abs. 2 GG nicht ableiten lässt; Henke, § 1 Rn. 2 f.
[88] Henke in Driehaus, Kommunalabgabenrecht, § 3 Rn. 1; Henke, § 1 Rn. 3.
[89] Zum Beispiel: Henke, § 1 Rn. 2.
[90] Vgl. z. B. HStS DeRsl → S. 151.
[91] Vgl. z. B. Vergnügungssteuersatzung der Stadt Halle (Saale), bit.ly/VStSHalle.
[92] Vgl. z. B. Zweitwohnungssteuersatzung der Stadt Magdeburg, bit.ly/ZwStSMagdeburg.
[93] Vgl. z. B. Pferdesteuersatzung Gemeinde Tangstedt, bit.ly/PfStSTangstedt.
[94] Vgl. die außer Kraft getretene Getränkesteuersatzung der Stadt Offenbach a. M., bit.ly/GStSOffenbach.
[95] Vgl. DStGB, Fakten zum kommunalen Steuerfindungsrecht, bit.ly/DStGB.
[96] Vgl. DStGB, Fakten zum kommunalen Steuerfindungsrecht, bit.ly/DStGB.
[97] Vgl. DStGB, Fakten zum kommunalen Steuerfindungsrecht, bit.ly/DStGB.

Das Steuerfindungsrecht der Kommunen kann durch den Landesgesetzgeber im Rahmen seiner Gesetzgebungskompetenz eingeschränkt werden, z.B. weil das Land selbst einen Sachverhalt besteuert oder es die Erhebung einer bestimmten Steuerart ausgeschlossen hat.[98] Letzteres ist in Sachsen-Anhalt für die Jagdsteuer erfolgt, deren Erhebung unzulässig ist (§ 3 Abs. 2 KAG-LSA). Weitere Einschränkungen des Steuerfindungsrechts ergeben sich aus dem nachfolgend beschriebenen notwendigen örtlichen Charakter und dem Gleichartigkeitsverbot sowie der nachrangigen Finanzmittelbeschaffung durch Steuern → S. 18. Darüber hinaus bedarf es einer Satzung, um örtliche Verbrauch- und Aufwandsteuern zu erheben → S. 150. In diesem Zusammenhang muss der Satzungsgeber die Tatbestandsmerkmale der Steuer beachten → S. 21, um nicht versehentlich eine Gebühr oder Beiträge zu erheben, weil er z.B. die Geldleistung von einer konkreten Gegenleistung abhängig macht.

162

4. Örtlicher Charakter

Die Verbrauch- und Aufwandsteuern müssen einen örtlichen Charakter aufweisen. Als „örtlich" im Sinne von § 105 Abs. 2a S. 1 GG gelten Verbrauch- und Aufwandsteuern, wenn der Abgabentatbestand → S. 153 innerhalb des Gemeindegebietes verwirklicht wird (sog. örtlich bedingter Wirkungskreis).[99] Das Gemeindegebiet bilden die Grundstücke, die zur Gemeinde gehören (§ 16 Abs. 1 S. 1 KVG LSA). Einen örtlichen Anknüpfungspunkt weisen daher z.B. das Innehaben einer weiteren Wohnung neben der Hauptwohnung bei der Zweitwohnungssteuer[100] oder das Halten eines Hundes[101] im Gebiet der Gemeinde auf. Eine Doppelbesteuerung desselben Steuergegenstandes durch eine kreisangehörige Gemeinde und den Landkreis ist ausgeschlossen (§ 3 Abs. 1 S. 2 KAG-LSA).

163

Sachverhalt 12: [102] Die Stadt Dessau-Roßlau prüft die Einführung einer Zweitwohnungssteuer. Dadurch soll das Innehaben einer Zweitwohnung im Stadtgebiet besteuert werden. Die zuständige Abteilungsleiterin gibt zu bedenken, dass eine solche Steuer bereits von umliegenden Kommunen erhoben wird. Diese flächendeckende Steuererhebung einer Aufwandsteuer durch die Kommunen sei mit dem GG nicht vereinbar.

Aufgabe: Prüfen Sie anhand der einschlägigen Rechtsnormen, ob die Steuer eingeführt werden darf, wenn sie bereits von den umliegenden Kommunen erhoben wird.

164

---

98   Henke in Driehaus, Kommunalabgabenrecht, § 3 Rn. 4, mit einer Aufzählung der Möglichkeiten.

99   BVerfG, Beschl. v. 23.07.1963 – 2 BvL 11/61, NJW 1964, 147–149, Beschl. v. 04.06.1975 – 2 BvR 824/74, openJur 2011, 118233, Beschl. v. 06.12.1983 – 2 BvR 1275/79, openJur 2011, 118339; Seiler in Maunz et al., Art. 105 Rn. 171, Art. 106 Rn. 182.

100 BVerfG, Beschl. v. 06.12.1983 – 2 BvR 1275/79, openJur 2011, 118339.

101 BVerwG, Beschl. v. 25.04.2013 – 9 B 41.12, bit.ly/9B41-12, mit der Feststellung, dass der örtliche Charakter der Hundesteuer auch dann gegeben ist, wenn sich der Hund vielfach außerhalb des Gemeindegebietes aufhält. Maßgeblich für die Steuerpflicht ist die Anknüpfung der Satzungsregelung an den Haushalt oder den Wirtschaftsbetrieb im Gemeindegebiet, in dem der Hund gehalten wird.

102 BVerwG, Beschl. v. 26.10.1989 – 8 B 36.89, bit.ly/8B36-89, Beschl. v. 27.10.2003 – 9 B 102.03, bit.ly/9B102-03.

> **Lösung:** Die Erhebung von Verbrauch- und Aufwandsteuern durch die Kommunen muss örtlich begrenzt sein (Art. 105 Abs. 2a S. 1 GG i.V.m. Art. 88 Abs. 3 LVerf ST, § 3 Abs. 1 S. 1 KAG-LSA). Der Abgabentatbestand muss sich daher auf das Gebiet der steuererhebenden Kommune territorial beschränken (§ 16 Abs. 1 S. 1 KVG LSA). Dies gilt unabhängig davon, ob bereits umliegende Kommunen eine Zweitwohnungssteuer erheben und es sich dadurch um eine flächendeckende Steuer handelt.

5. Gleichartigkeitsverbot

165   Die Länder haben die originäre und auf die Kommunen übertragbare Befugnis zur Gesetzgebung über die örtlichen Verbrauch- und Aufwandsteuern jedoch nur, solange und soweit sie nicht bundesgesetzlich geregelten Steuern gleichartig sind (Art. 105 Abs. 2a S. 1 GG, sog. Gleichartigkeitsverbot).[103] Dadurch wird eine mehrfache Belastung der Steuerpflichtigen für den gleichen Tatbestand ausgeschlossen.[104] Den Kommunen ist es somit untersagt, z. B. eine Steuer auf Tabakwaren zu erheben, weil sie bereits durch den Bund mit dem TabStG besteuert werden. Das Gleichartigkeitsverbot schränkt damit das Steuerfindungsrecht der Länder und Kommunen ein.[105]

166   > **Sachverhalt 13:** Dem Oberbürgermeister der Stadt Dessau-Roßlau liegt eine Beschlussvorlage für die kommende Sitzung des Stadtrates zur Unterzeichnung vor. Sie enthält den erstmaligen Erlass einer Vergnügungssteuersatzung. Als Bemessungsgrundlage soll der Gewerbeertrag der Betriebsstätte herangezogen werden.
>
> **Aufgabe:** Prüfen Sie anhand der einschlägigen Rechtsnormen, ob die Stadt Dessau-Roßlau zum Erlass einer Vergnügungssteuersatzung befugt ist.
>
> **Lösung:** Die Länder haben die Befugnis zur Gesetzgebung über die örtlichen Verbrauch- und Aufwandsteuern (Art. 105 Abs. 2a GG). Das Land Sachsen-Anhalt hat für die Vergnügungssteuer von seiner Gesetzgebungskompetenz keinen Gebrauch gemacht. Damit steht dieses Recht den Kommunen zu (Art. 88 Abs. 3 Verf ST i.V.m. § 3 Abs. 1 KAG-LSA). Mithin ist die Stadt Dessau-Roßlau grundsätzlich berechtigt, auf der Grundlage einer entsprechenden Satzung (§ 2 Abs. 1 S. 1 KAG-LSA) die Vergnügungssteuer zu erheben. Das gilt jedoch nur, solange und soweit die örtlichen Verbrauch- und Aufwandsteuern nicht bundesgesetzlich geregelten Steuern gleichartig sind (Art. 105 Abs. 2a GG). Die Besteuerung des Gewerbeertrages der Betriebsstätte erfolgt durch die Gewerbesteuer (§§ 2, 6 GewStG) → S. 38. Die vorgesehene Besteuerung des Gewerbeertrages in Rahmen einer Vergnügungssteuersatzung würde damit gegen das Gleichartigkeitsverbot verstoßen. Die Stadt Dessau-Roßlau ist daher nicht zum Erlass einer Vergnügungssteuersatzung befugt, die den Gewerbeertrag als Bemessungsgrundlage vorsieht.

---

[103] Zur Gleichartigkeit umfassend Seiler in Maunz et al., Art. 105 Rn. 172–174; Henke, § 2 Rn. 16–18 m. w. N.
[104] BVerfG, Urt. v. 07.05.1998 – 2 BvR 1991/95 u.a., bit.ly/2BvR1991-95.
[105] Vgl. Henke in Driehaus, Kommunalabgabenrecht, § 3 Rn. 107.

6. Lenkungswirkung

Steuern dienen zur Erzielung von Erträgen/Einzahlungen → S. 23. Neben der damit verbundenen Finanzierung des kommunalen Haushalts dürfen sie auch Lenkungswirkungen entfalten (§ 3 Abs. 1, Hs. 2 AO).[106] Dadurch soll das Verhalten der Steuerpflichtigen beeinflusst bzw. gesteuert werden. Neben der Erzielung von Einnahmen hat z.B. die Tabaksteuer zum Ziel, den gesundheitsgefährdenden Konsum von Tabakwaren einzuschränken. Auch mit der Erhebung örtlicher Verbrauch- und Aufwandsteuern werden Lenkungsabsichten verbunden. Beispielsweise soll eine höhere Hundesteuer für gefährliche Hunde im Vergleich zu nicht gefährlichen Hunden die betroffenen Hunderassen zum Schutz der Einwohner im Gemeindegebiet reduzieren.[107] Auch Befreiungstatbestände in der jeweiligen Abgabensatzung sind geeignet, das Verhalten der Steuerpflichtigen zu beeinflussen, z.B. die Befreiung von der Hundesteuer, wenn der Hund aus einem Tierheim aufgenommen wurde.[108]

167

Werden die Steuerpflichtigen durch die Lenkungswirkung erfolgreich beeinflusst, indem sie z.B. nicht gefährliche Hunde halten, kann dies allerdings auch zu geringeren Erträgen/Einzahlungen aus der jeweiligen Steuerart für den kommunalen Haushalt führen.[109]

168

Das Lenkungsziel einer Steuer, z.B. die Verringerung gefährlicher Hunde, darf keinem Verbot gleichkommen. Das wäre etwa der Fall, wenn der Steuersatz für Kampfhunde so hoch angesetzt wird, dass dadurch die Haltung dieser Hunde praktisch ausgeschlossen würde. In diesen Fällen spricht man von einer „erdrosselnden Wirkung".[110] Für die Beurteilung dieser Frage ist die wirtschaftliche Leistungsfähigkeit des durchschnittlichen Steuerpflichtigen maßgebend.[111]

169

III. Gebühren

1. Verwaltungskosten

a) Begriffe

In der Praxis wird vielfach von den sog. Verwaltungskosten gesprochen. Dabei handelt es sich um einen Oberbegriff für Verwaltungsgebühren und Auslagen (vgl. § 1 Abs. 1 S. 1

170

---

[106] BVerfG, Beschl. v. 15.01.2014 – 1 BvR 1656/09, bit.ly/1BvR1656-09, Urt. v. 10.12.1980 – 2 BvF 3/77, openJur 2011, 118301, Urt. v. 07.05.1998 – 2 BvR 1991/95 u.a., bit.ly/2BvR1991-95; Drüen in Tipke et al., Rn. 12–12a § 3.

[107] BVerwG, Urt. v. 19.01.2000 – 11 C 8.99, bit.ly/11C8-99; vgl. umfassend zur Lenkungswirkung der Hundesteuer für „Kampfhunde": Henke in Driehaus, Kommunalabgabenrecht, § 3 Rn. 128–137.

[108] BVerfG, Urt. v. 17.12.2014 – 1 BvL 21/12, openJur 2013, 46014; Henke, § 4 Rn. 19.

[109] Deutscher Bundestag, Wissenschaftliche Dienst, Das Aufkommen und die Wirkungsweise von Lenkungssteuern und Steuervergünstigungen in Deutschland – WD 4 - 048/07, bit.ly/WD4-048-07, Nr. 2.

[110] Vgl. umfassend zur erdrosselnden Wirkung bei der Vergnügungssteuer mit den Nachweisen zur Rechtsprechung: Schmid, H. in Schmid et al., § 99 Rn. 43.

[111] BVerwG, Urt. v. 15.10.2014 – 9 C 8.13, bit.ly/9C8-13 m.w.N. zur erdrosselnden Wirkung der Kampfhundesteuer bei einem jährlichen Steuersatz von 2.000 EUR; Henke in Driehaus, Kommunalabgabenrecht, § 3 Rn. 136, mit einer umfassenden Auswertung der Rechtsprechung zur Lenkungsfunktion und erdrosselnden Wirkung der Steuerhöhe für gefährliche Hunde.

VwKostG LSA). Verwaltungsgebühren werden als Gegenleistung für Amtshandlungen[112] erhoben, z. B. eine Beglaubigung. Sie sind deshalb von den privatwirtschaftlichen Tätigkeiten der Kommune abzugrenzen (§ 4 Abs. 1 KAG-LSA i. V. m. § 1 Abs. 1 VwKostG LSA), die ebenfalls Gegenleistungen beinhalten können, z. B. beim Verkauf von Holz aus dem Gemeindewald.[113] Auslagen sind Kosten, die von der Kommune an einen Dritten zu entrichten sind, z. B. das Entgelt eines Postdienstleisters für die förmliche Zustellung eines Bescheids → S. 72. Daher bezieht sich auch der Begriff des Kostenschuldners (vgl. z. B. § 5 VwKostG LSA) auf Gebühren und Auslagen, während mit Gebührenschuldner lediglich die Pflicht gemeint ist, Gebühren zu entrichten.

171   Der Begriff „Amtshandlungen" ist weit gefasst und lässt sich anhand von vier Merkmalen charakterisieren:[114]

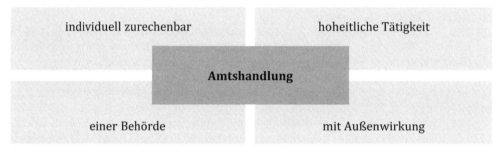

Abb. 11 – Merkmale der Amtshandlung

172   Mangels Regelungscharakter muss es sich bei der Amtshandlung nicht zwingend um einen Verwaltungsakt i. S. d. § 1 Abs. 1 VwVfG LSA i. V. m. § 35 VwVfG handeln.[115] Vielmehr zählen hierzu auch amtliche Beglaubigungen oder die Erteilung von Auskünften. Die Amtshandlungen müssen einem konkreten Adressaten zurechenbar sein und sich dadurch von den Tätigkeiten für die Allgemeinheit unterscheiden.[116] Damit wird eine vorrangige Finanzierung der Verwaltungstätigkeiten durch Gebühren und Auslagen anstelle einer allgemeinen Deckung aus Steuern gerechtfertigt → S. 23:[117]

---

[112] Den „sonstigen Verwaltungstätigkeiten" i. S. d. § 4 Abs. 1 KAG-LSA kommt praktisch nur eine geringe Bedeutung zu; vgl. dazu Preisner in Driehaus, Kommunalabgabenrecht, § 4 Rn. 35 f., wonach es sich dabei um einen Auffangtatbestand handelt. Nachfolgend wird daher nur von „Amtshandlungen" gesprochen.

[113] Vgl. zur Abgrenzung von hoheitlichen (Verwaltungskosten) und privatwirtschaftlichen Tätigkeiten (privatrechtlichen Entgelten): Preisner in Driehaus, Kommunalabgabenrecht, § 4 Rn. 33; Lichtenfeld in Driehaus, Kommunalabgabenrecht, § 5 Rn. 9a m. w. N.

[114] VGH Kassel, Beschl. v. 12.12.2005 – 5 N 3851/04, DÖV 2006, 615; Preisner in Driehaus, Kommunalabgabenrecht, § 4 Rn. 35; Kirchmer in Kirchmer et al., § 4 Nr. 1.3.

[115] OVG Münster, Urt. v. 14.02.2017 – 9 A 2655/13, openJur 2017, 724; Preisner in Driehaus, Kommunalabgabenrecht, § 4 Rn. 35.

[116] BVerwG, Beschl. v. 01.10.2009 – 7 B 24.09, bit.ly/7B24-09; OVG Münster, Urt. v. 23.08.2001 – 9 A 201/99, openJur 2011, 17011.

[117] BVerwG, Urt. v. 07.11.1980 – 1 C 46.77, GewArch 81, 243; Preisner in Driehaus, Kommunalabgabenrecht, § 4 Rn. 32; Lichtenfeld in Driehaus, Kommunalabgabenrecht, § 5 Rn. 13.

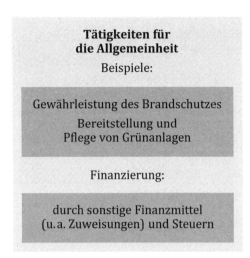
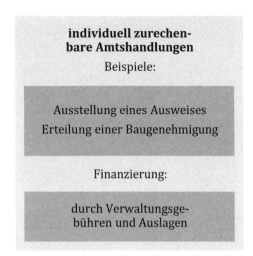

Abb. 12 – Begriff der Amtshandlung im Verwaltungskostenrecht

b) Erhebung

(1) Rechtsgrundlagen

Als Rechtsgrundlage für die Erhebung von Verwaltungskosten kommen das KAG-LSA oder   173
das VwKostG LSA in Betracht. Um die einschlägige Grundlage zu ermitteln, muss geprüft
werden, ob die Amtshandlung den Aufgaben im eigenen oder übertragenen Wirkungskreis
zuzuordnen ist (vgl. → S. 13).

(aa) Amtshandlungen im eigenen Wirkungskreis

Im eigenen Wirkungskreis werden die Kommunen durch § 4 Abs. 1 KAG-LSA ermächtigt,   174
Verwaltungsgebühren zu erheben. Dabei werden ihnen durch § 4 Abs. 2–3a KAG-LSA bestimmte Vorgaben gemacht, nämlich dass

- für bestimmte Amtshandlungen und sonstige Verwaltungstätigkeiten keine Gebühren
  erhoben werden dürfen (§ 4 Abs. 2 KAG-LSA),
- von der Gebührenerhebung abgesehen werden kann, wenn daran ein öffentliches Interesse besteht (§ 4 Abs. 3 KAG-LSA), und
- eine Gebühr für einen Widerspruchsbescheid nur erhoben werden darf, wenn und soweit der Widerspruch zurückgewiesen wird (§ 4 Abs. 3a KAG-LSA).

Im Übrigen und soweit das KAG-LSA dem nicht ausdrücklich entgegensteht, gelten die Vor-   175
schriften des VwKostG LSA sinngemäß (§ 4 Abs. 4 S. 1 KAG-LSA). Das betrifft folgende Be-
reiche:

176

Anwendungsbereich	§ 4 Abs. 4 S. 1 KAG-LSA i.V.m.
generelle Gebührenbemessung	§ 3 Abs. 2 VwKostG LSA
Kostenschuldner	§ 5 VwKostG LSA
Verjährung	§ 9 VwKostG LSA
einzelfallbezogene Gebührenbemessung	§ 10 VwKostG LSA
Billigkeitsmaßnahmen	§ 12 VwKostG LSA
Erhebung von Auslagen	§ 14 VwKostG LSA

Tab. 7 – Anwendungsbereich des VwKostG LSA

177 Der Verweis auf das VwKostG LSA gewährleistet ein einheitliches Verwaltungskostenrecht für den eigenen und übertragenen Wirkungskreis.[118] Er ist spezieller als der Verweis auf die AO in §§ 13, 13a KAG-LSA → S. 93. Die Vorschriften der AO sind daher nur heranzuziehen, soweit das VwKostG LSA keine Regelungen enthält, z.B. zur Kostenfestsetzung als Verwaltungsakt nach § 118 AO.

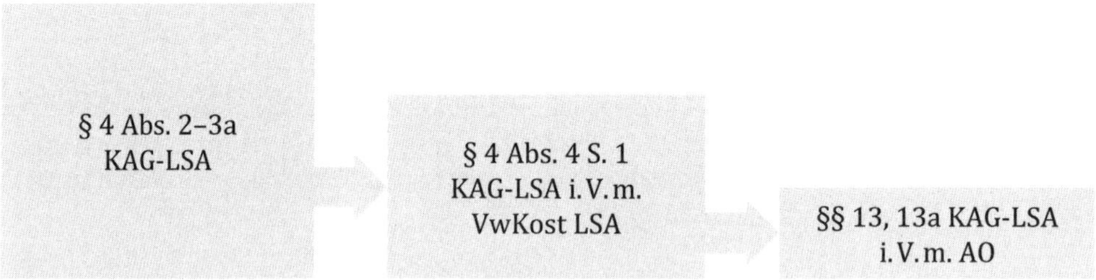

§ 4 Abs. 2–3a KAG-LSA ⟶ § 4 Abs. 4 S. 1 KAG-LSA i.V.m. VwKost LSA ⟶ §§ 13, 13a KAG-LSA i.V.m. AO

Abb. 13 – Verwaltungskostenrecht für Amtshandlungen im eigenen Wirkungskreis

178 Für welche Amtshandlungen welche Gebühren und Auslagen zu entrichten sind, müssen die Kommunen in Abgabensatzungen regeln (§ 2 Abs. 1 KAG-LSA)[119] → S. 150.

179 **Sachverhalt 14:** Am 30.06.2016 hat Ingo Notlage für eine Amtshandlung im eigenen Wirkungskreis, die am 16.06.2016 vorgenommen wurde, den Verwaltungskostenbescheid der Stadt Dessau-Roßlau vom 23.06.2016 erhalten. Aufgrund einer fehlerhaften Dateneingabe gerät der Vorgang in Vergessenheit. Erst Anfang April 2020 wird eine Mahnung an den Schuldner versandt, der wenige Tage darauf einwendet, dass die Forderung zwischenzeitlich verjährt sei. Ihr Kollege meint, dass die fünf Jahre nach § 13a Abs. 1 S. 4 KAG-LSA i.V.m. § 228 S. 2 AO noch nicht abgelaufen seien.

Aufgabe: Prüfen Sie anhand der einschlägigen Rechtsnormen, ob die Kostenforderung im April 2020 bereits verjährt ist.

---

[118] Vgl. Landtag von Sachsen-Anhat, Drs. 1/304, S. 32.
[119] Vgl. z.B. Brüning, § 17, mit einer kommentierten Verwaltungsgebührensatzung.

> **Lösung:** Fraglich ist, nach welchen Vorschriften sich die Zahlungsverjährung der Kostenforderung richtet. Der Verweis auf das VwKostG LSA in § 4 Abs. 4 S. 1 KAG-LSA gewährleistet ein einheitliches Verwaltungskostenrecht für den eigenen und übertragenen Wirkungskreis und ist daher spezieller als der Verweis auf die AO in § 13a KAG-LSA. Da das VwKostG LSA Vorschriften für die Verjährung enthält (§ 12 VwKostG LSA), muss auf die allgemeinere Verweisung in § 13a KAG-LSA nicht zurückgegriffen werden.
>
> Die Verjährung beginnt mit dem Ablauf des Jahres, in dem die Kostenschuld entstanden ist (§ 12 Abs. 1 S. 1 VwKostG LSA). Die Kostenschuld ist im Jahr 2016 entstanden, sodass die Verjährung mit Ablauf des 31.12.2016 beginnt. Die Verjährungsfrist beträgt drei Jahre (§ 12 Abs. 1 S. 2 VwKostG LSA). Sie endet daher mit Ablauf des 31.12.2019. Anhaltspunkte für eine Hemmung der Verjährung nach § 12 Abs. 3 VwKostG LSA liegen nicht vor. Die Gebührenforderung ist somit im April 2020 bereits verjährt.

(bb) Amtshandlungen im übertragenen Wirkungskreis

Die Erhebung von Verwaltungskosten im übertragenen Wirkungskreis richtet sich ausschließlich nach dem VwKostG LSA (§ 1 Abs. 1 S. 1 Nr. 2 VwKostG LSA).[120] Die dadurch entstehenden Erträge/Einzahlungen fließen den Kommunen zu (§ 6 Abs. 4 S. 2 KVG LSA i.V.m. § 4 Abs. 1 VwKostG LSA). Die gebührenpflichtigen Amtshandlungen sind mit dem jeweiligen Gebührensatz in der AllGO LSA normiert und damit der Gestaltungsfreiheit der Kommunen im Rahmen einer Satzung entzogen (§ 3 Abs. 1, 3 VwKostG LSA).

180

---

[120] Vgl. hierzu umfassend: Lichtenfeld in Driehaus, Kommunalabgabenrecht, § 5 Rn. 3–5.

(cc) Zusammenfassung

181 Zusammenfassend stellen sich die Rechtsgrundlagen für die Erhebung von Verwaltungskosten damit wie folgt dar:

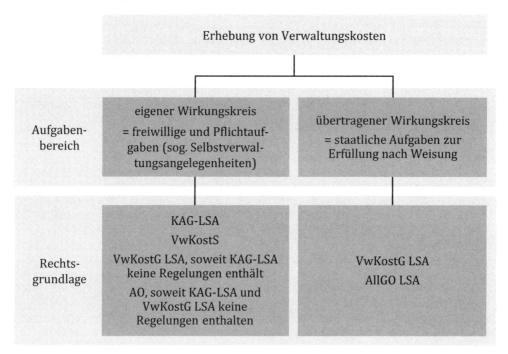

Abb. 14 – Verwaltungskostenrecht im eigenen und übertragenen Wirkungskreis

(2) Kostenerhebungspflicht der Kommunen

182 Nach § 4 Abs. 1 KAG-LSA i.V.m. § 1 Abs. 1 VwKostG LSA sind die Kommunen grundsätzlich verpflichtet, Verwaltungskosten zu erheben. Die Normen führen den Gedanken fort, dass die kommunalen Aufgaben – und die damit verbundenen Amtshandlungen – vorrangig durch diejenigen zu finanzieren sind, die von ihnen profitieren oder sie veranlasst haben → S. 18.[121]

183 Die Kommunen dürfen keine Verwaltungskosten erheben, soweit Bundes- oder Landesrecht etwas anderes bestimmen (§ 1 Abs. 1, Hs. 2 KAG-LSA). Das trifft z.B. auf das Erhebungsverfahren für die Realsteuern zu, das sich nach den Regelungen der AO richtet (§ 1 Abs. 2 Nr. 5 AO) → S. 93. Die Erhebung von Verwaltungskosten, z.B. bei Entscheidungen über die Stundung oder den Erlass von Realsteuern, ist dabei nicht vorgesehen.[122]

---

[121] Kirchmer in Kirchmer et al., § 4 Nr. 1.1; Vetter in Christ et al., Kap. D Rn. 8.
[122] BVerwG, Urt. v. 20.08.1986 – 8 C 89.84, NVwZ 1987, 55 f.; Lichtenfeld in Driehaus, Kommunalabgabenrecht, § 5 Rn. 8; Kirchmer in Kirchmer et al., § 4 Nr. 1.3.

(3) Kostentragungspflicht der Beteiligten

Ein Beteiligter ist nur verpflichtet, die Verwaltungskosten zu tragen, soweit er Anlass zu der kostenpflichtigen Amtshandlung gegeben hat (§ 4 Abs. 1 S. 1, Hs. 2 KAG-LSA i.V.m. § 1 Abs. 1 S. 1 VwKostG LSA). Dieses sog. „Veranlassungsprinzip" setzt zum Teil einen Antrag voraus.[123] Dabei handelt es sich um „jedes auf ein Tätigwerden der Behörde gerichtetes – ausdrückliches oder konkludentes – Verhalten des Beteiligten"[124]. Die Ablehnung eines Antrages schränkt die Gebührenpflicht nicht ein (§ 4 Abs. 4 S. 1 KAG-LSA i.V.m. § 1 Abs. 1 S. 2 VwKostG LSA).[125] In diesen Fällen ist allerdings eine Gebührenermäßigung denkbar (§ 4 Abs. 4 S. 1 KAG-LSA i.V.m. § 12 Abs. 3 Nr. 1, Abs. 4 VwKostG LSA).

184

Eine Gebührenpflicht kann außerdem eintreten, wenn eine Amtshandlung gegen den Willen des Beteiligten im Rahmen der Eingriffsverwaltung erfolgt. Maßgeblich ist, dass der Beteiligte die Amtshandlung zurechenbar auslöst bzw. verursacht.[126] Das ist z.B. bei Abbruchverfügungen, der Rücknahme von Erlaubnissen im Gaststätten- bzw. Gewerberecht oder bei der Festsetzung von Mahn- und Pfändungsgebühren im Rahmen der Zwangsvollstreckung → S. 74 der Fall.

185

Sachverhalt 15: Ingo Notlage betreibt in Dessau-Roßlau eine Gaststätte. Nach mehreren Vorfällen mit alkoholisierten Gästen erhält er vom Amt für öffentliche Sicherheit und Ordnung eine Untersagungsverfügung für den Ausschank alkoholischer Getränke nach § 11 Abs. 5 GastG LSA. Für diese Untersagung setzt die Stadt eine Verwaltungsgebühr von 100 EUR fest. Für Ingo Notlage ist es unverständlich, warum er für eine Untersagung auch noch eine Gebühr entrichten muss.

Aufgabe: Prüfen Sie anhand der einschlägigen Rechtsnormen, ob die Erhebung einer Verwaltungsgebühr rechtlich zulässig ist.

Lösung: Für Amtshandlungen im übertragenen Wirkungskreis, zu denen die Ausführung des GastG gehört (§ 30 GastG i.V.m. § 7 S. 1 GastG LSA), erheben die Kommunen Verwaltungsgebühren, wenn der Beteiligte sie veranlasst hat (§ 1 Abs. 1 S. 1 Nr. 2 VwKostG LSA). Darunter fallen nicht nur vom Pflichtigen beantragte, sondern auch belastende Amtshandlungen im Rahmen der Eingriffsverwaltung wie die Untersagungsverfügung. Dafür sieht die AllGO LSA einen Gebührenrahmen von 40 EUR bis 250 EUR vor (§ 3 VwKostG LSA i.V.m. § 1 Abs. 1 AllGO LSA i.V.m. lfd. Nr. 54, Tarifstelle 12, der Anl. zur AllGO LSA).

186

Sachverhalt 16:[127] Ingo Notlage beantragt bei der Stadt Dessau-Roßlau den Abzug eines Luftbildes (Format 23 x 23 cm) seines Ortsteils. Davon berichtet er seinem Nachbarn, der ein entsprechendes Bild in seiner Sammlung hat. Da er es nicht mehr benötigt, schenkt er es Ingo Notlage. Daraufhin nimmt Notlage seinen Antrag bei der Stadt zurück.

187

---

[123] Vgl. Landtag von Sachsen-Anhalt, Drs. 1/304, S. 31.
[124] Lichtenfeld in Driehaus, Kommunalabgabenrecht, § 5 Rn. 15.
[125] BVerwG, Urt. v. 08.12.1961 – VII C 2.61, bit.ly/VIIC2-61; vgl. Lichtenfeld in Driehaus, Kommunalabgabenrecht, § 5 Rn. 16, wonach die Verwaltungsgebühr kein Erfolgsentgelt darstellt.
[126] Schönenbroicher in Christ et al., Kap. D Rn. 636 f., 653 f.; Kirchmer in Kirchmer et al., § 4 Nr. 1.3; Lichtenfeld in Driehaus, Kommunalabgabenrecht, § 5 Rn. 13.
[127] In Anlehnung an Mutschler, S. 244.

Zu seinem Glück hat der zuständige Sachbearbeiter das Bild erst aus dem Archiv angefordert und noch nicht vervielfältigt. Wenige Tage nach seiner Antragsrücknahme erhält er einen Gebührenbescheid von 2,50 EUR.

Aufgabe: Prüfen und begründen Sie anhand der einschlägigen Rechtsnormen, ob die Festsetzung der Verwaltungsgebühr rechtmäßig ist.

Lösung: Die Stadt Dessau-Roßlau erhebt Verwaltungsgebühren für Amtshandlungen im eigenen Wirkungskreis, wenn der Beteiligte sie veranlasst hat (§ 1 Abs. 1 S. 1 VwKostS Dessau-Roßlau[128]). Die Höhe der Gebühr beträgt hier 10 EUR (§ 2 Abs. 1 VwKostS i. V. m. lfd. Nr. 11.3.1 der Anl. zur AllGO LSA). Die Gebührenpflicht tritt auch ein, wenn der Antrag nach Aufnahme der Verwaltungstätigkeit vor der Entscheidung zurückgenommen wird (§ 1 Abs. 2 VwKostS). Laut Sachverhalt hat Ingo Notlage seinen Antrag zurückgezogen. Allerdings hatte der zuständige Sachbearbeiter das Bild bereits aus dem Archiv angefordert und daher mit der Verwaltungstätigkeit begonnen. Eine Gebührenpflicht ist somit eingetreten. Die Stadt hat allerdings von der Ermäßigungsregelung des § 3 Abs. 5b VwKostS Gebrauch gemacht. Danach kann die Verwaltungsgebühr bis auf ein Viertel des vollen Betrages ermäßigt werden (hier 2,50 EUR), wenn ein Antrag auf Vornahme einer Verwaltungstätigkeit zurückgenommen wird, bevor die Tätigkeit beendet ist.

(4) Ausnahmen von der Gebührenpflicht

188   Das KAG-LSA bzw. VwKostG LSA enthalten Tatbestände, die zu einer ganz oder teilweisen Gebührenfreiheit führen (vgl. zu den Auslagen → S. 72). Dazu gehören unter anderen:

(aa) Öffentliches Interesse

189   Darüber hinaus kann von der Erhebung einer Verwaltungsgebühr ganz oder teilweise abgesehen werden, wenn daran ein öffentliches Interesse besteht (§ 4 Abs. 3 KAG-LSA i. V. m. § 2 Abs. 2 VwKostG LSA). Welche Amtshandlungen betroffen sind, kann die jeweilige Kommune im eigenen Wirkungskreis in der Verwaltungskostensatzung regeln. Dabei können vor allem sozial- oder bildungspolitische Gesichtspunkte berücksichtigt werden.[129] Eine Gebührenfreiheit kann z. B. für

190   – mündliche Auskünfte, soweit damit kein besonderer Zeitaufwand verbunden ist[130],
       – die Erteilung steuerlicher Unbedenklichkeitsbescheinigungen,
       – Amtshandlungen, die eine Stundung oder den Erlass von Verwaltungskosten betreffen,
       – die Nutzung von Archiv- und Sammlungsgut zur wissenschaftlichen Forschung oder
       – Anfragen von Wohlfahrtverbänden oder Waisenhäusern und Vereinen

vorgesehen werden.[131]

---

[128] VwKostS Dessau-Roßlau v. 24.02.2008, bit.ly/VwKostS.

[129] Kirchmer in Kirchmer et al., § 4 Nr. 2; Brüning, § 15 Rn. 8.

[130] Landtag von Sachsen-Anhalt, Drs. 1/304, S. 30; vgl. exemplarisch § 5 Abs. 1 Nr. 1 VwKostS Dessau-Roßlau v. 24.02.2008, bit.ly/VwKostS; vgl. lfd. Nr. 1, Tarifstelle 2 der Anl. zur AllGO LSA mit einer Rahmengebühr von 0–1.000 EUR nach Zeitaufwand, soweit von einer Gebührenfestsetzung wegen Geringfügigkeit nicht abzusehen ist.

[131] Vgl. für den eigenen Wirkungskreis exemplarisch § 5 VwKostS Magdeburg v. 14.12.2006, bit.ly/VwKostSMD, oder § 5 VwKostS Dessau-Roßlau v. 24.02.2008, bit.ly/VwKostS.

(bb) Rechtsbehelfsverfahren

Eine Verwaltungsgebühr für einen Widerspruchsbescheid darf nur erhoben werden, wenn und soweit der Widerspruch erfolglos blieb (§ 4 Abs. 3a KAG-LSA). Die Abhilfe von Widersprüchen ist somit im Umkehrschluss gebührenfrei. Das gilt auch, soweit sich das Vorverfahren auf andere Weise als durch den Erlass eines Widerspruchsbescheids erledigt, z. B. weil der Widerspruch zurückgenommen wird, bevor über ihn entschieden wurde.[132]

191

Sachverhalt 17: Ingo Notlage ist mit der Festsetzung der Hundesteuer von 90 EUR durch die Stadt Dessau-Roßlau nicht einverstanden. Gegen die Festsetzung erhebt er fristgerecht Widerspruch, der durch die Steuerabteilung geprüft wird und erfolglos bleibt. Im Widerspruchsbescheid setzt die Stadt Dessau-Roßlau eine Verwaltungsgebühr von 10 EUR fest. Damit ist Ingo Notlage ebenfalls nicht einverstanden.

Aufgabe: Prüfen und begründen Sie anhand der einschlägigen Rechtsnormen, ob die Festsetzung der Verwaltungsgebühr rechtmäßig ist.

Lösung: Eine Verwaltungsgebühr darf nur für einen erfolglosen Widerspruch erhoben werden (§ 4 Abs. 3a KAG-LSA). Laut Sachverhalt wurde der Widerspruch von Ingo Notlage zurückgewiesen. Für erfolglose Widersprüche beträgt die Verwaltungsgebühr das Eineinhalbfache der Gebühr, die für die angefochtene Amtshandlung anzusetzen war, mindestens jedoch 10 EUR (§ 4 Abs. 4 S. 1 KAG-LSA i. V. m. § 13 Abs. 2 S. 1 VwKostG LSA). War für die angefochtene Entscheidung keine Gebühr anzusetzen, ist die Gebühr innerhalb eines Rahmens von 10 EUR bis 500 EUR festzusetzen (§ 4 Abs. 4 S. 1 KAG-LSA i. V. m. § 13 Abs. 2 S. 2 VwKostG LSA). Die Festsetzung der Hundesteuer ist eine gebührenfreie Amtshandlung. Die Gebühr muss die Kommune innerhalb des vorgegebenen Gebührenrahmens daher nach pflichtgemäßem Ermessen festsetzen. Die Stadt Dessau-Roßlau hat dieses Ermessen dahingehend ausgeübt, dass sich die Gebühr nach dem Streitwert richtet (§ 4 Abs. 1 S. 2 VwKostS i. V. m. lfd. Nr. 16 des Kostentarifs zur VwKostS Dessau-Roßlau). Der Streitwert beträgt hier 90 EUR. Für den Widerspruchsbescheid ist damit eine Gebühr von 10 EUR zu erheben.

---

c) Gebührenbemessung

(1) Auf der Normebene

Für Verwaltungsgebühren im eigenen Wirkungskreis enthalten die jeweiligen Satzungen in der Regel als Anlage eine Übersicht mit den einzelnen Amtshandlungen und den entsprechenden Gebührensätzen (sog. Kostentarif). Im übertragenen Wirkungskreis werden die Gebührensätze der unterschiedlichen Rechtsgebiete durch die Anlage zur AllGO LSA bestimmt (§ 3 Abs. 1, 3 S. 1 VwKostG LSA). Nur in Ausnahmefällen ergeben sich die Gebühren aus separaten Gebührenordnungen, z. B. die Baugebührenverordnung des Landes Sachsen-Anhalt (§ 3 Abs. 3 S. 2 VwKostG LSA).

192

Zur praktikablen Anwendung sehen die kommunalen Kostensatzungen und die AllGO LSA für die regelmäßig durchzuführenden Amtshandlungen jeweils einen eigenen

193

---

132 Vgl. Brüning, § 15 Rn. 17.

Gebührentatbestand mit einem typisierten bzw. pauschalierten Gebührensatz vor.[133] Die Grundlage für diese Gebührentarife bildet eine Gebührenkalkulation für den maßgeblichen Verwaltungszweig.[134] Dabei kann jedoch nicht jede einzelne gebührenpflichtige Amtshandlung mit einem separaten Gebührensatz berücksichtigt werden. Die jeweiligen Satzungen und die AllGO LSA enthalten daher jeweils Auffangtatbestände mit einem vorgegebenen Gebührenrahmen.[135]

194   Bei der Bemessung der Verwaltungsgebühren sind die nachfolgend beschriebenen Kostendeckungs- und Äquivalenzprinzipien zu beachten.

195

Gebührenbemessung		
Kostendeckungsprinzip		Äquivalenzprinzip
Kostenüber-schreitungsverbot	Kostendeckungsgebot	
Das Gebührenaufkommen darf die Gesamtkosten des jeweiligen Verwaltungs-zweiges nicht übersteigen.	Die Gebühren sollen kostendeckend sein, um das finanzielle Defizit einzelner Verwaltungs-zweige zu reduzieren.	Das Verhältnis von Gebührenhöhe und Leistung muss angemessen sein.
Gebührenobergrenze	Gebührenuntergrenze	angemessene Gebührenhöhe

Tab. 8 – Gebührenbemessung

(aa) Kostendeckungsprinzip

196   Das Kostendeckungsprinzip gliedert sich in das Kostenüberschreitungsverbot und das Kostendeckungsgebot.[136]

197   Nach dem Kostenüberschreitungsverbot darf das Aufkommen der Verwaltungsgebühren den auf die Amtshandlungen entfallenden durchschnittlichen Aufwand des maßgeblichen Verwaltungszweiges nicht übersteigen (§ 4 Abs. 4 S. 1 KAG-LSA i.V.m. § 3 Abs. 2 S. 1 VwKostG LSA).[137]

---

[133] Vgl. zur differenzierten Gebührenbemessung unter Beachtung des Gleichbehandlungsgrundsatzes sowie der Bestimmtheit und Normenklarheit der Gebührentatbestände Preisner in Driehaus, Kommunalabgabenrecht, § 4 Rn. 7–8; Kirchmer in Kirchmer et al., § 4 Nr. 1.2.

[134] Vgl. Brüning, § 14 Rn. 8–12, § 15 Rn. 2, 21.

[135] Zur Zulässigkeit eines Auffangtatbestandes BVerwG, Beschl. v. 13.05.2008 – 9 B 61.07, bit.ly/9B61-07; Schönenbroicher in Christ et al., Kap. D Rn. 709; vgl. z.B. den Kostentarif zur VwKostS der Stadt Dessau-Roßlau v. 24.02.2008, Nr. 14.2, bit.ly/VwKostS, die für Amtshandlungen, für die kein konkreter Gebührensatz definiert ist, einen Rahmen von 29–2.000 EUR vorgibt, oder die Anl. zur AllGO LSA, lfd. Nr. 1, Tarifstelle 10, mit einem Gebührenrahmen von 29–3.019 EUR.

[136] Preisner in Driehaus, Kommunalabgabenrecht, § 4 Rn. 19; Schönenbroicher in Christ et al., Kap. D Rn. 591.

[137] Landtag von Sachsen-Anhalt, Drs. 1/304, S. 30; vgl. dazu auch Lichtenfeld in Driehaus, Kommunalabgabenrecht, § 5 Rn. 49.

Wegen des Kostenüberschreitungsverbots darf die Kommune grundsätzlich keinen Überschuss aus Verwaltungsgebühren erzielen.[138] Die Kalkulation der Erträge und Aufwendungen des jeweiligen Verwaltungszweiges[139] für einen zukünftigen Zeitraum ist jedoch in der Regel mit verschiedenen Unsicherheiten behaftet (z. B. Personalkostensteigerungen) und muss daher – wie auch das Gebührenaufkommen – sachgerecht geschätzt werden.[140] Übersteigt das Gebührenaufkommen die Kosten des Verwaltungszweiges nur geringfügig, ist dies unschädlich und verstößt nicht gegen das Kostendeckungsprinzip.[141] Das gilt auch, wenn der Verwaltungsaufwand für eine einzelne konkrete Amtshandlung durch die jeweilige Gebühr überschritten wird.[142] Hingegen verstoßen schwerwiegende und beabsichtigte Überschreitungen des gesamten Verwaltungsaufwandes durch das Gebührenaufkommen (z. B. zur Konsolidierung des städtischen Haushaltes) gegen das Kostendeckungsprinzip.[143]

198

Mit dem Kostendeckungsprinzip ist auch ein Kostendeckungsgebot verbunden. Eine ausdrückliche Regelung enthalten das KAG-LSA und das VwKostG LSA im Gegensatz zu den Benutzungsgebühren (vgl. § 5 Abs. 1 S. 2, Hs. 1 KAG-LSA) nicht → S. 80. Das Kostendeckungsgebot wird vielmehr aus dem Grundsatz der Wirtschaftlichkeit und Sparsamkeit nach § 98 Abs. 2 KVG LSA sowie den Grundsätzen der Finanzmittelbeschaffung gemäß § 99 Abs. 2 KVG LSA abgeleitet.[144] Die Erhebung kostendeckender Verwaltungsgebühren dient dem Ziel, das finanzielle Defizit einzelner Verwaltungszweige zu vermeiden. Erhebt die Kommune keine kostendeckenden Verwaltungsgebühren, kann dies zu entsprechenden Auflagen durch die Kommunalaufsichtsbehörde führen, z. B. im Rahmen der Haushaltskonsolidierung bei einem nicht ausgeglichenen Haushalt (vgl. §§ 98 Abs. 3, 100 Abs. 3 KVG LSA).

199

Sachverhalt 18:[145] Die Stadt Dessau-Roßlau hat eine neue Verwaltungsstruktur mit einem Dezernat für Wirtschaft und Stadtentwicklung sowie einer zusätzlichen Beigeordnetenstelle beschlossen. Um die damit verbundenen Kostensteigerungen zu refinanzieren, wurden im gleichen Atemzug sämtliche Verwaltungsgebühren für Amtshandlungen im eigenen Wirkungskreis pauschal um 10 % erhöht.

Aufgabe: Prüfen und begründen Sie anhand der einschlägigen Rechtsnormen, ob die Gebührenerhöhung zulässig ist.

Lösung: Das Aufkommen der Verwaltungsgebühren darf den auf die Amtshandlungen entfallenden durchschnittlichen Aufwand des maßgeblichen Verwaltungszweiges nicht übersteigen (Kostenüberschreitungsverbot, § 4 Abs. 4 S. 1 KAG-LSA i. V. m. § 3 Abs. 2 S. 1 VwKostG LSA). Daneben ist das Kostendeckungsgebot zu beachten. Dieses leitet sich aus den Grundsätzen der Finanzmittelbeschaffung sowie dem Grundsatz der Wirtschaftlichkeit und Sparsamkeit ab (§§ 98 Abs. 2, 99 Abs. 2 KVG LSA).

200

---

138 BVerwG, Urt. v. 08.12.1961 – VII C 2.61, bit.ly/VIIC2-61.
139 Vgl. zur Abgrenzung des Aufwandes eines Verwaltungszweiges Lichtenfeld in Driehaus, Kommunalabgabenrecht, § 5 Rn. 51; Schönenbroicher in Christ et al., Kap. D Rn. 595.
140 Kirchmer in Kirchmer et al., § 4 Nr. 1.2.
141 Landtag von Sachsen-Anhalt, Drs. 1/304, S. 30; BVerwG, Urt. v. 08.12.1961 – VII C 2.61, bit.ly/VIIC2-61.
142 Kirchmer in Kirchmer et al., § 4 Nr. 1.2; Lichtenfeld in Driehaus, Kommunalabgabenrecht, § 5 Rn. 50, mit der Bezeichnung als „Gesamtkostenüberdeckungsverbot".
143 BVerwG, Urt. v. 24.03.1961 – VII C 109.60, NJW 1961, 2128–2130; Kirchmer in Kirchmer et al., § 4 Nr. 1.2; Lichtenfeld in Driehaus, Kommunalabgabenrecht, § 5 Rn. 50.
144 Brüning, § 14 Rn. 7; vgl. auch Schönenbroicher in Christ et al., Kap. D Rn. 592.
145 In Anlehnung an Mutschler, S. 241.

> Der auf die Amtshandlungen entfallende Aufwand und die sich daraus ableitenden Gebührensätze sind im Rahmen einer Kalkulation zu ermitteln. Eine pauschale Erhöhung scheidet damit aus. Darüber hinaus ist davon auszugehen, dass der Beigeordnete für Wirtschaft und Stadtentwicklung im Wesentlichen Aufgaben in seinem Dezernat erfüllt, sodass allenfalls eine Gebührenerhöhung in dem entsprechenden Verwaltungszweig zulässig ist. Dabei ist der konkrete gebührenrelevante Zeitaufwand des Beigeordneten für die jeweiligen Amtshandlungen zu prüfen. Der nicht gebührenrelevante Zeitaufwand ist im Rahmen der allgemeinen Deckung des Haushalts durch Steuern zu refinanzieren.

(bb) Äquivalenzprinzip

201   Das Äquivalenzprinzip leitet sich aus dem Grundsatz der Verhältnismäßigkeit ab, der das gesamte Verwaltungshandeln prägt.[146] Es besagt, dass die Verwaltungsgebühren nach

- dem Maß des Verwaltungsaufwandes,
- dem Wert des Gegenstandes der Amtshandlung und
- dem Nutzen oder der Bedeutung der Amtshandlung für den Gebührenschuldner

202   zu bemessen sind (§ 4 Abs. 4 S. 1 KAG-LSA i.V.m. § 3 Abs. 2 S. 2 VwKostG LSA). Als Gegenleistung für Amtshandlungen bzw. dem Ausgleich konkreter Vorteile für den Gebührenpflichtigen darf die Höhe der Verwaltungsgebühren daher in keinem groben Missverhältnis zu der abzugeltenden Leistung der Kommune stehen.[147] Konkrete Vorteile bzw. Nutzen, die sich für den Gebührenpflichtigen aus den Amtshandlungen ergeben können, sind z.B. erweiterte Berufschancen oder eine gesteigerte Rechtssicherheit.[148] Häufig lässt sich ein im Einzelfall erlangter Vorteil bzw. Nutzen nicht wertmäßig bestimmen, z.B. bei der Ausstellung einer Beglaubigung. In diesen Fällen ist es der Kommune gestattet, sich bei der Festlegung des Gebührensatzes generalisierender, typisierender und pauschalierender Erwägungen zu bedienen.[149] Die Orientierung am Vorteil bzw. Nutzen schließt nicht aus, dass Gebühren auch für belastende Verwaltungsakte erhoben werden können.[150] Das ist z.B. bei ordnungsbehördlichen Maßnahmen wie die Untersagung der Gaststättenerlaubnis nach § 11 GastG LSA der Fall.

203   Durch den Satzungs- bzw. Verordnungsgeber ist daher eine Abwägung vorzunehmen. Sie geht über eine bloße kostenseitige Betrachtung der Gebührenbemessung hinaus, darf aber nicht vollständig losgelöst vom Kostendeckungsprinzip erfolgen.[151] Eine gerechte Gebüh-

---

[146] BVerfG, Beschl. v. 11.10.1966 – 2 BvR 179/64 u.a., bit.ly/2BvR179-64.

[147] Vgl. Landtag Sachsen-Anhalt, Drs. 1/304, S. 29; BVerwG, Urt. v. 25.07.2001 – 6 C 8.00, bit.ly/6C8-00; Urt. v. 25.08.1999 – 8 C 12.98, bit.ly/8C12-98; Preisner in Driehaus, Kommunalabgabenrecht, § 4 Rn. 6 f.

[148] Brüning, § 15 Rn. 13.

[149] Vgl. BVerwG, Beschl. v. 30.05.2007 – 10 B 56.06, bit.ly/10B56-06; Preisner in Driehaus, Kommunalabgabenrecht, § 4 Rn. 6a.

[150] BVerwG, Urt. v. 08.12.1961 – VII C 2.61, bit.ly/2zG740x; Lichtenfeld in Driehaus, Kommunalabgabenrecht, § 5 Rn. 14; vgl. zum Vorteilsausgleich bzw. zur -abschöpfung insgesamt Schönenbroicher in Christ et al., Kap. D Rn. 599 f.

[151] Vgl. BVerwG, Urt. v. 30.04.2003 – 6 C 5.02, bit.ly/6C5-02, mit der Feststellung, dass ein Verstoß gegen das Äquivalenzprinzip vorliegt, wenn die Gebührenhöhe die Kosten des Verwaltungsaufwandes um etwa das 4.444-Fache übersteigt; Preisner in Driehaus, Kommunalabgabenrecht, § 4 Rn. 6a; Brüning, § 15 Rn. 3.

renbemessung liegt daher im Auge des Betrachters und ist dadurch in der praktischen Umsetzung schwierig.

Sachverhalt 19:[152] Um den Stellenabbau zu forcieren, möchte die Beigeordnete für Finanzen der Stadt Dessau-Roßlau den Verwaltungsaufwand erheblich reduzieren. Dazu schlägt sie u.a. vor, die Gebührensätze in der Verwaltungskostensatzung für Beglaubigungen, Akteneinsichten und allgemeine Auskünfte deutlich anzuheben. Dadurch sollen sich „die Bürger zweimal überlegen, ob sie die entsprechenden Amtshandlungen noch begehren".

Aufgabe: Prüfen und begründen Sie anhand der einschlägigen Rechtsnormen, ob die Gebührenerhöhung unter dem Gesichtspunkt des Äquivalenzprinzips zulässig ist.

Lösung: Nach dem Äquivalenzprinzip sind die Verwaltungsgebühren nach dem Maß des Verwaltungsaufwandes, dem Wert des Gegenstandes der Amtshandlung und dem Nutzen oder der Bedeutung der Amtshandlung für den Gebührenschuldner zu bemessen (§ 4 Abs. 4 S. 1 KAG-LSA i.V.m. § 3 Abs. 2 S. 2 VwKostG LSA). Die Gebühr stellt damit ein Äquivalent für die erbrachten Amtshandlungen dar. Die im Sachverhalt vorgesehene Gebührenanhebung soll von den begehrten Amtshandlungen gänzlich abschrecken. Das ist mit dem Äquivalenzprinzip nicht vereinbar. Ihr käme damit eine unzulässige „erdrosselnde Wirkung" zu.

204

Sachverhalt 20:[153] Das Vermessungsamt der Stadt Dessau-Roßlau führt eine digitale Stadtgrundkarte. Auf Anfrage wurden bisher gebührenfreie Abzüge erstellt. Für diese Amtshandlung soll zukünftig eine Verwaltungsgebühr erhoben werden. Zur Ergänzung des Kostentarifs der Verwaltungskostensatzung ist der Gebührensatz festzulegen und im Vorfeld zu kalkulieren. Die Abzüge werden durch einen Sachbearbeiter in der Entgeltgruppe 8 erstellt. Der Stundensatz beträgt 46 EUR. Für einen Abzug wird mit einem Arbeitszeitaufwand von 15 Minuten gerechnet. An Sachkosten fallen 2,50 EUR je Abzug an. Pro Jahr werden voraussichtlich 50 Abzüge ausgestellt.

Aufgabe: Ermitteln Sie die Höhe der kostendeckenden Verwaltungsgebühr sowie das jährliche Gebührenaufkommen.

Lösung: Zur Ermittlung des Personalkostenanteils ist der anteilige Stundensatz zu ermitteln (46 EUR je Stunde x 15 Minuten / 60 Minuten). Daraus ergibt sich ein Personalaufwand von 11,50 EUR je Abzug. Die Sachkosten sind zu addieren (11,50 EUR anteiliger Personalaufwand + 2,50 EUR Sachkosten). Eine kostendeckende Verwaltungsgebühr beträgt somit 14 EUR. Mangels gegenteiliger Hinweise ist das Äquivalenzprinzip gewahrt. Laut Sachverhalt werden voraussichtlich 50 Abzüge pro Jahr ausgestellt. Daraus ergibt sich ein jährliches Gebührenaufkommen von 700 EUR.

205

---

[152] In Anlehnung an BVerwG, Urt. v. 24.03.1961 – VII C 109/60, NJW 1961, 2128–2130; vgl. zur begrenzten Verhaltungslenkung durch Verwaltungsgebühren auch Schönenbroicher in Christ et al., Kap. D Rn. 604–606.
[153] In Anlehnung an Mutschler, S. 213.

(cc) Gebührenarten

206 Um die Verwaltungsgebühren sachgerecht bemessen zu können, stehen verschiedene Gebührenarten zur Verfügung.

Bei Festgebühren enthält die Kostensatzung bzw. der Kostentarif der AllGO LSA einen absoluten Gebührensatz.[154] So sieht z. B. der Kostentarif zur AllGO unter der lfd. Nr. 1, Tarifstelle 3.1.1 eine Festgebühr von 6 EUR je Seite bei einer Erstausfertigung für Beglaubigungen von Abschriften und Ablichtungen vor.

207 Bei Wertgebühren werden die Gebühren nach dem Wert des Gegenstandes der Amtshandlung bemessen.[155] Dabei ist der Wert zur Zeit der Beendigung der Amtshandlung maßgebend (§ 4 Abs. 4 KAG-LSA i. V. m. § 10 Abs. 2 VwKostG LSA). Die AllGO LSA sieht z. B. bei der Entscheidung über die Planfeststellung und Genehmigung einer Abfalldeponie Wertgebühren auf der Grundlage der Errichtungskosten vor (vgl. lfd. Nr. 2, Tarifstelle 1.8 Kostentarif zur AllGO LSA). Von erheblicher praktischer Bedeutung ist diese Gebührenart für Baugenehmigungen nach der BauGVO LSA. Die Höhe der Gebühren richtet sich dabei nach dem Bauwert (§ 4 Abs. 1 S. 1 BauGVO LSA i. V. m. Tarifstelle 1.1 der Anl. 1 zur BauGVO LSA).

208 Bei Zeitgebühren bestimmt sich die Höhe der Gebühren nach der Bearbeitungsdauer der jeweiligen Amtshandlung.[156] Dieser Zeitaufwand wird mit einem vorgegebenen Stundensatz multipliziert. Ein zeitunabhängiger Verwaltungsaufwand wird damit nicht berücksichtigt. Für Amtshandlungen im übertragenen Wirkungskreis werden die Stundensätze getrennt nach Besoldungsgruppen (Beamte) und Entgeltgruppen (Beschäftigte) ermittelt, soweit der Kostentarif keine abweichenden Regelungen enthält (§ 3 Abs. 1 AllGO LSA). Für die Amtshandlung eines Beschäftigten in der Entgeltgruppe 8 sind z. B. 46 EUR pro Stunde anzusetzen. Für jede angefangene Viertelstunde ist grundsätzlich ein Viertel des Stundensatzes zu berechnen (§ 3 Abs. 2 S. 1 AllGO LSA). Damit ist der durchschnittliche personelle und sächliche Verwaltungsaufwand abgegolten (§ 3 Abs. 2 S. 2 AllGO LSA). Zur Ermittlung der Zeitgebühren für Amtshandlungen im eigenen Wirkungskreis ist die kommunalspezifische Regelung in der Kostensatzung maßgebend.[157]

209 Bei Rahmengebühren legt der Satzungs- bzw. Verordnungsgeber lediglich eine Ober- und Untergrenze fest.[158] So kann die Kostensatzung z. B. für Beglaubigungen einen Rahmen von 3,50 EUR bis 20 EUR vorgeben. Die konkrete Festlegung der einzelnen Gebühr wird dadurch auf die Ebene der Einzelfallbearbeitung delegiert.[159]

---

[154] Vgl. dazu umfassend Schönenbroicher in Christ et al., Kap. D Rn. 679–682.

[155] Vgl. dazu umfassend Schönenbroicher in Christ et al., Kap. D Rn. 685–703.

[156] Vgl. dazu umfassend Schönenbroicher in Christ et al., Kap. D Rn. 683 f.

[157] So enthält z. B. der Kostentarif der VwKostS der Stadt Magdeburg v. 14.12.2006, bit.ly/VwKostSMD, unter lfd. Nr. 7. einen pauschalen Rahmen von 9,20–23,10 EUR für jede angefangene halbe Stunde oder der Kostentarif der VwKostS der Stadt Dessau-Roßlau v. 24.02.2008, bit.ly/VwKostS, unter lfd. Nr. 7 konkrete Sätze für jede angefangene halbe Stunde getrennt nach mittleren, gehobenen oder höheren Dienst.

[158] OVG Münster, Urt. v. 28.11.2000 – 5 A 2625/00, openJur 2011, 81948; Brüning, § 15 Rn. 20; Schönenbroicher in Christ et al., Kap. D Rn. 704.

[159] BVerwG, Urt. v. 26.04.2012 – 3 C 20.11, bit.ly/3C20-11, zur Zulässigkeit von Rahmengebühren und der Festlegung konkreter Gebühren im Rahmen des Vollzuges.

Gebührenart	Beschreibung
Festgebühren	feste Gebührensätze, kein Spielraum bei der Festsetzung
Wertgebühren	Ermittlung anhand einer Bezugsgröße, z. B. Prozentsatz
Zeitgebühren	Ermittlung anhand der Bearbeitungsdauer
Rahmengebühren	definierter Gebührenrahmen mit Ober- und Untergrenze, Ermessensspielraum bei der Festsetzung

Tab. 9 – Zusammenfassung der Gebührenarten

(2) Bemessung im Einzelfall

Die Bemessung der Gebühren im Einzelfall richtet sich nach der Gebührenart, die in der Verwaltungskostensatzung bzw. der AllGO LSA festgelegt ist.

Bei Fest-, Wert- und Zeitgebühren hat die Verwaltung im Einzelfall keinen Spielraum. Dadurch wird die praktische Umsetzung erleichtert, aber gleichzeitig verhindert, dass ein besonders hoher oder geringer Verwaltungsaufwand im Einzelfall gewürdigt werden kann.[160]

Bei Rahmengebühren ist die konkrete Gebühr im Einzelfall von der Verwaltung innerhalb des vorgegebenen Rahmens nach pflichtgemäßem Ermessen zu bestimmen. Dabei ist das Äquivalenzprinzip zu berücksichtigen, d. h.

– das Maß des Verwaltungsaufwandes,
– der Wert des Gegenstandes der Amtshandlung und
– der Nutzen oder die Bedeutung der Amtshandlung für den Gebührenschuldner

(§ 4 Abs. 4 S. 1 KAG-LSA i. V. m. § 10 Abs. 1 VwKostG LSA). Dadurch ist es zulässig, dass die festgesetzte Gebühr den einzelfallbezogenen Verwaltungsaufwand übersteigt. Dazu kommt es vor allem, wenn die Amtshandlung dem Gebührenpflichtigen einen erheblichen Vorteil verschafft.[161]

Da es sich bei Rahmengebühren um eine Ermessensentscheidung handelt, muss die Verwaltung im Einzelfall begründen, warum sie z. B. bei einem Gebührenrahmen von 3,50 EUR bis 20 EUR eine Gebühr von 10 EUR für angemessen hält (vgl. § 1 Abs. 1 VwVfG LSA i. V. m. § 39 Abs. 1 S. 3 VwVfG). Um eine einheitliche Anwendung zwischen verschiedenen Verwaltungsbereichen sicherzustellen, wird der normierte Gebührenrahmen ggf. durch ermessensleitende Vorgaben verwaltungsintern eingeschränkt.[162]

---

[160] Kaschner, S. 80.
[161] Vgl. Kaschner, S. 79, 81.
[162] Schönenbroicher in Christ et al., Kap. D Rn. 708.

216

Sachverhalt 21: Sie sind Auszubildender bei der Stadt Dessau-Roßlau und in der Abteilung Steuern und Gebühren tätig. Als Lernaufgabe sollen Sie sich mit der AllGO LSA auseinandersetzen.

Aufgabe: Ermitteln Sie die Gebührenart sowie den Gebührensatz für die nachfolgenden Amtshandlungen aus dem Kostentarife zur AllGO LSA:
– Beglaubigung von Vervielfältigungen je Seite der Erstausfertigung
– einfache Melderegisterauskunft durch automatisierten Abruf
– Anordnung eines Besitz- oder Erwerbsverbots von Waffen

Lösung:
– Beglaubigung von Vervielfältigungen = lfd. Nr. 1, Tarifstelle 3.1.1 = 6 EUR
– einfache Melderegisterauskunft = lfd. Nr. 28a, Tarifstelle 1.1 = 4 EUR
– Anordnung eines Besitz- oder Erwerbsverbots von Waffen = lfd. Nr. 160a, Tarifstelle 76 = 66,00 bis 506 EUR

217

Sachverhalt 22:[163] In der Verwaltungskostensatzung der Stadt Dessau-Roßlau wurde für die Akteneinsicht unter Aufsicht städtischer Mitarbeiter eine Rahmengebühr von 6 EUR bis 68 EUR festgelegt. Der zuständige Leiter der Steuerabteilung ist von dem ständigen Bedürfnis der Abgabenpflichten nach Akteneinsicht genervt. In einer Dienstanweisung hat er daher festgelegt, dass zukünftig immer die Gebührenobergrenze anzuwenden ist. Damit möchte er die Abgabenpflichtigen abschrecken und somit den Verwaltungsaufwand reduzieren.

Aufgabe: Prüfen und begründen Sie anhand der einschlägigen Rechtsnormen, ob die Dienstanweisung rechtmäßig ist.

Lösung: Der vorhandene Gebührenrahmen ist durch die Stadt Dessau-Roßlau nach pflichtgemäßem Ermessen auszufüllen. Dabei sind das Maß des Verwaltungsaufwandes, der Wert des Gegenstandes der Amtshandlung und der Nutzen oder die Bedeutung der Amtshandlung für den Gebührenschuldner zu berücksichtigen (§ 4 Abs. 4 S. 1 KAG-LSA i.V.m. § 10 Abs. 1 VwKostG LSA). Dadurch ist der vorhandene Rahmen auf den konkret zugrunde liegenden Sachverhalt anzuwenden. Das ist nicht gegeben, wenn durch eine interne Dienstanweisung der Gebührenrahmen so auszufüllen ist, dass er im Ergebnis zu einer Festgebühr wird. Der Höchstsatz des Gebührenrahmens kommt nur in Betracht, wenn die Amtshandlung einen besonders hohen Wert hat, einen überdurchschnittlicher Verwaltungsaufwand erzeugt bzw. von herausragendem Nutzen oder herausragender Bedeutung für den Gebührenpflichtigen ist.

d) Auslagen

218

Die Kommunen sind berechtigt, notwendige Auslagen zur Vorbereitung oder Vornahme von Amtshandlungen zu erheben, soweit diese nicht bereits mit der Verwaltungsgebühr abgegolten sind (§ 4 Abs. 4 S. 1 KAG-LSA i.V.m. § 14 Abs. 1 S. 1 VwKostG LSA).[164] Das VwKostG LSA enthält hierzu eine nicht abschließende Aufzählung (§ 14 Abs. 2 VwKostG

---

[163] Vgl. VGH Mannheim, Urt. v. 19.07.1990 – 14 S 1378/88, openJur 2013, 7548, m.w.N. und Schönenbroicher in Christ et al., Kap. D Rn. 708.
[164] Landtag von Sachsen-Anhalt, Drs. 1/304, S. 32.

LSA). Dazu zählen beispielsweise Postgebühren für Zustellungen (§ 14 Abs. 2 Nr. 1 VwKostG LSA) und die bei Dienstgeschäften entstehenden Reisekosten (§ 14 Abs. 2 Nr. 5 VwKostG LSA).

Im Gegensatz zu den Verwaltungsgebühren sind für Auslagen keine Befreiungstatbestände im VwKostG LSA vorgesehen.[165] Sie sind auch dann zu zahlen, wenn keine Gebühr entrichtet werden muss (§ 4 Abs. 4 S. 1 KAG-LSA i.V.m. § 14 Abs. 1 S. 1, Hs. 2 VwKostG LSA).

219

Sachverhalt 23:[166] Sie sind Sachbearbeiter (Entgeltgruppe 10) im Amt für Ordnung und Verkehr der Stadt Dessau-Roßlau und wurden gemeinsam mit Ihrem Vorgesetzten (Entgeltgruppe 13) auf der Grundlage von § 9 Abs. 1 SOG LSA tätig. Der Zeitaufwand betrug jeweils zwei Stunden. Die Dienstreisekosten schlugen mit 14,70 EUR zu Buche.

Aufgabe: Entwerfen Sie den Tenor sowie die Begründung zum Kostenbescheid.

Lösung:

220

Tenor

1. Für das Verwaltungsverfahren zum Az. 08154711 haben Sie die Kosten zu tragen.
2. Für die o.g. Entscheidung wird eine Verwaltungsgebühr von 256 EUR erhoben.
3. Es sind Auslagen von 14,70 EUR zu entrichten.

Begründung

Zu 1.: Nach § 9 Abs. 2 S. 1 SOG LSA haben Sie die Kosten der Amtshandlung zu tragen, weil Sie Verantwortlicher i.S.d. § 8 SOG LSA sind. Das gilt neben den Gebühren auch für die Auslagen (§ 14 Abs. 1 S. 1 VwKostG LSA).

Zu 2.: Die Höhe der Verwaltungsgebühr ergibt sich aus § 3 VwKostG LSA i.V.m. lfd. Nr. 60, Tarifstelle 4 der Anl. zur AllGO LSA, weil es sich um eine Amtshandlung im übertragenen Wirkungskreis handelt (§ 84 Abs. 1 Nr. 1 SOG LSA). Diese bemisst sich nach dem Zeitaufwand der vorgenommenen Amtshandlung. Die nach Entgelt- bzw. Besoldungsgruppen gestaffelten Stundensätze richten sich nach § 3 Abs. 1 AllGO LSA.

Für die Amtshandlung ist ein Zeitaufwand von zwei Stunden eines Sachbearbeiters der Entgeltgruppe 10 mit einem Stundensatz von 57 EUR (insgesamt 114 EUR) und zwei Stunden eines Sachbearbeiters der Entgeltgruppe 13 mit einem Stundensatz von 71 EUR (insgesamt 142 EUR) entstanden. Die Verwaltungsgebühr beträgt damit 256 EUR.

Zu 3.: Die Auslagen resultieren aus Reisekosten (§ 14 Abs. 2 Nr. 5 VwKostG LSA). Der Berechnung wurden 42 km Fahrtstrecke mit einem Kostensatz von 0,35 EUR je km zugrunde gelegt.

Rechtsbehelfsbelehrung [...]

---

[165] Vgl. § 2 VwKostG LSA, der nur von „gebührenfreien" Amtshandlungen spricht.
[166] Lösung in Anlehnung an Kaschner, S. 151, vgl. dort auch für weitere musterhafte Kostenentscheidungen S. 149–159.

e) Verwaltungsgebühren und Auslagen in der Verwaltungsvollstreckung

221   Auch für Amtshandlungen im Rahmen der Verwaltungsvollstreckung – vor allem von Geld-forderungen → S. 125 – werden Verwaltungsgebühren und Auslagen erhoben (§ 74 Abs. 1 S. 1 VwVG LSA). Sie sind von den Vollstreckungsschuldnern zu tragen (§ 74 Abs. 2 S. 1 VwVG LSA). Die gebührenpflichtigen Amtshandlungen und ihre Gebührenhöhe wurden vom Verordnungsgeber in der VKostO LSA bestimmt (§ 74b Abs. 1 VwVG LSA). Beispiele:

222

Verwaltungsgebühren im Rahmen der Vollstreckung		
Mahnung	Pfändung	Abnahme Vermögensauskunft
§ 2 VKostO LSA und Anl. 1 zur VKostO LSA	§ 3 VKostO LSA und Anl. 2 zur VKostO LSA	§ 6 VKostO LSA

Tab. 10 – Zusammenfassung der Gebührenarten

223   Abweichend von § 3 Abs. 2 S. 2 VwKostG LSA können die Mahn-, Pfändungs-, Wegnahme-und Verwertungsgebühren durch den Verordnungsgeber so bemessen werden, dass sie ei-nerseits den Verwaltungsaufwand berücksichtigten und andererseits in einem angemes-senen Verhältnis zur Höhe der Forderungen oder dem Wert der Sache stehen, die gepfän-det oder verwertet werden soll (§ 74b Abs. 2 S. 2 VwVG LSA). Von dieser Ermächtigung hat der Verordnungsgeber bei der Gebührenbemessung teilweise Gebrauch gemacht und sie nach den gemahnten Forderungen, den beizutreibenden Beträgen bzw. den erzielten Erlö-sen gestaffelt (vgl. Anl. 1–3 zur VKostO LSA). Für die Auslagen, die Verjährung und die Bil-ligkeitsmaßnahmen gelten die §§ 9, 12, 14 VwKostG LSA (§ 74 Abs. 5 S. 1 VwVG LSA).

224   **Sachverhalt 24:** Ingo Notlage hat die am 15.02. fällige Hundesteuer von 45 EUR nicht an die Stadt Dessau-Roßlau gezahlt. Zwei Wochen nach Fälligkeit erhielt er von der Stadtkasse eine Mahnung. Da er sie ignorierte, wurde sein Konto von der Vollstreckungs-behörde der Stadt Dessau-Roßlau gepfändet. Anhand der ihm übermittelten Pfändungs-verfügung erkennt er, dass neben der Hundesteuer auch Gebühren von 25 EUR sowie 3,45 EUR für die Zustellung der Pfändungsverfügung von seinem Konto eingezogen wer-den. Erbost wendet er sich an die Vollstreckungsbehörde und bittet, dies aufzuklären.

Aufgabe: Prüfen und begründen Sie anhand der einschlägigen Rechtsnormen, ob und in welcher Höhe die Stadt Dessau-Roßlau zur Erhebung von Gebühren und Auslagen be-rechtigt ist.

Lösung: Die Stadt Dessau-Roßlau ist berechtigt, für Amtshandlungen durch die Vollstre-ckungsbehörde Gebühren und Auslagen zu erheben (§ 74 Abs. 1 S. 1 VwVG LSA). Sie sind vom Vollstreckungsschuldner zu tragen (§ 74 Abs. 2 S. 1 VwVG LSA). Die gebührenpflich-tigen Amtshandlungen sowie die Höhe der Gebühren ergeben sich aus der VKostO LSA (§ 74b Abs. 1 VwVG LSA). Danach werden für Amtshandlungen nach dem VwVG LSA u.a. Mahn- und Pfändungsgebühren erhoben (§ 1 Nr. 1, 2 VKostO LSA).

Die offene Hundesteuerforderung beträgt 45 EUR. Bis zu einem Forderungsbetrag von 250 EUR beläuft sich die Mahngebühr auf 5 EUR (§ 2 Abs. 1 VKostO LSA i. V. m. Anl. 1 zur VKostO). Bei einem Forderungsbetrag bis 500 EUR beträgt die Pfändungsgebühr 20 EUR (§ 3 Abs. 2 S. 1, Abs. 3 VKostO LSA i. V. m. Anl. 2 zur VKostO). Folglich ist die Stadt Dessau-Roßlau berechtigt, Verwaltungsgebühren von 25 EUR von Ingo Notlage zu fordern. Die Auslagen werden nach dem VwKostG LSA erhoben (§ 74 Abs. 5 S. 1 VwVG LSA). Dazu zählen u. a. die Kosten für förmliche Zustellungen (§ 14 Abs. 2 Nr. 1 VwKostG LSA). Diese betragen laut Sachverhalt 3,45 EUR.

2. Benutzungsgebühren

a) Begriffe

(1) Benutzungsgebühr

Benutzungsgebühren werden als Gegenleistung für die Inanspruchnahme einer öffentlichen Einrichtung erhoben, soweit nicht ein privatrechtliches Entgelt gefordert wird (§ 5 Abs. 1 S. 1 KAG-LSA). Sie sind von den bereits dargestellten Verwaltungsgebühren zu unterscheiden:

225

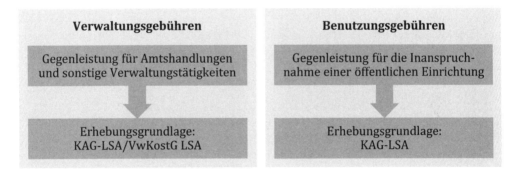

Verwaltungsgebühren	Benutzungsgebühren
Gegenleistung für Amtshandlungen und sonstige Verwaltungstätigkeiten	Gegenleistung für die Inanspruchnahme einer öffentlichen Einrichtung
Erhebungsgrundlage: KAG-LSA/VwKostG LSA	Erhebungsgrundlage: KAG-LSA

Abb. 15 – Abgrenzung Verwaltungs-/Benutzungsgebühren

(2) Öffentliche Einrichtung

„Eine öffentliche Einrichtung [...] ist eine Sache, [ein] Sachteil oder Sachbestand, der von der Kommune für eine bestimmte Aufgabe der örtlichen Daseinsvorsorge ausdrücklich oder konkludent gewidmet wurde und nach besonderer Zulassung den (vom Widmungszweck erfassten) Einwohnern der Kommune zur Verfügung steht."[167] Dazu zählen soziale, kulturelle und wirtschaftliche öffentliche Einrichtungen, die von den Kommunen im Rahmen ihrer Leistungsfähigkeit bereitgestellt werden (§ 4 S. 2 KVG LSA):[168]

226

---

[167] Miller/Wiegand in Bücken-Thielmeyer et al., § 24 Nr. 1.1.1.
[168] Vgl. dazu insgesamt Haurand, DVP 2016, 381–387.

Abb. 16 – Beispiele für soziale, kulturelle und wirtschaftliche öffentliche Einrichtungen[169]

227 Öffentliche Sachen, die der Allgemeinheit zur Verfügung stehen, z. B. Straßen, Plätze oder Verwaltungseinrichtungen, sind keine öffentlichen Einrichtungen in diesem Sinne.[170] Neben der vorgenannten Kategorisierung können die öffentlichen Einrichtungen auch danach unterschieden werden, ob sie grundstücks- oder personenbezogene Leistungen erbringen:[171]

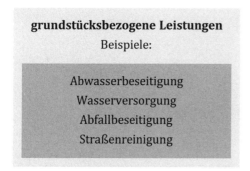

Abb. 17 – Grundstücks- und personenbezogene Leistungen

b) Zwei-Stufen-Theorie

(1) Zulassungsanspruch

228 Die Einwohner der Kommune – also diejenigen, die in der Kommune wohnen (vgl. § 13 Abs. 1 Nr. 1 lit. b KAG-LSA i. V. m. § 8 AO)[172] – sind berechtigt, ihre öffentlichen Einrichtungen zu benutzen, und verpflichtet, die mit ihnen zusammenhängenden Lasten mitzutragen (§§ 21 Abs. 1, 24 Abs. 1 KVG LSA). Gleiches gilt für Grundbesitzer und Gewerbetreibende, die keinen Wohnsitz im Gebiet der Kommune haben, wenn die öffentliche Einrichtung explizit für Grundbesitzer und Gewerbetreibende besteht (§ 24 Abs. 2 KVG LSA), z. B. bei der Abwasserbeseitigung. Dieser sogenannte Zulassungsanspruch, also der Anspruch zur Nutzung zugelassen zu werden[173], besteht entsprechend auch für juristische Personen und

---

169 Beispiele zur Abgrenzung der unterschiedlichen öffentlichen Einrichtungen entnommen aus Reich in Schmid et al., § 4 Rn. 4.
170 Miller/Wiegand in Bücken-Thielmeyer et al., § 24 Nr. 1.1.1.
171 Kirchmer in Kirchmer et al., Nr. 1.2 § 5, mit Angabe der Beispiele in der tabellarischen Übersicht.
172 Vgl. zum Einwohnerbegriff insgesamt Reich in Schmid et al., § 21 Rn. 4 f.
173 Vgl. zum Zulassungsanspruch insgesamt Reich in Schmid et al., § 24 Rn. 4–13.

Personenvereinigungen, z. B. Vereine, die ihren Sitz in der Kommune haben (§ 24 Abs. 3 KVG LSA).

(2) Anschluss- und Benutzungszwang

Während der Zulassungsanspruch den Betroffenen das Recht einräumt, die öffentliche Einrichtung zu benutzen, geht mit dem Anschluss- bzw. Benutzungszwang eine entsprechende Pflicht einher. Er kommt allerdings nur für grundstücksbezogene Leistungen → S. 75 in Betracht und kann von der Kommune für bestimmte öffentliche Einrichtungen durch Satzung vorgesehen werden, wenn das Grundstück im Gemeindegebiet liegt (§ 11 Abs. 1 KVG LSA):

229

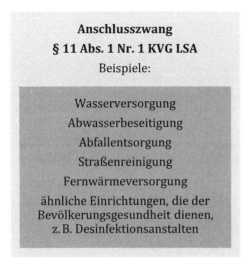

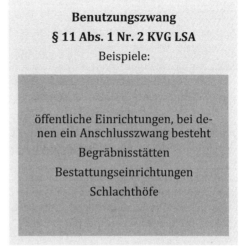

Anschlusszwang
§ 11 Abs. 1 Nr. 1 KVG LSA
Beispiele:

Wasserversorgung

Abwasserbeseitigung

Abfallentsorgung

Straßenreinigung

Fernwärmeversorgung

ähnliche Einrichtungen, die der
Bevölkerungsgesundheit dienen,
z. B. Desinfektionsanstalten

Benutzungszwang
§ 11 Abs. 1 Nr. 2 KVG LSA
Beispiele:

öffentliche Einrichtungen, bei denen ein Anschlusszwang besteht

Begräbnisstätten

Bestattungseinrichtungen

Schlachthöfe

Tab. 11 – Anschluss- und Benutzungszwang

Voraussetzung für einen Anschluss- und Benutzungszwang ist ein dringendes öffentliches Bedürfnis (§ 11 Abs. 1 a. E. KVG LSA). Es liegt vor, wenn die Einrichtung für das Gemeinwohl zwingend notwendig ist, um z. B. die Gesundheit der Gemeindebevölkerung zu schützen.[174]

230

Durch den Anschlusszwang muss der Eigentümer den Anschluss seines Grundstücks an die öffentliche Einrichtung hinnehmen.[175] Wurde der Benutzungszwang angeordnet, ist er gleichzeitig verpflichtet, diese öffentliche Einrichtung bei Bedarf zu benutzen (§ 11 Abs. 1 Nr. 2a KVG LSA).[176] So kann die Kommune z. B. den Anschluss eines Grundstücks an die kommunale Abwasserbeseitigung vorschreiben und den Grundstückseigentümer verpflichten, sie zu benutzen. Der Anschluss- und Benutzungszwang kann in der Satzung aufgehoben oder beschränkt werden (§ 11 Abs. 1 S. 2 KVG LSA). Das ist z. B. der Fall, wenn der Anschluss eines Grundstücks an die Abwasserbeseitigung aufgrund der Entfernung zum Kerngebiet der Kommune mit unverhältnismäßig hohen Kosten verbunden wäre.[177]

231

---

174 Miller in Bücken-Thielmeyer et al., § 11 Nr. 5.
175 Reich in Schmid et al., § 11 Rn. 4.
176 Miller in Bücken-Thielmeyer et al., § 11 Nr. 4.
177 Vgl. dazu Reich in Schmid et al., § 11 Rn. 12.

(3) Nutzungsverhältnis

232   Der Zulassungsanspruch bzw. der Anschluss- und Benutzungszwang sind von dem Nutzungsverhältnis zu unterscheiden (sog. Zwei-Stufen-Theorie). Die Frage, ob die öffentliche Einrichtung aufgrund eines Zulassungsanspruches bzw. eines Anschluss- und Benutzungszwanges benutzt werden kann oder muss, ist immer öffentlich-rechtlicher Natur. Maßgeblich dafür, ob eine Benutzungsgebühr oder ein privatrechtliches Entgelt entrichtet werden muss, ist jedoch die Ausgestaltung des Nutzungsverhältnisses (vgl. § 5 Abs. 1 S. 1 KAG-LSA).

233   Wird die öffentliche Einrichtung in einer privatrechtlichen Organisationsform geführt, z. B. einer GmbH oder AG, liegt immer ein privatrechtliches Nutzungsverhältnis auf der Grundlage eines privatrechtlichen Vertrages vor. Das KAG-LSA ist dann auf das Nutzungsverhältnis nicht anwendbar.

234   Bei einer öffentlich-rechtlichen Organisationsform, z. B. einem Eigenbetrieb, einem Regiebetrieb oder im Rahmen der Kernverwaltung, besitzen die Kommunen hingegen ein Wahlrecht. Sie können entscheiden, ob sie das Nutzungsverhältnis öffentlich-rechtlich oder privatrechtlich ausgestalten. Bei einer privatrechtlichen Ausgestaltung des Nutzungsverhältnisses ist das KAG-LSA wiederum nicht anwendbar.[178]

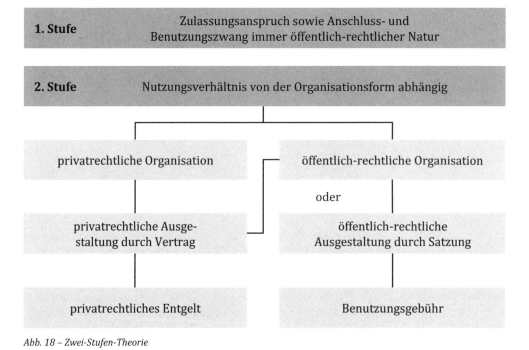

Abb. 18 – Zwei-Stufen-Theorie

---

[178] Die nachfolgenden Ausführungen beschränken sich auf eine öffentlich-rechtliche Ausgestaltung und die Erhebung von Benutzungsgebühren.

Sachverhalt 25:[179] Der Stadtrat der Stadt Dessau-Roßlau hat beschlossen, eine Obdachlosenunterkunft einzurichten. Dabei sollen Wohnungen in einem einfachen Standard zur Verfügung gestellt werden. In der Verwaltung ist über die rechtliche Ausgestaltung der einzelnen Nutzungsverhältnisse eine Debatte entbrannt. Während das Zentrale Gebäudemanagement für den Abschluss von Mietverträgen plädiert, die Mietzahlungen bis zum dritten Werktag eines jeden Kalendermonats vorsehen, macht sich die Vollstreckungsbehörde für eine Benutzungsgebühr stark.

Aufgabe: Stellen Sie anhand der einschlägigen Rechtsnormen die Unterschiede zwischen der Erhebung einer öffentlich-rechtlichen Benutzungsgebühr im Vergleich zu einer privatrechtlichen Miete dar.

Lösung:

1. Rechtsgrundlage: Die Benutzungsgebühr wird auf der Grundlage einer Benutzungsgebührensatzung (§ 2 KAG-LSA) durch den Erlass eines Verwaltungsaktes festgesetzt (§ 13 Abs. 1 Nr. 4 lit. b KAG-LSA i.V.m. § 155 Abs. 1 S. 1, 2 AO). Grundlage für die Ausgestaltung als Miete ist eine vertragliche Vereinbarung (§ 535 BGB).

2. Kosten der Mahnung: Für die Mahnung der öffentlich-rechtlichen Benutzungsgebühr wird eine ebenso öffentlich-rechtliche Mahngebühr in der gesetzlich geregelten Höhe erhoben (§ 4 VwVG LSA i.V.m. § 2 VKostO LSA i.V.m. Anl. 1 VKostO LSA).

Bei der privatrechtlichen Miete kommt eine öffentlich-rechtliche Mahngebühr nicht in Betracht. Über §§ 280, 286 BGB kann der Gläubiger jedoch einen Ersatz seines Verzugsschadens verlangen. Dazu gehören die Kosten eines Mahnschreibens nur, wenn sich der Schuldner zu diesem Zeitpunkt bereits in Verzug befand. Grundsätzlich bedarf es für den Verzug einer Mahnung (§ 286 Abs. 1 S. 1 BGB). Bei der Miete ist allerdings ein konkreter Fälligkeitszeitpunkt im Mietvertrag bestimmt. Eine Mahnung, um den Schuldner in Verzug zu setzen, ist deshalb nicht nötig (§ 286 Abs. 2 Nr. 1 BGB). Die Stadt ist daher ohne Weiteres berechtigt, die Kosten eines Mahnschreibens als Verzugsschaden geltend zu machen. Das erfolgt in der Praxis über eine Pauschale, die je nach Gericht z.B. bis zu 5 EUR betragen darf. Sie sollte allerdings nicht als „Mahngebühr" bezeichnet werden, um eine Verwechslung mit der Mahngebühr nach § 2 VKostO LSA zu vermeiden. Besser wäre beispielsweise die Benennung als „Mahnpauschale".

3. Vollstreckung: Unterschiede bei der Vollstreckung ggf. offener Forderungen ergeben sich zunächst nicht, da sowohl die Benutzungsgebühren als auch die privatrechtlichen Entgelte grundsätzlich im Wege der Verwaltungsvollstreckung beigetrieben werden können (§§ 1 Abs. 2 Nr. 5, 2 Abs. 1, Abs. 2 Nr. 4, Abs. 3 DVO-VwVG LSA). Erhebt der Schuldner allerdings gegen die privatrechtliche Forderung als solche Einwendungen, ist ein zivilrechtliches Klage- oder gerichtliches Mahnverfahren erforderlich (§ 23 Abs. 4 VwVG LSA).

---

[179] Vgl. zur privatrechtlichen Mahnung LG Berlin, Urteil vom 14.07.2015, Az. 14 O 505/14, bit.ly/14O505-14; AG Brandenburg, Urteil vom 25.01.2007, Az. 31 C 190/06, NJW 2007, 2268 f.; AG Bad Segeberg, Urteil v. 12.03.2014, Az. 17a C 209/13, BeckRS 2014, 5791.

4. Säumniszuschläge, Zinsen und Kosten: Bei der öffentlich-rechtlichen Benutzungsgebühr entstehen mit Ablauf des Fälligkeitstages für jeden angefangenen Monat der Säumnis Säumniszuschläge von 1 % der rückständigen Benutzungsgebühr, die auf den nächsten durch 50 EUR teilbaren Betrag abzurunden sind (§ 13 Abs. 1 Nr. 5 lit. b KAG-LSA i.V.m. § 240 AO). Bei einer privatrechtlichen Miete entstehen ggf. Verzugszinsen und Kosten für eine privatrechtliche Titulierung im Klage- oder Mahnverfahren nach dem GKG. In beiden Fällen können außerdem Kosten der Vollstreckung anfallen.

c) Gebührenbemessung

(1) Gebührenkalkulation

236   Bevor die Benutzungsgebühren in der Abgabensatzung festgesetzt werden können, bedarf es einer umfassenden Berechnung.

(aa) Kostendeckungsprinzip

237   Wie bei den Verwaltungsgebühren → S. 66 ist dabei das Kostendeckungsprinzip in Form des Kostendeckungsgebots sowie des Kostenüberschreitungsverbots zu beachten. Das ergibt sich aus § 5 Abs. 1 S. 2, Hs. 1 KAG-LSA, wonach das Gebührenaufkommen die Kosten[180] der jeweiligen Einrichtung decken, jedoch nicht überschreiten soll. Nach dem Kostendeckungsprinzip sind die Benutzungsgebühren so zu kalkulieren, dass die Kosten der öffentlichen Einrichtung ausgeglichen werden.[181] Das Kostenüberschreitungsverbot schreibt hingegen vor, dass kein Gewinn durch die öffentliche Einrichtung erzielt werden darf.[182]

238   Die Kommunen können von einer Kostendeckung bzw. gänzlich von der Gebührenerhebung absehen, soweit daran ein öffentliches Interesse besteht (§ 5 Abs. 1 S. 2, Hs. 2 KAG-LSA). Das ist z.B. aus bildungs- oder gesundheitspolitischen Gründen denkbar, etwa bei Bibliotheken, Schwimmbädern oder Museen.[183]

239   Daneben muss die Gebührenbelastung für die Nutzer vertretbar und geboten sein (§ 99 Abs. 2 S. 1 Nr. 1 KVG LSA). Daraus folgt wiederum, dass nicht für jede öffentliche Einrichtung kostendeckende Benutzungsgebühren erhoben werden müssen. Vielmehr haben die Kommunen einen Gestaltungsspielraum. Allerdings darf bei dieser politischen Abwägungsentscheidung das Subsidiaritätsprinzip nach § 99 Abs. 2 KVG LSA → S. 18 nicht außer Acht gelassen werden. Danach sind die Gebührenpflichtigen, d.h. hier die Nutzer der jeweiligen Einrichtung, vorrangig vor den Steuerpflichtigen in Anspruch zu nehmen. Bei Kommunen mit einem unausgeglichenen Haushalt und der daraus resultierenden Pflicht, ein Haushaltskonsolidierungskonzept zu erlassen (vgl. §§ 98 Abs. 3, 100 Abs. 3 KVG LSA), achten die Kommunalaufsichtsbehörden verstärkt darauf, dass die Kostendeckungsgrade der öffentlichen Einrichtungen erhöht werden.

---

[180] Vgl. zum Kostenbegriff insgesamt Brüning, § 5 Rn. 16–26; zu den Grundprinzipen der Kostenansätze: Brüning, § 6; zum Ansatz gebührenfähiger Kosten: Brüning, § 7.
[181] Mutschler, S. 221.
[182] OVG Magdeburg, Urt. v. 10.11.2011 – 4 L 69/09, bit.ly/4L69-09; Mutschler, S. 221.
[183] Grimberg, KAG-LSA, § 5 Nr. 3; Kirchmer in Kirchmer et al., § 5 Nr. 2.3.1.

Öffentliche Einrichtungen	Kostendeckungsgrad am Beispiel von Kommunen in Baden-Württemberg im Jahr 2016 in %
Freibäder	38,3
Hallenbäder	23,5
Abwasserbeseitigung	103,9
Abfallentsorgung	102,1
Bestattungswesen	64,7

Tab. 12 – Beispiele für Kostendeckungsgrade öffentlicher Einrichtungen[184]

Weiterhin können bei der Gebührenbemessung und bei der Festlegung der Gebührensätze auch soziale Gesichtspunkte zugunsten bestimmter Gruppen von Gebührenpflichtigen berücksichtigt werden, soweit daran ein öffentliches Interesse besteht (§ 5 Abs. 3 S. 3 KAG-LSA). Das kommt z. B. für Kinder, Studierende oder Menschen mit einer Schwerbehinderung in Betracht.[185] Für die Einrichtungen der Wasserversorgung und Abwasserbeseitigung können Grenzwerte festgesetzt werden, um eine vertretbare Gebührenbelastung sicherzustellen (§ 5 Abs. 3 S. 3 KAG-LSA).

(bb) Gebührenrelevante Kosten der Einrichtung

Die Kosten der öffentlichen Einrichtung sind nach betriebswirtschaftlichen Grundsätzen zu ermitteln (§ 5 Abs. 2 KAG-LSA). Konkrete Vorgaben dazu enthält § 5 Abs. 2a KAG-LSA.[186]

Zwar ist das kommunale Haushaltswesen grundsätzlich an das Kalenderjahr gebunden (vgl. § 100 Abs. 1 KVG LSA). Die Kalkulation von Benutzungsgebühren ist allerdings zum einen sehr aufwendig und zum anderen ist eine gleichmäßige Belastung der Gebührenpflichtigen über mehrere Jahre wünschenswert. Die Kostenermittlung kann deshalb für einen Kalkulationszeitraum von bis zu drei Jahren erfolgen (§ 5 Abs. 2b S. 1 KAG-LSA), wovon in der Praxis regelmäßig Gebrauch gemacht wird.

Um den Gebührensatz für die Benutzungsgebührensatzung zu bestimmen, sind die ermittelten gebührenrelevanten Kosten durch die voraussichtlich anfallenden Leistungsmengen zu dividieren.[187] Daraus ergibt sich der Gebührensatz je Leistungseinheit. Als Leistungsmengen kommen z. B. die Straßenfrontlänge bei der Straßenreinigungsgebühr oder die Kubikmeter bei der Abwassergebühr in Betracht.[188]

---

[184] Vgl. Gemeindeprüfanstalt Baden-Württemberg, Geschäfts- und Kommunalfinanzbericht 2019, bit.ly/gpa_kfb, S. 36 f.

[185] Kirchmer in Kirchmer et al., § 5 Nr. 2.6.

[186] Vgl. für Beispielkalkulationen von Wasser- und Abwassergebühren: Schmid, H. in Schmid et al., § 99 Rn. 440–446; für weiterführende Erläuterungen zur Gebührenkalkulation und der dafür notwenigen Kosten- und Leistungsrechnung wird auf die betriebswirtschaftliche Literatur verwiesen.

[187] Basala, S. 47.

[188] Basala, S. 47.

(cc) Wirklichkeits- oder Wahrscheinlichkeitsmaßstab

245 Nachdem die gebührenrelevanten Kosten ermittelt sind, müssen sie nach einem festzulegenden Maßstab auf die Benutzer der öffentlichen Einrichtung umgelegt werden.[189]

246 Das erfolgt vorrangig unter Berücksichtigung von Art und Umfang der Inanspruchnahme (§ 5 Abs. 3 S. 1 KAG-LSA). Maßgeblich ist somit die tatsächliche Nutzung, sodass von einem Wirklichkeitsmaßstab gesprochen wird. Damit dieser angewandt werden kann, muss die Erhebung der erforderlichen Daten einfach und mit einem vertretbaren Aufwand möglich sein.[190] Das ist z. B. denkbar, wenn die Inanspruchnahme durch Zähler, wie bei der Lieferung von Wasser oder Strom, ermittelt werden kann.[191]

247 Die tatsächliche Nutzung der öffentlichen Einrichtungen ist in der Praxis jedoch überwiegend stark einzelfallbezogen[192] und nicht ohne Weiteres zu ermitteln. Deshalb lässt das KAG-LSA den Rückgriff auf einen Wahrscheinlichkeitsmaßstab zu (§ 5 Abs. 3 S. 2, Hs. 1 KAG-LSA). Der Satzungsgeber kalkuliert dabei pauschalierte bzw. typisierte Gebühren und lässt die tatsächliche Inanspruchnahme teilweise außer Betracht. Das ist z. B. der Fall, wenn bei der Abfallbeseitigungsgebühr das Fassungsvermögen der Abfallbehälter oder bei der Abwasserbeseitigungsgebühr das bezogene Frischwasser zugrunde gelegt wird.[193] Die jeweilige reale Nutzung, also in welchem Umfang die Abfallbehälter gefüllt oder das Abwasser verschmutzt war, ist für die Gebührenbemessung nicht relevant. Diese Pauschalierung wird von den Gebührenpflichtigen vielfach als ungerecht empfunden, weil jeder – unabhängig von der tatsächlichen Nutzung – die gleiche Gebühr entrichten muss. Außerdem fehlen ökonomische Anreize für einen sparsamen Ressourcenverbrauch.

(dd) Äquivalenzprinzip und Gleichheitsgrundsatz

248 Bei der Gebührenbemessung sind das Äquivalenzprinzip sowie der Gleichheitsgrundsatz zu berücksichtigten.

249 Das Äquivalenzprinzip leitet sich aus dem Grundsatz der Verhältnismäßigkeit ab.[194] Dieses Prinzip erfasst das Verhältnis zwischen dem Benutzer der öffentlichen Einrichtung und der Kommune.[195] Es ist insbesondere bei der Anwendung des Wahrscheinlichkeitsmaßstabes relevant und besagt, dass zwischen der in Anspruch genommenen Leistung und der Benutzungsgebühr kein offenkundiges Missverhältnis entstehen darf (§ 5 Abs. 3 S. 2, Hs. 2 KAG-LSA).[196] Kann die Kommune hingegen den Wirklichkeitsmaßstab anwenden, wird die Gebühr nach der konkreten Inanspruchnahme bemessen, wodurch das Verhältnis zwischen Leistung und Gegenleistung ausgewogen ist.[197]

---

[189] Desens in Christ et al., Kap. D Rn. 362.
[190] Grimberg, KAG-LSA, § 5 Nr. 6.
[191] Basala, S. 50.
[192] Mutschler, S. 234.
[193] Beispiele entnommen aus Mutschler, S. 235.
[194] BVerfG, Beschl. v. 11.10.1966 – 2 BvR 179/64 u. a., bit.ly/2BvR179-64; Schmid, H. in Schmid et al., § 99 Rn. 260, 323.
[195] Schmid, H. in Schmid et al., § 99 Rn. 262, 323.
[196] Vgl. auch BVerwG, Urt. v. 15.03.1968 – VII C 189.66, bit.ly/VIIC189-66.
[197] Vgl. dazu Schmid, H. in Schmid et al., § 99 Rn. 260, 351.

Im Zusammenhang mit dem Äquivalenzprinzip ist der Gleichheitsgrundsatz zu beachten   250
(vgl. Art. 3 Abs. 1 GG).[198] Danach dürfen bei einer gleichen Inanspruchnahme der öffentlichen Einrichtungen durch die einzelnen Benutzer keine unterschiedlichen Gebühren erhoben werden, während eine differenzierte Nutzung im Rahmen der Gebührenbemessung zum Ausdruck kommen muss.[199] Allerdings darf der Satzungsgeber aus Vereinfachungs- und Praktikabilitätsgründen verschiedene Leistungen zusammenfassen und typisieren.[200] Die Grenzen des Gleichheitsgrundsatzes sind erst überschritten, „wenn die Gebührenregelung nicht mehr durch sachliche Gründe gerechtfertigt ist."[201]

Äquivalenzprinzip	Gleichheitsgrundsatz
Verhältnis: Benutzer ⇆ Kommune	Verhältnis: Benutzer ⇆ Benutzer
Bedeutung: angemessenes Verhältnis zwischen Leistung und Gegenleistung	Bedeutung: Gleichbehandlung von gleichen bzw. Ungleichbehandlung von ungleichen Abgabensachverhalten

251

Tab. 13 – Äquivalenzprinzip und Gleichheitsgrundsatz

(ee) Progressive und degressive Gebührenbemessung

Bei Einrichtungen und Anlagen, die dem Schutz der natürlichen Lebensgrundlagen des   252
Menschen dienen oder bei deren Inanspruchnahme die natürlichen Lebensgrundlagen des Menschen gefährdet werden können, kann die Benutzungsgebühr für die Leistungen so bemessen werden, dass sie Anreize zu einem umweltschonenden Verhalten bietet (§ 5 Abs. 3a S. 1 KAG-LSA). Die Gebühren können insoweit progressiv (zunehmend) gestaffelt werden.[202] Dadurch soll das Verhalten der Nutzer beeinflusst werden, um z. B. den Wasserverbrauch zu reduzieren. Eine degressive (abnehmende) Gebührenstaffelung ist nur denkbar, wenn bei einer zunehmenden Leistungsmenge nachweislich die Kosten sinken (§ 5 Abs. 3a S. 2 KAG-LSA).[203]

(2) Beschlussfassung

Es ist nicht erforderlich, dass die Gebührenkalkulation gesondert von der Vertretung be-   253
schlossen wird, bevor die Gebührensätze in der Abgabensatzung festgesetzt werden.[204] Es genügt vielmehr, wenn der Vertretung die Gebührenkalkulation bekannt ist, bevor sie die Abgabensatzung beschließt. Daneben muss ihr vor der Beschlussfassung über die Gebührensätze die kostendeckende Obergrenze bekannt sein, damit sie mit einem etwaigen öffentlichen Interesse an niedrigeren Gebühren abgewogen werden (§ 5 Abs. 1 S. 2, Hs. 2

---

[198] Vgl. nur BVerwG, Urt. v. 08.11.1968 – VII C 99.67, bit.ly/VIIC99-67.
[199] Schmid, H. in Schmid et al., § 99 Rn. 262, 324.
[200] Schmid, H. in Schmid et al., § 99 Rn. 264.
[201] BVerwG, Urt. v. 20.12.2000 – 11 C 7.00, bit.ly/11C7-00.
[202] Grimberg, KAG-LSA, § 5 Nr. 6.
[203] Vgl. zur progressiven und degressiven Gebührenstaffelung insgesamt Brüning, § 9 Rn. 76–81.
[204] OVG Magdeburg, Beschl. v. 06.04.2004 – 1 L 433/02, DÖV 2004, 712 f., und Urt. v. 27.07.2006 – 4 K 253/05, BeckRS 2008, 33052.

KAG-LSA) und auf dieser Grundlage der zu erreichende Kostendeckungsgrad bestimmt werden kann.[205] Dadurch kann die Kommune den Gebührenpflichtigen außerdem darlegen, wie hoch eine kostendeckende Gebührenbelastung ausfallen würde. Soweit die Vertretung von einer vollen Kostendeckung absieht, wird zudem deutlich, welchen Kostenanteil letztlich der Steuerpflichtige für die öffentliche Einrichtung tragen muss und inwieweit vom Subsidiaritätsprinzip abgewichen wird → S. 18.

254

Sachverhalt 26:[206] In der Stadt Dessau-Roßlau wird derzeit eine Änderung der Satzung über die Straßenreinigungsgebühren vorbereitet. Für die Beschlussfassung im Stadtrat soll eine Modellrechnung mit der Gebührenbelastung für einzelne Grundstückseigentümer dargestellt werden. Als gebührenrelevante Gesamtkosten der Straßenreinigung wurden 1.500.000 EUR jährlich ermittelt. Als Maßstab fungiert die Straßenfrontlänge des Grundstücks[207], die im Reinigungsgebiet insgesamt 100.000 Meter beträgt.

Aufgabe: Ermitteln Sie die Höhe der Einzelgebühr für ein Grundstück mit einer Straßenfrontlänge von 10 Metern.

Lösung: Die Gesamtkosten von 1.500.000 EUR sind durch die Straßenfrontlänge von 100.000 Metern zu dividieren. Daraus ergibt sich ein Gebührensatz von 15 EUR je Frontmeter im Jahr. Bei einer Straßenfrontlänge von 10 Metern ergibt sich eine Einzelgebühr von 150 EUR jährlich.

(3) Anpassung

255

Die Kalkulation ist eine Prognose, mit der die Kosten und das Gebührenaufkommen nur sorgfältig geschätzt werden. Weichen am Ende eines Kalkulationszeitraumes die tatsächlichen Kosten und das Gebührenaufkommen von den kalkulierten Werten ab, sind Kostenüber- oder -unterdeckungen innerhalb der nächsten drei Jahre auszugleichen (§ 5 Abs. 2b S. 2 KAG-LSA). Diese Abweichungen sind im Rahmen einer Nachkalkulation am Ende des Kalkulationszeitraumes zu ermitteln.[208] Dadurch wird sichergestellt, dass Kostenüber- oder -unterdeckungen weder dem Gesamthaushalt zugutekommen noch diesen belasten.[209] Ein Ausgleich erfolgt vielmehr zwischen der öffentlichen Einrichtung und den Gebührenpflichtigen. In der Praxis wird deshalb häufig von separaten „Gebührenhaushalten" innerhalb des Gesamthaushalts gesprochen.

256

Sachverhalt 27:[210] In der Stadt Dessau-Roßlau wird im Jahr 2020 die Straßenreinigungsgebühr neu kalkuliert. Als gebührenrelevante Gesamtkosten der Straßenreinigung wurden 800.000 EUR jährlich ermittelt. Als Maßstab fungiert die Straßenfrontlänge des Grundstücks, die im Reinigungsgebiet insgesamt 80.000 Meter beträgt. Im Jahr 2018 ist eine Kostenunterdeckung von 20.000 EUR und im Jahr 2019 eine Kostenüberdeckung von 40.000 EUR entstanden.

---

[205] Vgl. dazu OVG Magdeburg, Beschl. v. 09.03.2004 – 2 L 250/03, BeckRS 2004, 18860; so auch Schmid, H. in Schmid et al., § 99 Rn. 426.
[206] In Anlehnung an Basala, S. 47.
[207] Darüber hinaus werden in der Praxis die Straßen in Reinigungsklassen unterteilt, damit die Häufigkeit der Straßenreinigung, z. B. wöchentlich oder monatlich, bei der Ermittlung der Gebühr berücksichtigt wird.
[208] Vgl. dazu insgesamt Mutschler, S. 236–238.
[209] Mutschler, S. 236.
[210] In Anlehnung an Mutschler, S. 238.

Aufgabe: Ermitteln Sie für die Neukalkulation die Höhe der Einzelgebühr je Meter mit und ohne Berücksichtigung der Vorjahresergebnisse.

Lösung: Zur Ermittlung der Einzelgebühren ohne Berücksichtigung der Vorjahresergebnisse sind die Gesamtkosten von 800.000 EUR durch die Straßenfrontlänge von 80.000 Metern zu dividieren. Daraus ergibt sich ein Gebührensatz von 10 EUR je Frontmeter im Jahr. Bei Berücksichtigung der Vorjahresergebnisse müssen die gebührenrelevanten Gesamtkosten von 800.000 EUR um die Kostenunterdeckung von 20.000 EUR aus dem Jahr 2018 erhöht und um die Kostenüberdeckung von 40.000 EUR aus dem Jahr 2019 reduziert werden, sodass sich Gesamtkosten von 780.000 EUR ergeben. In diesem Fall beträgt der Gebührensatz 9,75 EUR je Frontmeter im Jahr.

Sachverhalt 28:[211] In der Stadt Dessau-Roßlau laufen die Vorbereitungen für die Eröffnung des neuen Hallenbades auf Hochtouren. In der Abteilung Steuern & Gebühren wird derzeit an der Benutzungsgebührensatzung gefeilt. Problematisch ist dabei die Bemessung der Gebühr. Die Sachgebietsleiterin ist der Auffassung, dass nach der gesetzlichen Vorgabe der Wirklichkeitsmaßstab herangezogen werden muss. Die Abteilungsleiterin hält das für nicht praktikabel und möchte auf den Wahrscheinlichkeitsmaßstab zurückgreifen.

Aufgabe: Erläutern Sie am Beispiel des Hallenbades und anhand der einschlägigen Rechtsnormen, welcher der beider Maßstäbe angewendet werden sollte.

Lösung: Vorrangig erfolgt die Gebührenbemessung unter Berücksichtigung von Art und Umfang der Inanspruchnahme, also nach dem Wirklichkeitsmaßstab (§ 5 Abs. 3 S. 1 KAG-LSA). Die Bemessung kann allerdings nach einem Wahrscheinlichkeitsmaßstab erfolgen, wenn die Anwendung des Wirklichkeitsmaßstabes zu einem nicht vertretbaren Aufwand führt (§ 5 Abs. 3 S. 2, Hs. 1 KAG-LSA). So ist es denkbar, dass im Hallenbad große und kleine Rutschen sowie verschiedene Schwimmbecken für Erwachsene, Kinder und Babys, ein Whirlpool oder eine Sauna vorhanden sind. Um den Wirklichkeitsmaßstab anzuwenden, müsste im vorliegenden Fall das tatsächliche Nutzerverhalten ermittelt und protokolliert werden. Mit einem vertretbaren Aufwand wird das wohl nicht möglich sein. Daher ist es zulässig, auf den Wahrscheinlichkeitsmaßstab zurückzugreifen und eine pauschalierte Gebühr zu erheben, z.B. für die Nutzung pro Stunde oder Tag unabhängig von der tatsächlichen Inanspruchnahme der Becken usw.

257

d) Gebührenerhebung

(1) Gebührenschuldner

Die Benutzungsgebühr schuldet, wer die Leistung in Anspruch nimmt, die mit der öffentlichen Einrichtung geboten wird, also der Benutzer (§ 5 Abs. 5 S. 1 KAG-LSA). Daher ist eine tatsächliche Nutzung der öffentlichen Einrichtung notwendig.[212] Das unterscheidet die Benutzungsgebühr von einem Beitrag nach § 6 KAG-LSA, der bereits für die Möglichkeit einer Inanspruchnahme erhoben wird → S. 87.[213]

258

---

[211] Vgl. für weitere Beispiele zum Wahrscheinlichkeitsmaßstab Mutschler, S. 235.
[212] Kirchmer in Kirchmer et al., § 5 Nr. 1.1.
[213] Brüning, § 4 Rn. 52.

259   Eine Besonderheit stellen die Grundgebühren nach § 5 Abs. 3 S. 4 KAG-LSA dar. Damit werden die verbrauchsunabhängigen Vorhalteleistungen der Kommune für die Liefer- und Betriebsbereitschaft einer öffentlichen Einrichtung ausgeglichen.[214] Auf das tatsächliche Nutzerverhalten kommt es dabei nicht an. Das ist z. B. für die Sperrmüllentsorgung denkbar, die in der Praxis vielfach durch die Grundgebühr abgegolten wird, unabhängig davon, ob der Grundstückseigentümer die Leistung in Anspruch nimmt.[215] Diese Form der Benutzungsgebühr kommt nur in Betracht, soweit die Einrichtung von einem bestimmten Nutzerkreis durch einen Anschluss- und Benutzungszwang in Anspruch genommen werden muss.[216] Das ist z. B. bei der Abwasserbeseitigung oder Abfallentsorgung der Fall. Soweit die Nutzung freiwillig erfolgt, z. B. bei Schwimmbädern, scheidet eine Grundgebühr in der Regel aus.[217]

260   Die Benutzungsgebührensatzung kann neben den tatsächlichen Nutzern auch die Eigentümer sowie die sonstigen dinglichen Nutzungsberechtigten der Grundstücke, z. B. Erbbauberechtigte, zu Gebührenschuldnern bestimmen (§ 5 Abs. 5 S. 2 KAG-LSA). Diese Regelung wird vielfach bei grundstücksbezogenen öffentlichen Einrichtungen angewandt, z. B. der Abwasserentsorgung. So kann die Kommune z. B. neben den unmittelbaren Benutzern der Abwasserbeseitigungsanlage auch den Grundstückseigentümer als mittelbaren Nutzer zur Benutzungsgebühr heranziehen.[218] Darüber hinaus kann in der Benutzungsgebührensatzung festgelegt werden, dass Mieter und Pächter unmittelbar für den ihnen zurechenbaren Anteil der Gebühren haften (§ 5 Abs. 5 S. 3 KAG-LSA).

(2) Erhebungsverfahren

261   Die Gebührenerhebung im Einzelfall ist abhängig von der Art der öffentlichen Einrichtung. Bei Schwimmbädern, Tierparks u. Ä. sind die Gebühren im Vorfeld der Inanspruchnahme ohne schriftliche Festsetzung zu zahlen. Deshalb wird vielfach von Eintrittsgeldern gesprochen. Hingegen werden z. B. Abwasser- oder Abfallbeseitigungsgebühren durch einen Abgabenbescheid festgesetzt → S. 99. Bei grundstücksbezogenen Leistungen wird in der Praxis ggf. von einer Vereinfachungsregel Gebrauch gemacht und ein zusammengefasster Bescheid, z. B. für Abfallbeseitigungs- und Straßenreinigungsgebühren, erlassen, weil der Gebührenschuldner in der Regel der Grundstückseigentümer ist und die Erhebung vielfach für dieselben Zeitabschnitte erfolgt (vgl. § 11 Abs. 1 KAG-LSA).

262   Für ständig bereitgestellte öffentliche Einrichtungen, z. B. die Abfallbeseitigung oder die Trinkwasserversorgung, können die Kommunen Jahresgebühren erheben und Abschlagszahlungen von den Benutzern verlangen (§ 5 Abs. 4 S. 1, 3 KAG-LSA). Dadurch wird eine stetige Finanzierung der jeweiligen Einrichtungen sichergestellt.[219] Grundlage für die Höhe der Abschlagszahlungen stellt die Nutzung der öffentlichen Einrichtung im letzten oder vorletzten Erhebungszeitraum dar (§ 5 Abs. 4 S. 4 KAG-LSA). Nach Ablauf des Erhebungszeitraums ist eine endgültige Festsetzung anhand der tatsächlichen Inanspruchnahme

---

[214] Vgl. dazu OVG Magdeburg, Beschl. v. 08.09.2006 – 4 L 346/06, NVwZ-RR 2012, 83; Grimberg, KAG-LSA, § 5 Nr. 6; Brüning, § 9 Rn. 38.
[215] Vgl. dazu Brüning, § 4 Rn. 58.
[216] Brüning, § 4 Rn. 61.
[217] Brüning, § 4 Rn. 61.
[218] Vgl. OVG Magdeburg, Urt. v. 08.09.2011 – 4 L 142/09, bit.ly/4L142-09.
[219] Grimberg, KAG-LSA, § 5 Nr. 6.

erforderlich.[220] Infolgedessen kann es durch die Gegenüberstellung der geleisteten Vorausleistungen mit der tatsächlichen Nutzung zu Gebührennachzahlungen oder -erstattungen kommen.

Ist für die Umsätze von öffentlichen Einrichtungen die Umsatzsteuer zu entrichten, sind die Kommunen berechtigt, die Umsatzsteuer den Gebührenpflichtigen aufzuerlegen (§ 5 Abs. 6 KAG-LSA). Das ist insbesondere bei Betrieben gewerblicher Art der Fall.

263

IV. Beiträge

1. Beitragsarten

a) Anschlussbeiträge nach §§ 6–7 KAG-LSA

Die Kommunen unterhalten u.a. öffentliche Einrichtungen zur Trinkwasserversorgung und Abwasserbeseitigung, für die ein Anschluss- und Benutzungszwang angeordnet werden kann → S. 75, 77. Dazu gehören z. B. die Kanal- und Leitungsnetze sowie die Pump- und Kläranlagen.[221] Die Möglichkeit, diese Einrichtungen in Anspruch zu nehmen, vermittelt den einzelnen Nutzungsberechtigten Vorteile, da sie den Gebrauchs- und Nutzungswertes des Grundstücks erhöht.[222] Auf der anderen Seite entstehen den Kommunen und damit der Gemeinschaft für die Herstellung, Anschaffung, Erweiterung, Verbesserung und Erneuerung dieser Einrichtungen Aufwendungen. Um sie zu decken und die Vorteile der einzelnen Nutzer zugunsten der Gemeinschaft auszugleichen, können die Kommunen Beiträge erheben (§ 6 Abs. 1 KAG-LSA).

264

Die Beiträge sind von den Benutzungsgebühren → S. 75 abzugrenzen. Während die Benutzungsgebühren für die tatsächliche Inanspruchnahme einer öffentlichen Einrichtung erhoben werden, z. B. die Entnahme von Trinkwasser, ist für die Beitragserhebung bereits der mit einer möglichen Inanspruchnahme verbundene Vorteil ausreichend, z. B. Trinkwasser entnehmen zu können (vgl. §§ 5 Abs. 1 S. 1, 6 Abs. 1 KAG-LSA).[223] Weiterhin werden Benutzungsgebühren bei der Trinkwasserversorgung und anderen leitungsgebundenen öffentlichen Einrichtungen regelmäßig gezahlt, z. B. monatlich. Die Anschlussbeiträge sind hingegen eine einmalige Abgabe. An dieser Stelle hat die Kommune ein Wahlrecht, das durch die „Kann"-Bestimmung in § 6 Abs. 1 KAG-LSA deutlich wird. Erhebt sie den erforderlichen Aufwand für die Herstellung, Anschaffung, Erweiterung, Verbesserung und Erneuerung einmalig als Beitrag von den Beitragspflichtigen[224], führt das in der Regel zu hohen einmaligen finanziellen Belastungen bei den Nutzern. Die Kommune kann den erforderlichen Investitionsaufwand allerdings auch über die Nutzungsdauer der öffentlichen Einrichtung

265

---

[220] Brüning, § 10 Rn. 20–23.

[221] Vgl. dazu näher Blomenkamp in Driehaus, Kommunalabgabenrecht, § 8 Rn. 861, 863.

[222] OVG Lüneburg, Urt. v. 14.03.1989 – 9 L 64/89, juris.

[223] Vgl. zu den Unterschieden zwischen Beiträgen und Benutzungsgebühren insgesamt Mutschler, S. 250.

[224] Die Beiträge werden als Sonderposten auf der Passivseite in der kommunalen Vermögensrechnung nachgewiesen und ertragswirksam über die Nutzungsdauer der damit finanzierten Vermögensgegenstände aufgelöst, vgl. § 5 Abs. 2a KAG-LSA, § 34 Abs. 5 S. 1, 2 KomHVO. Dadurch wird der jährliche Abschreibungsaufwand teilweise oder vollständig neutralisiert. Vgl. zu den Sonderposten insgesamt Pfeiffer et al., S. 117 ff.

verteilen[225] und bei der Kalkulation der Benutzungsgebühren einfließen lassen. Dadurch wird die finanzielle Belastung für die Abgabenpflichtigen auf einen längeren Zeitraum verteilt. Konkrete Vorgaben enthält dazu § 5 Abs. 2a KAG-LSA.

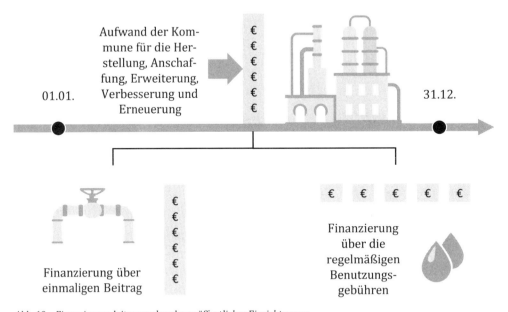

Abb. 19 – Finanzierung leitungsgebundener öffentlicher Einrichtungen

b) Kostenerstattungen für Grundstücksanschlüsse nach § 8 KAG-LSA

266 Mit den vorgenannten Beiträgen nach §§ 6–7 KAG-LSA werden die Aufwendungen für die Herstellung usw. der Abwassersammelkanäle und Hauptversorgungsleitungen abgegolten. Damit die Grundstückseigentümer diese öffentlichen Einrichtungen in Anspruch nehmen können, ist jedoch außerdem ein Grundstücksanschluss erforderlich.[226] Dabei handelt es sich um die technische Verbindung von der Hauptversorgungsleitung bzw. des Abwasserkanals zum jeweiligen Grundstück, den sog. Stichkanal.[227]

---

[225] Betriebswirtschaftlich wird das als Abschreibung bezeichnet, vgl. § 5 Abs. 2a KAG-LSA bzw. § 40 Abs. 1 KomHVO; vgl. zur Abschreibung insgesamt Pfeiffer et al., S. 90 ff.

[226] Kirchmer in Kirchmer et al., § 8 Nr. 1.

[227] Mutschler, S. 268.

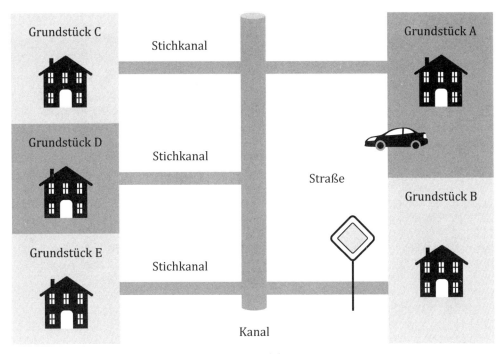

Abb. 20 – Kostenerstattungen für Grundstücksanschlüsse nach § 8 KAG-LSA

Die Kommunen können von den Grundstückseigentümern[228] verlangen, dass sie die erforderlichen Aufwendungen für die Herstellung, Erneuerung, Veränderung und Beseitigung sowie die Kosten für die Unterhaltung dieser Grundstücksanschlüsse an Versorgungsleitungen und Abwasseranlagen in der tatsächlich entstandenen Höhe oder nach Einheitssätzen erstatten (§ 8 S. 1 KAG-LSA). Diese Kostenerstattungen sind daher von den vorgenannten Anschlussbeiträgen nach §§ 6–7 KAG-LSA zu unterscheiden. 267

Um die finanziellen Belastungen der Grundstücksanlieger möglichst gerecht zu verteilen[229], kann dabei unterstellt werden, dass Versorgungs- und Abwasserleitungen in der Straßenmitte verlaufen (§ 8 S. 3 KAG-LSA). Damit wird dem Umstand Rechnung getragen, dass die jeweiligen Leitungen und Kanäle in der Regel nicht in der Straßenmitte, sondern an einer Straßenseite verlegt werden.[230] Würde in diesem Fall auf die tatsächlichen Verhältnisse abgestellt, wäre der gegenüberliegende Anschlussnehmer finanziell stärker belastet als der Anschlussnehmer, auf dessen Straßenseite die Leitung bzw. der Kanal liegt.[231] 268

Der öffentlich-rechtliche Kostenerstattungsanspruch nach § 8 KAG-LSA ist kein Beitrag im Sinne des KAG-LSA.[232] Die Vorschriften des KAG-LSA gelten jedoch entsprechend (§ 8 S. 4 KAG-LSA), sodass der Kostenerstattungsanspruch wie ein Beitrag zu behandeln ist. Neben der Kostenerstattung nach § 8 KAG-LSA besteht für die Kommunen auch die Möglichkeit, 269

---

[228] Kirchmer in Kirchmer et al., § 8 Nr. 5.
[229] Zu diesem Ziel von § 8 KAG-LSA siehe Landtag von Sachsen-Anhalt, Drs. 1/304, S. 49.
[230] Landtag von Sachsen-Anhalt, Drs. 1/304, S. 49 f.
[231] Landtag von Sachsen-Anhalt, Drs. 1/304, S. 49 f.
[232] Landtag von Sachsen-Anhalt, Drs. 1/304, S. 50.

die Kosten für die Grundstücksanschlüsse in die Beitragserhebung nach § 6 KAG-LSA ein-
zubeziehen (§ 6 Abs. 3 S. 5, 6 KAG-LSA).

c) Exkurs: Erschließungsbeiträge nach §§ 127–135 BauGB

270   Von den Beiträgen nach dem KAG-LSA sind die Erschließungsbeiträge nach §§ 127–135
BauGB abzugrenzen. Sie werden von den Gemeinden erhoben, um einen Aufwand für Erschließungsanlagen auszugleichen, der nicht anderweitig gedeckt werden kann (§ 127 Abs.
1 BauGB). Das betrifft vor allem Straßen, Wege und Plätze (vgl. § 127 Abs. 2 BauGB). Der
Erschließungsaufwand nach dem BauGB steht daher – im Gegensatz zu den Beiträgen nach
§§ 6–7 KAG-LSA und den Kostenerstattungen nach § 8 KAG-LSA – mit der erstmaligen Baureife eines Grundstücks im Zusammenhang und fällt im Regelfall an, wenn ein neues Bau-
gebiet in der Gemeinde erschlossen wird. Grundlage für die Erhebung eines Erschließungs-
beitrages bildet eine Satzung (§ 132 BauGB).

271   Der Erschließungsaufwand umfasst u. a. die Kosten für den Erwerb und die Freilegung der
Erschließungsflächen sowie die erstmalige Herstellung der Erschließungsanlagen einschließlich der Einrichtungen für ihre Entwässerung und Beleuchtung (§ 128 Abs. 1
BauGB). Jedoch wird nicht der vollständige Aufwand auf die erschlossenen Grundstücke
umgelegt.[233] Der sog. beitragsfähige Erschließungsaufwand umfasst nur die Anlagen, die
erforderlich sind, um die Bauflächen bzw. die gewerblich zu nutzenden Flächen entsprechend den baurechtlichen Bestimmungen zu nutzen (§ 129 Abs. 1 S. 1 BauGB). Dabei bleibt
ein Erschließungsaufwand unberücksichtigt, der anderweitig durch finanzielle Zuwendun-
gen Dritter gedeckt wird (§ 129 Abs. 1 S. 1 BauGB), z. B. im Rahmen von Förderrichtlinien
des Landes. Der verbleibende beitragsfähige Erschließungsaufwand wird zu höchstens
90 % auf die erschlossenen Grundstücke verteilt (§§ 129 Abs. 1 S. 3, 131 Abs. 1 S. 1 BauGB).
Der nicht umgelegte beitragsfähige Erschließungsaufwand – mindestens 10 % – bildet den
Gemeindeanteil ab und ist ein Ausgleich für das öffentliche Interesse an der Erschlie-
ßung.[234]

272   Neben den Regelungen zur Ermittlung und Verteilung des beitragsfähigen Erschließungs-
aufwandes enthält das BauGB spezielle Vorschriften zum Gegenstand und zur Entstehung
der Beitragspflicht (§ 133 BauGB), zum Beitragspflichtigen (§ 134 BauGB) sowie zur Fälligkeit und Zahlung (§ 135 BauGB).

273   Die nachfolgenden Erläuterungen beziehen sich lediglich auf die Beiträge nach §§ 6–7 KAG-
LSA.

2. Bemessung

274   Grundlage für die Beitragsbemessung sind die zur Herstellung, Anschaffung, Erweiterung,
Verbesserung und Erneuerung erforderlichen Aufwendungen der Gemeinde (vgl. § 6 Abs. 1
KAG-LSA).

---

[233] Vgl. dazu Mutschler, S. 279 f.
[234] Mutschler, S. 280.

Zu beachten ist, dass der beitragsrechtliche Aufwandsbegriff nicht mit dem betriebswirt- 275
schaftlichen Aufwandsbegriff gleichzusetzen ist.[235] Vielmehr handelt es sich bei dem beitragsrechtlichen Aufwand um die Auszahlungen für investive Maßnahmen bei den leitungsgebundenen Einrichtungen (§§ 3 Abs. 1 Nr. 3 lit. c, 11 Abs. 1 S. 1, 34 Abs. 2, 38, 46 Abs.
3 Nr. 1 lit. b, cc KomHVO).[236] Ergänzt werden die investiven Auszahlungen um den Wert
für die von der Gemeinde bereitgestellten eigenen Grundstücke, die zur Herstellung usw.
der leitungsgebundenen Einrichtungen erforderlich sind (§ 6 Abs. 3 S. 3 KAG-LSA). Insofern handelt es sich um einen „besonderen beitragsrechtlichen Begriff"[237].

Der Aufwand kann nach den tatsächlichen Aufwendungen oder Einheitssätzen ermittelt 276
werden (§ 6 Abs. 3 S. 1 KAG-LSA). Die Einheitssätze werden anhand der durchschnittlichen
Aufwendungen festgesetzt, die üblicherweise für vergleichbare Einrichtungen entstehen
(§ 6 Abs. 3 S. 2 KAG-LSA).[238] Für Abschnitte der leitungsgebundenen Einrichtungen, die
selbstständig in Anspruch genommen werden können, kann der Aufwand entsprechend
gesplittet werden (§ 6 Abs. 4 KAG-LSA).

Die Beiträge werden nach den Vorteilen bemessen (§ 6 Abs. 5 S. 1 KAG-LSA), die durch die 277
(mögliche) Inanspruchnahme für die Beitragspflichtigen entstehen. Mit dieser Regelung
wird u. a. der Umstand berücksichtigt, dass die Vorteile für die Beitragspflichtigen eine unterschiedliche individuelle Ausprägung haben können.[239] Während für einen Beitragspflichtigen nur eine geringe Wertsteigerung des Grundstücks gegeben ist, kann sie für einen anderen Beitragspflichtigen erheblich sein. Soweit die Vorteile für Beitragspflichtige
annähernd gleich sind, können die Beitragspflichtigen bei der Bemessung in Gruppen zusammengefasst werden (§ 6 Abs. 5 S. 2 KAG-LSA).

Da leitungsgebundene Einrichtungen auch für die Allgemeinheit bereitgestellt werden, z. B. 278
beim Anschluss eines öffentlichen Brunnens in einer Park- und Gartenanlage, wird der Aufwand um einen sog. Gemeindeanteil gekürzt und nicht auf die Beitragspflichtigen umgelegt
(§ 6 Abs. 5 S. 4 KAG-LSA). Um unzumutbare Belastungen der Beitragspflichtigen zu vermeiden, können die Kommunen für Einrichtungen der Wasserversorgung und Abwasserbeseitigung Grenzwerte für eine vertretbare Beitragsbelastung festlegen (§ 6 Abs. 5 S. 6 KAG-
LSA).

3. Pflichtiger

Beitragspflichtig ist der Grundstückseigentümer zur Zeit der Bekanntgabe des Beitragsbe- 279
scheids (§ 6 Abs. 8 S. 1 KAG-LSA). Ist das Grundstück mit einem Erbbaurecht belastet, tritt
an die Stelle des Grundstückseigentümers der Erbbauberechtigte (§ 6 Abs. 8 S. 2 KAG-LSA).
Mehrere Grundstückseigentümer oder Erbbauberechtigte haften als Gesamtschuldner (§ 6
Abs. 8 S. 4 KAG-LSA). Bei Wohnungs- und Teileigentum sind die einzelnen Eigentümer nur
entsprechend ihrem Miteigentumsanteil beitragspflichtig (§ 6 Abs. 8 S. 5 KAG-LSA).

---

[235] Mutschler, S. 254.
[236] Vgl. zur Abgrenzung der betriebswirtschaftlichen Grundbegriffe Auszahlung/Ausgabe/Aufwand: Pfeiffer et
al., S. 25 ff.
[237] Mutschler, S. 254.
[238] Vgl. zur Ermittlung von Einheitssätzen bei Kanalanschlussbeiträgen: Mutschler, S. 256.
[239] Haack in Kirchmer et al., § 6 Nr. 1.1.4.

4. Entstehung und Erhebung

280 Die Beitragspflicht entsteht, sobald das Grundstück an die leitungsgebundene Einrichtung angeschlossen werden kann, frühestens jedoch mit dem Inkrafttreten der Beitragssatzung (§ 6 Abs. 6 S. 1 KAG-LSA). Mit den Ausbaumaßnahmen ist im Regelfall ein hoher Investitionsaufwand verbunden, der die Liquiditätssituation der Kommune stark belasten kann. Damit die Kommune die Maßnahme nicht vollständig aus eigenen Mitteln vorfinanzieren muss, kann sie angemessene Vorausleistungen von den Beitragspflichtigen verlangen, sobald mit der Durchführung der Maßnahme begonnen wurde (§ 6 Abs. 7 S. 1 KAG-LSA). Die Vorausleistungen werden mit der endgültigen Beitragsschuld verrechnet, die erst nach Abschluss der Maßnahme feststeht (§ 6 Abs. 7 S. 2 KAG-LSA).

D. Abgabenverfahrensrecht

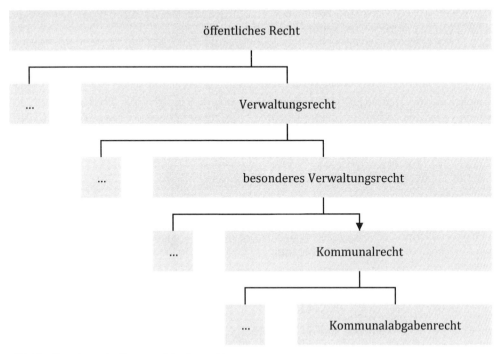

Abb. 21 – Einordnung des Kommunalabgabenrechts

I. Rechtsgrundlagen

1. AO und KAG-LSA

Der Kaufvertrag ist bekanntlich im BGB geregelt, das zum materiellen Recht gehört. Dort steht allerdings nicht, wie der Verkäufer die Zahlung des Kaufpreises bei Bedarf durchsetzen kann. Diese Bestimmungen finden sich in der ZPO, dem formellen oder Verfahrensrecht. Das Abgabenrecht ist vergleichbar aufgebaut: Die einzelnen Abgabengesetze wie das GrStG, das GewStG oder die kommunalen Abgabensatzungen → S. 150, die das materielle Abgaberecht bilden, regeln nur, unter welchen Voraussetzungen die jeweilige Abgabe entsteht, wann sie fällig wird und wie sie zu berechnen ist. Dort finden sich aber beispielsweise keine Vorschriften zum Wohnsitz, dem Abgabengeheimnis, der Abgabenerhebung oder der Vollstreckung. Dafür haben die Gesetzgeber das sogenannte formelle Abgaben- oder Verfahrensrecht geschaffen. Es setzt sich zusammen aus:

– der AO des Bundes und
– den Kommunalabgabengesetzen der Länder, d. h. für Sachsen-Anhalt dem KAG-LSA.

281

a) Realsteuern

282   Bei den bundesgesetzlich geregelten Realsteuern gilt die AO für die Festsetzung und Zerlegung der Steuermessbeträge durch die Finanzämter unmittelbar und uneingeschränkt (§ 1 Abs. 1 AO). Für die anschließende Festsetzung und Erhebung der Grund- und Gewerbesteuer durch die Kommunen → S. 34, 43 bestimmt § 1 Abs. 2 AO, welche Vorschriften der AO entsprechend anzuwenden sind.

283   Fraglich ist, welche Normen für die Festsetzung und Erhebung von Realsteuern gelten, soweit § 1 Abs. 2 AO keine Verweisungen enthält. Ein entsprechender Verweis fehlt vor allem für das Leistungsgebot (§ 254 AO) → S. 114 und die Niederschlagung (§ 261 AO) → S. 134. Insoweit gelten ergänzend § 13 KAG-LSA und die dort in Bezug genommenen Bestimmungen der AO (§ 1 Abs. 2 KAG-LSA).[240] Für die Grund- und Gewerbesteuer richten sich das Leistungsgebot und die Niederschlagung daher nach §§ 1 Abs. 2, 13 Abs. 1 Nr. 6 lit. a, b KAG-LSA.

284   Ohne Bedeutung ist insoweit die Regelung zur Stundung, Niederschlagung und zum Erlass in § 30 KomHVO. Sie gilt lediglich für andere Forderungen als Abgaben, insbesondere privatrechtliche Forderungen und Bußgelder.

b) Kommunalabgaben

285   Das Verfahrensrecht für die Kommunalabgaben hätte der Landesgesetzgeber unmittelbar im KAG-LSA regeln können. Das hat er mit § 13a KAG-LSA jedoch nur für die Billigkeitsmaßnahmen, d.h. die Stundung → S. 116 und den Erlass → S. 140, getan und im Übrigen über § 13 KAG-LSA auf die AO Bezug genommen. Auf die Kommunalabgaben sind die Bestimmungen der AO daher aufgrund dieser landesrechtlichen Verweisungen anzuwenden.[241] Teilweise werden die entsprechenden Normen der AO aber durch das KAG-LSA modifiziert. Das betrifft insbesondere begriffliche Anpassungen (§ 13 Abs. 3 KAG-LSA):

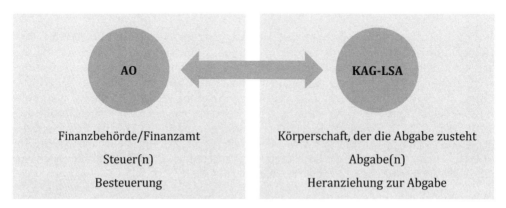

Abb. 22 – Modifizierung der Regelung der AO durch das KAG-LSA

---

[240] Vgl. VGH München, Beschl. v. 04.07.2008 – 4 ZB 07.2233, openJur 2012, 93143.
[241] Vgl. BVerwG, Beschl. v. 02.09.2015 – 9 B 16/15, bit.ly/9B16-15; andere Kommunalabgabengesetze enthalten vergleichbare Verweisungsnormen; hierzu ausführlich Sauthoff in Driehaus, Kommunalabgabenrecht, § 12; und mit einer umfassenden Übersicht für alle Bundesländer Oebbecke in Christ et al., S. 5–10.

Die Regelungen der §§ 13 Abs. 1 und 2, 13a Abs. 1 S. 5 KAG-LSA sind sognannte dynamische Verweisungen.[242] Dadurch ist die AO in der jeweils geltenden Fassung anzuwenden. Bei Änderungen der AO ist daher keine Gesetzänderung durch den Landesgesetzgeber erforderlich. **286**

c) Gegenüberstellung und Besonderheiten

Die wichtigsten Verweise für Realsteuern und Kommunalabgaben stellen sich wie folgt dar: **287**

Regelungsgegenstand	Verweisungsnorm		Zielnorm (AO)
	Realsteuern (AO)	Kommunalabgaben (KAG-LSA)	
Begriffsbestimmung	§ 1 Abs. 2 Nr. 1	§ 13 Abs. 1 Nr. 1 lit. b	u.a. § 3 Abs. 1
Steuergeheimnis	§ 1 Abs. 2 Nr. 1	§ 13 Abs. 1 Nr. 1 lit. c	§ 30
Fristenberechnung	§ 1 Abs. 2 Nr. 3	§ 13 Abs. 1 Nr. 3 lit. a	§ 108
Verwaltungsakte	§ 1 Abs. 2 Nr. 3	§ 13 Abs. 1 Nr. 3 lit. b	§§ 118 ff.
Bekanntgabe	§ 1 Abs. 2 Nr. 3	§ 13 Abs. 1 Nr. 3 lit. b	§ 122
Festsetzungsjährung	§ 1 Abs. 2 Nr. 4	§ 13 Abs. 1 Nr. 4 lit. b	§§ 169 ff.
Stundung	§ 1 Abs. 2 Nr. 5	§ 13a Abs. 1 S. 5 mit unmittelbaren Regelungen in § 13a Abs. 1 S. 1, 3, 4, Abs. 2–4	§ 222
Säumniszuschläge	§ 1 Abs. 2 Nr. 5	§ 13 Abs. 1 Nr. 5 lit. b	§ 240 AO
Erlass	§ 1 Abs. 2 Nr. 5	§ 13a Abs. 1 S. 5 mit unmittelbaren Regelungen in § 13a Abs. 1 S. 2–4	§ 227
Niederschlagung	§§ 1 Abs. 2, 13 Abs. 1 Nr. 6 lit. b KAG-LSA	§ 13 Abs. 1 Nr. 6 lit. b	§ 261 AO
Zahlungsverjährung	§ 1 Abs. 2 Nr. 5	§ 13a Abs. 1 S. 5	§§ 228 ff. AO

Tab. 14 – Anwendungsbereich der AO für Realsteuern/Kommunalabgaben (Auswahl)

Auch wenn danach auf Realsteuern und Kommunalabgaben im Ergebnis weitgehend dieselben Bestimmungen der AO anwendbar sind, sollen die unterschiedlichen Verweisungen noch einmal zusammenfasst werden: **288**

---

[242] OVG Magdeburg, Beschl. v. 12.07.2002 – 1 M 273/01, NVwZ-RR 2003, 233 f., Beschl. v. 11.10.2004 – 2 M 444/04, BeckRS 2004, 18891.

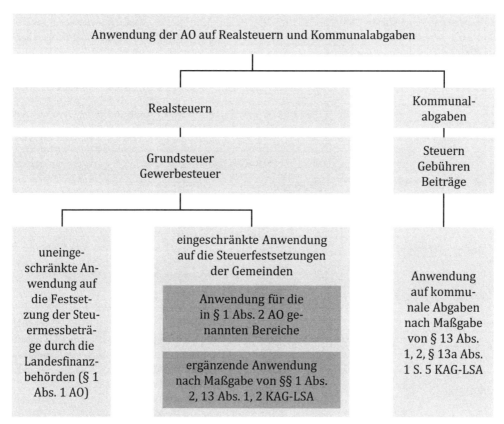

Abb. 23 – Anwendungsbereich der AO auf Realsteuern/Kommunalabgaben

289   Zur besseren Lesbarkeit wird im Folgenden grundsätzlich von einer Nennung der Verweisungsnormen abgesehen.

290   **Sachverhalt 29:** Bei der Steuerabteilung der Stadt Dessau-Roßlau sind mehrere Widersprüche von Ingo Notlage zur Festsetzung der Hundesteuer sowie der Grundsteuer B eingegangen. In den jeweiligen Begründungen gibt er an, dass die zugrunde liegenden Ansprüche seines Erachtens bereits verjährt seien und damit nicht mehr festgesetzt werden dürften.

Aufgabe: Erläutern Sie anhand der einschlägigen Rechtsnormen, welche Vorschriften über die Festsetzungsverjährung anwendbar sind. Gehen Sie bei der Grundsteuer B sowohl auf den Steuermessbescheid als auch den Steuerbescheid ein.

Lösung: Bei der Hundesteuer handelt es sich um eine örtliche Verbrauch- und Aufwandsteuer, mithin um eine Abgabe nach dem KAG-LSA (§§ 1 Abs. 1, 3 KAG-LSA). Das KAG-LSA verweist auf die Regelungen der §§ 169 ff. AO über die Festsetzungsverjährung (§ 13 Abs. 1 Nr. 4b KAG-LSA).

Die Grundsteuer B zählt zu den Realsteuern (§ 3 Abs. 2 AO). Die Zuständigkeit ist zweigeteilt. Die Festsetzung und Zerlegung der Steuermessbescheide erfolgt durch das Finanzamt (§ 3 Abs. 3 S. 1, Hs. 2 KAG-LSA i. V. m. §§ 16, 17, 18 Abs. 1 Nr. 1, 22 Abs. 1 S. 1 AO i. V. m. §§ 2 Abs. 1 Nr. 4, 17 Abs. 2 FVG). Die Festsetzungsverjährung für den Steuermessbescheid richtet sich daher unmittelbar nach §§ 169 ff. AO (§ 1 Abs. 1 AO). Auf der Grundlage des Steuermessbescheides wird durch die Gemeinde der Steuerbescheid erlassen (§ 3 Abs. 3 S. 1, Hs. 1 KAG-LSA). Die Anwendung der §§ 169 ff. AO ergibt sich insoweit aus § 1 Abs. 2 Nr. 4 AO.

Die Festsetzung der Steuermessbeträge als Grundlage für die Erhebung der Grund- und Gewerbesteuer sowie die Feststellung des Grundsteuerwertes erfolgen durch das Finanzamt → S. 48. Für diese Festsetzungen ist die AO uneingeschränkt anwendbar (§ 1 Abs. 1 AO), sodass sich das außergerichtliche Rechtsbehelfsverfahren nach §§ 347 ff. AO richtet. Für das gerichtliche Rechtsbehelfsverfahren ist der Finanzrechtsweg nach der FGO eröffnet (§ 33 Abs. 1 Nr. 1 FGO).

291

Einen Verweis auf das außergerichtliche Rechtsbehelfsverfahren im 7. Teil der AO enthalten weder § 1 Abs. 2 AO für die Realsteuern noch das KAG-LSA für die Kommunalabgaben. Dem Abgabenpflichtigen steht jedoch gegen die Festsetzung der Grund- und Gewerbesteuer sowie der Abgaben nach dem KAG-LSA durch die Gemeinden der Verwaltungsrechtsweg offen (§§ 40 ff. VwGO).[243] Zu beachten ist, dass die Festsetzungen im Steuermessbescheid für die Grund- und Gewerbesteuer sowie die Feststellung des Grundsteuerwertes durch das Finanzamt nur durch deren Anfechtung angegriffen werden können. Durch einen Widerspruch gegen die anschließende Grund- und Gewerbesteuerfestsetzung der Gemeinde ist das nicht mehr möglich (§ 351 Abs. 2 AO).

292

Nicht anwendbar sind auch – mit wenigen Ausnahmen – die Bestimmungen der AO zur Vollstreckung in den §§ 249–346 AO → S. 125 und das VwVfG (vgl. § 2 Abs. 2 Nr. 1 VwVfG LSA).

293

2. AEAO

Wie einzelne Normen der AO durch die Finanzbehörden anzuwenden sind, hat das Bundesfinanzministerium in der AEAO festgelegt.[244] Dabei handelt es sich zwar um öffentlich bekannt gemachte, aber dennoch nur um interne Verwaltungsvorschriften, die keine Gesetze sind und daher keine unmittelbare Bindungswirkung nach außen entfalten. Die Bestimmungen der AEAO verschaffen den Abgabenschuldnern deshalb auch keine subjektiven Rechte, auf die sie sich berufen könnten. Ihre jahrelange gleichmäßige Beachtung durch die Kommunen haben aber zu einer Selbstbindung geführt, sodass wegen des Gleichheitssatzes aus Art. 3 Abs. 1 GG im Einzelfall nicht ohne triftigen Grund von ihnen

294

---

[243] Dazu wird auf die einschlägige Fachliteratur verwiesen.
[244] Abrufbar unter bit.ly/AnwendungserlassAO.

abgewichen werden darf.[245] Das gilt z.B. beim Erlass von Säumniszuschlägen wegen sachlicher Unbilligkeit oder den Vorgaben zur Bekanntgabe von Verwaltungsakten.

II. Verfahrensrechtlicher Überblick

295   Auf dem Weg zur Zahlung einer Abgabe sind zunächst die Begriffe

– Entstehung,
– Festsetzung und
– Fälligkeit

zu unterscheiden.

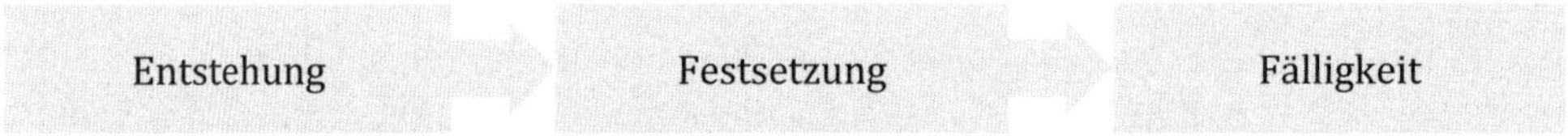

Entstehung	Festsetzung	Fälligkeit

Abb. 24 – Entstehung, Festsetzung und Fälligkeit von Abgaben

296   Die Abgabenschuld entsteht, sobald der Tatbestand verwirklicht ist, an den das Gesetz die Leistungspflicht knüpft (§ 38 AO) → S. 98. Ist die Abgabe entstanden, kann sie nach § 155 AO festgesetzt werden → S. 99. Von der Entstehung und Festsetzung ist zu unterscheiden, wann die Abgabe fällig ist, d.h. durch den Abgabenpflichtigen beglichen werden muss → S. 115.

297   Wird die fällige Abgabe nicht gezahlt, befindet sich der Abgabenschuldner im Zahlungsverzug → S. 122. Ggf. erkennt die Behörde aber auch, dass die Erhebung keinen Erfolg haben wird oder die Kosten der Erhebung außer Verhältnis zu dem zu erhebenden Betrag stehen. Sie wird dann über eine Niederschlagung entscheiden → S. 134.

298   Schließlich gibt es unterschiedliche Gründe, die dazu führen, dass die Ansprüche aus dem Abgabenverhältnis erlöschen und deshalb nicht mehr geltend gemacht werden dürfen → S. 137.

III. Entstehung

299   Die Abgabe muss entstanden sein, damit sie festgesetzt werden kann. Wann Abgaben entstehen, ist nicht einheitlich geregelt. Die jeweiligen Tatbestände (z.B. das Innehaben einer Zweitwohnung) finden sich vielmehr in

– dem einzelnen Steuergesetz, z.B. §§ 18, 21 GewStG und § 9 Abs. 2 GrStG,
– dem KAG-LSA, z.B. § 6 Abs. 6 KAG-LSA, bzw.
– der jeweiligen Abgabensatzung.

300   So entsteht beispielsweise die Gewerbesteuer erst mit Ablauf des Erhebungszeitraums, für den die Festsetzung vorgenommen wird (§ 18 GewStG), also im Regelfall für das abge-

---

[245] Vgl. für ein Finanzamt FG Nürnberg, Urt. v. 29.07.2008 – 2 K 1697/2007, openJur 2012, 93766.

laufene Kalenderjahr (§ 14 S. 2 GewStG). Die Gewerbesteuervorauszahlungen → S. 45 entstehen in der Regel mit Beginn des Kalendervierteljahrs, in dem sie zu entrichten sind (§ 21 GewStG).

IV. Festsetzung

Eine Abgabe darf nicht bereits dann bei dem Pflichtigen erhoben werden, wenn der Abgabentatbestand (z. B. durch das Halten eines Hundes im Gebiet der Gemeinde) erfüllt und damit die Steuer entstanden ist. Grundlage für die Verwirklichung des Anspruchs ist vielmehr die Festsetzung (§ 218 Abs. 1 S. 1 AO). Das wirkt sich aus, wenn die entstandene und die festgesetzte Abgabe voneinander abweichen. Bleibt die Festsetzung hinter der Entstehung zurück, indem z. B. fälschlicherweise eine Hundesteuer von 50 EUR statt 60 EUR festgesetzt wird, hat sich nur ein Abgabenanspruch von 50 EUR verwirklicht. Im umgekehrten Fall wurde eine Steuer von 60 EUR verwirklicht, obwohl sie nur in Höhe von 50 EUR entstanden ist.

301

Eine Ausnahme besteht lediglich für Säumniszuschläge, bei denen es für die Verwirklichung genügt, wenn der gesetzliche Tatbestand (§§ 218 Abs. 1 S. 1 Hs. 2, 240 AO) erfüllt ist.

302

1. Festsetzung durch Verwaltungsakt

a) Begriff und Mindestinhalt

Die Festsetzung der Abgabe erfolgt durch einen schriftlichen Verwaltungsakt in der Form eines Abgabenbescheids (§ 155 Abs. 1 AO).

303

Die Legaldefinition des Verwaltungsaktes in § 118 AO stimmt wörtlich mit § 35 VwVfG überein. Das trifft im Wesentlichen auch auf die Bestimmungen für den Mindestinhalt von Verwaltungsakten zu (§§ 119–121 AO). Es wird daher insoweit auf die verwaltungsverfahrensrechtliche Literatur und Rechtsprechung verwiesen.

304

b) Bekanntgabe

Ein Verwaltungsakt ist dem Beteiligten bekannt zu geben, für den er bestimmt ist oder der von ihm betroffen wird (§ 122 Abs. 1 S. 1 AO). Erst mit der Bekanntgabe wird der Verwaltungsakt existent und dem jeweiligen Beteiligten gegenüber wirksam (§ 124 Abs. 1 AO).

305

(1) Adressaten

Bei der Bekanntgabe ist zu unterscheiden,

306

– an wen sich der Verwaltungsakt bzw. Bescheid richtet (Inhaltsadressat),
– wem er bekannt gegeben werden soll (Bekanntgabeadressat) und
– welcher Person er tatsächlich zu übermitteln ist (Empfänger).

307 Bei einem Bescheid über die Festsetzung von Abgaben ist Inhaltsadressat der Abgabenschuldner, d.h. bei Gewerbesteuern z.B. der Unternehmer (§ 5 Abs. 1 S. 1 GewStG). Der Inhaltsadressat ist grundsätzlich mit dem Bekanntgabeadressat sowie Empfänger identisch. In der Regel ist der Bescheid deshalb an den Abgabenschuldner zu richten, ihm bekannt zu geben und zu übermitteln. Das gilt auch für juristische Personen[246], z.B. eine GmbH. Eine differenzierte Darstellung im Anschriftenfeld und Bescheidkopf ist nicht nötig:

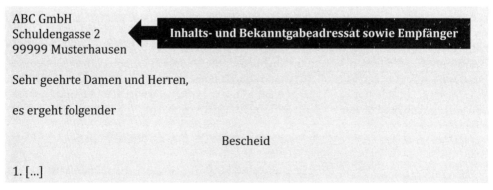

Abb. 25 – Inhalts- und Bekanntgabeadressat sowie Empfänger (1)

308 Es gibt jedoch zahlreiche Konstellationen, in denen eine Bekanntgabe an den Abgabenschuldner ausscheidet, weil er nicht fähig ist, Verfahrenshandlungen vorzunehmen. Dazu gehören vor allem nicht geschäftsfähige natürliche Personen (§ 79 Abs. 1 Nr. 1 AO). Der Abgabenschuldner bleibt zwar Inhaltsadressat, es muss jedoch eine andere Person als Bekanntgabeadressat hinzutreten. Das können z.B. die Eltern eines zwölfjährigen Kindes sein (§ 34 Abs. 1 AO i.V.m. § 1629 BGB). Fallen Inhalts- und Bekanntgabeadressat auseinander, muss dieser Umstand bei der Gestaltung des Bescheids beachtet werden, damit unzweifelhaft ist, wer in welcher Rolle angesprochen wird. Das könnte wie folgt aussehen:

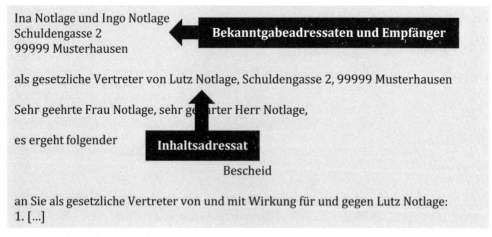

Abb. 26 – Inhalts- und Bekanntgabeadressat sowie Empfänger (2)

---

[246] BFH, Beschl. v. 07.08.1970 – VI R 24/67, bit.ly/VIR24-67.

Des Weiteren gibt es Konstellationen, in denen der Bescheid einer weiteren Person tatsächlich zu übermitteln ist. Das betrifft vor allem Fälle, in denen sich der Adressat rechtsgeschäftlich vertreten lässt (vgl. § 80 AO), z.B. durch einen Steuerberater. Auch das muss bei der Bescheidgestaltung berücksichtigt werden: 309

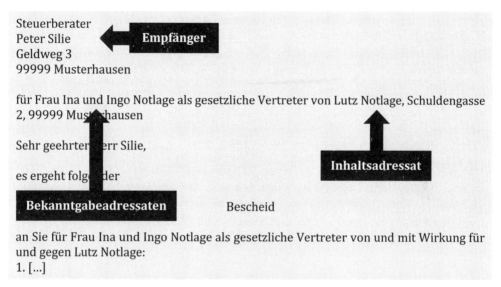

Abb. 27 – Inhalts- und Bekanntgabeadressat sowie Empfänger (3)

Weitergehende Erläuterungen finden sich im Anwendungserlass zu § 122 AO.   310

(2) Art der Bekanntgabe

Die AO spricht in § 122 lediglich davon, dass der Verwaltungsakt „bekannt zu geben" sei und regelt insoweit nicht, wie die Bekanntgabe zu erfolgen hat. Bei einem schriftlichen Verwaltungsakt („Bescheid") hat die Behörde daher grundsätzlich die Wahl, ob sie ihn förmlich oder nicht-förmlich bekannt gibt.   311

Die förmliche Zustellung richtet sich nach dem VwZG (§ 122 Abs. 5 S. 2 AO). Danach kommen für eine förmliche Zustellung verschiedene Wege in Betracht, vor allem die Zustellung durch die Post mit Zustellungsurkunde, per Einschreiben durch Übergabe oder mit Rückschein und gegen Empfangsbekenntnis (§§ 3 bis 5 VwZG). Eine förmliche Zustellung ist z.B. für Pfändungs- und Einziehungsverfügungen vorgeschrieben (§§ 309 Abs. 2 S. 2, 314 Abs. 1 S. 2 AO) und wird darüber hinaus genutzt, um einen Nachweis über die Bekanntgabe und ihren Zeitpunkt zu erhalten.   312

Wird der Bescheid auf eine Art und Weise bekannt gemacht, die nicht im VwZG geregelt ist, handelt es sich um eine nicht-förmliche Bekanntgabe. Dazu gehört vor allem die einfache Briefsendung.   313

(3) Zugang und Frist bei einfacher Post

314 Wird ein Bescheid oder ein anderes Schriftstück förmlich zugestellt, kann die Behörde z. B. mit der Zustellungsurkunde, dem Rückschein des Einschreibens oder dem Empfangsbekenntnis nachweisen, dass und wann die Bekanntgabe erfolgt ist. Bei einer nicht-förmlichen Bekanntgabe, die in der Regel durch einen einfachen Brief erfolgt, fehlt eine entsprechende Möglichkeit. Trotzdem ist es auch in diesen Fällen häufig erforderlich, dass die Behörde von einem Zugang an einem bestimmten Tag ausgehen kann, um insbesondere Rechtsbehelfsfristen sicher berechnen zu können. Deshalb bestimmt § 122 Abs. 2 Hs. 1 Nr. 1 AO: „Ein schriftlicher Verwaltungsakt, der durch die Post übermittelt wird, gilt als bekannt gegeben bei einer Übermittlung im Inland am dritten Tage nach der Aufgabe zur Post [...]."

315 Die Bestimmung hat drei Tatbestandsmerkmale:

– „schriftlicher Verwaltungsakt": Er ist in dem Bescheid enthalten.
– „durch die Post": Der Begriff beschränkt sich nicht auf die Deutsche Post AG, sondern umfasst alle Unternehmen, soweit sie Postdienstleistungen i.S.d. § 4 PostG erbringen (Nr. 1.8.2 AEAO zu § 122).[247] Exakter wäre daher „Postdienstleister".
– „übermittelt": Damit ist jede Art der postalischen Übermittlung gemeint, die nicht in einer förmlichen Zustellung besteht.

316 Liegen diese Voraussetzungen vor, tritt die Rechtsfolge ein, d.h., der Bescheid gilt am dritten Tage nach der Aufgabe beim Postdienstleister als bekannt gegeben, sog. „Drei-Tages-Fiktion"[248]. Der Tag, an dem der Bescheid aufgegeben wird, ist nicht mitzuzählen (§ 108 Abs. 1 AO i.V.m. § 187 Abs. 1 BGB). Fällt der letzte, also dritte Tag der Frist auf einen Sonntag, einen gesetzlichen Feiertag oder einen Sonnabend, endet die Frist mit dem Ablauf des nächsten Werktags (§ 108 Abs. 3 AO).[249] Die in Sachsen-Anhalt staatlich anerkannten Feiertage sind in § 2 FeiertG LSA geregelt.

317 **Sachverhalt 30:** Ein Abgabenbescheid wird am 12.02.2020 als Einwurfeinschreiben mit der „Nutria-Post" der Elbsteiner Verlag GmbH nach Dessau-Roßlau versandt. Der „Nutria-Post" wurde die Lizenz erteilt, Briefsendungen, deren Einzelgewicht nicht mehr als 1.000 Gramm beträgt, gewerbsmäßig für andere zu befördern (§ 5 Abs. 1 PostG).

Aufgabe: Prüfen und erläutern Sie anhand der einschlägigen Rechtsnormen, an welchem Tag der Bescheid als bekannt gegeben gilt.

---

[247] BFH, Urt. v. 14.06.2018 – III R 27/17, bit.ly/IIIR27-17.
[248] BFH, Beschl. v. 26.01.2010 – X B 147/09, openJur 2011, 87972.
[249] BFH, Beschluss v. 17.09.2002 – IX R 68/98, bit.ly/IXR68-98, Urt. v. 14.10.2003 – IX R 68/98, bit.ly/IXR68-98_2; anders bei §§ 41 Abs. 2 VwVfG, 31 Abs. 3 S. 1 VwVfG (vgl. z.B. OVG Lüneburg, Beschl. v. 26.10.2006 – 7 PA 184/06, openJur 2012, 44939) und §§ 37 Abs. 2 S. 1, 26 Abs. 1 SGB X (vgl. z.B. BSG, Urt. v. 06.05.2010 – B 14 AS 12/09 R, bit.ly/B14AS12-09R).

> **Lösung:** Der Bescheid ist ein schriftlicher Verwaltungsakt. Die „Nutria-Post" erbringt Postdienstleistungen i. S. d. § 4 PostG und ist deshalb Post i. S. d. des § 122 Abs. 2 Hs. 1 Nr. 1 AO. Bei einem Einwurfeinschreiben handelt es sich nicht um eine Form der förmlichen Zustellung nach dem VwZG (vgl. insbesondere § 4 VwZG). Der Bekanntgabezeitpunkt im Inland richtet sich daher nach § 122 Abs. 2 Nr. 1 AO. Der 12.02.2020 zählt als Tag der Aufgabe zur Post nicht zur Frist (§ 108 Abs. 1 AO i. V. m. § 187 Abs. 1 BGB). Die Frist beginnt deshalb am 13.02.2020. Der dritte Tag fällt auf den 15.02.2020, einen Sonnabend. Das Fristende verschiebt sich somit auf den nächsten Werktag (§ 108 Abs. 3 AO), sodass der Bescheid am 17.02.2020 als bekannt gegeben gilt.

In der Praxis kommt es regelmäßig vor, dass der Adressat bestreitet, den Bescheid innerhalb des Drei-Tages-Zeitraums oder überhaupt erhalten zu haben. Für die Behörde stellt sich dann die Frage, ob sie sich trotzdem auf § 122 Abs. 2 Hs. 1 Nr. 1 AO berufen kann. In § 122 Abs. 2 Hs. 2 AO heißt es, dass „im Zweifel" die Behörde nachzuweisen hat, dass und wann der Bescheid zugegangen ist. Wann derartige Zweifel vorliegen, die zu einer Beweislast der Behörde führen, richtet sich danach, ob der Empfänger nur den Zeitpunkt des Zugangs oder den Zugang selbst bestreitet. — 318

Steht der Zugang fest und ist lediglich der Zeitpunkt streitig, beschränkt § 122 Abs. 2 Hs. 1 Nr. 1 AO die Nachweispflicht der Behörde auf die Fälle, in denen der Adressat den Zugang „substantiiert bestreitet", d. h. Tatsachen vorträgt, nach denen die Behauptung eines verspäteten Zugangs schlüssig erscheint.[250] So könnte der Adressat beispielsweise darlegen, dass er einen Nachsendeauftrag erteilt habe und es dadurch zu einer verlängerten Postlaufzeit gekommen sei.[251] Dagegen würde es nicht genügen, wenn der Adressat nur erklärt, den Bescheid später erhalten zu haben, ohne weitere Ausführungen zu den Gründen zu machen (sog. „einfaches Bestreiten"). Dann lägen noch keine Zweifel i. S. d. § 122 Abs. 2 Hs. 2 AO vor, d. h., die Behörde könnte sich nach wie vor darauf berufen, dass der Bescheid am dritten Tag nach der Aufgabe zur Post zugegangen sei. — 319

Anders verhält es sich, wenn der Adressat bestreitet, den Bescheid überhaupt erhalten zu haben. In diesem Fall hat die Behörde den Zugang auch dann nachzuweisen, wenn der Adressat sich auf ein „einfaches Bestreiten" beschränkt, d. h., keine Gründe für den ausgebliebenen Zugang vorträgt. Diesen Nachweis kann die Behörde allerdings nicht dadurch erbringen, dass sie sich auf einen typischen Geschehensablauf beruft, indem sie schlicht vorträgt, der Bescheid sei nicht zurückgekommen und deshalb müsse von einem Zugang ausgegangen werden.[252] Die Behörde könnte aber darlegen und beweisen, dass der Bescheid an eine Adresse gesandt worden sei, unter welcher der Adressat bereits längere Zeit wohne und unter der er in jüngerer Zeit nachweislich mehrere Schreiben erhalten habe.[253] — 320

---

[250] BFH, Beschl. v. 30.06.2000 – VI B 39/00, bit.ly/VIB39-00.
[251] BFH, Urt. v. 04.03.1977 – VI R 242/74, bit.ly/VIR242-74.
[252] BFH, Urt. v. 18.11.2003 – VII R 5/02, bit.ly/VIIR5-02.
[253] BGH, Beschl. v. 27.04.2017 – I ZB 91/16, openJur 2018, 3253.

321

Sachverhalt 31:[254] Ein Abgabenbescheid wird am 17.02.2020 als einfache Postsendung mit der „Nutria-Post" der Elbsteiner Verlag GmbH nach Kiel versandt. Der „Nutria-Post" wurde die Lizenz erteilt, Briefsendungen, deren Einzelgewicht nicht mehr als 1.000 g beträgt, gewerbsmäßig für andere zu befördern (§ 5 Abs. 1 PostG). Im Laufe des Verfahrens schreibt der Adressat an die Behörde, dass er den Bescheid nicht am 20.02.2020, sondern erst am 22.02.2020 erhalten habe. Zur Begründung führt er an, dass die „Nutria-Post" in Schleswig-Holstein nicht tätig sei, d.h., ein anderes Unternehmen eingeschaltet worden sein müsse und es deshalb zu einer längere Postlaufzeit gekommen sei.

Aufgabe: Prüfen und begründen Sie anhand der einschlägigen Rechtsnormen, ob die Behörde von einer Bekanntgabe des Bescheides am 20.02.2020 ausgehen kann.

Lösung: Der Bescheid ist ein schriftlicher Verwaltungsakt. Die „Nutria-Post" der Elbsteiner Verlag GmbH erbringt Postdienstleistungen i.S.d. § 4 PostG und ist deshalb Post i.S.d. des § 122 Abs. 2 Hs. 1 Nr. 1 AO. Bei einer einfachen Postsendung handelt es sich um eine Übermittlung durch die Post. Der Bekanntgabezeitpunkt im Inland richtet sich daher nach § 122 Abs. 2 Nr. 1 AO. Der 17.02.2020 zählt als Tag der Aufgabe zur Post nicht zur Frist (§ 108 Abs. 1 AO i.V.m. § 187 Abs. 1 BGB). Die Frist beginnt deshalb am 18.02.2020. Die Bekanntgabe gilt somit grundsätzlich am 20.02.2020, dem dritten Tag der Frist, als erfolgt. Fraglich ist, ob durch den Vortrag des Adressaten Zweifel daran begründet werden, dass ihm der Bescheid tatsächlich spätestens am 20.02.2020 zuging. Unklar bleibt, ob und wie zwischen der „Nutria-Post" und dem vor Ort tätigen Subunternehmen sichergestellt ist, dass eine Postsendung, die dem Subunternehmen zur Weiterbeförderung übergeben wird, ebenso zügig zum Empfänger gelangt wie bei der Einschaltung nur eines Postdienstleisters. Damit ist zweifelhaft, ob der Bescheid dem Empfänger tatsächlich innerhalb von drei Tagen nach der Aufgabe bei der „Nutria-Post" zugegangen ist. Die Behörde kann sich somit nicht auf die Drei-Tages-Frist berufen, sondern muss den Tag des Zugangs nachweisen.

322

Anders als das Wort „gilt" zunächst nahelegt, handelt es sich bei § 122 Abs. 2 AO somit nicht um eine unwiderlegbare Fiktion, sondern eine widerlegbare Vermutung. Genauer ist es daher, auch in Prüfungsarbeiten von einer „Drei-Tages-Vermutung"[255] und nicht von einer „Drei-Tages-Fiktion" zu sprechen.

323

Sachverhalt 32:[256] Ein Abgabenbescheid wird am 28.12.2020 als einfache Postsendung mit der Deutschen Post AG innerhalb von Sachsen-Anhalt versandt.

Aufgabe: Prüfen und erläutern Sie anhand der einschlägigen Rechtsnormen, an welchem Tag der Bescheid als bekannt gegeben gilt.

Lösung: Der Bescheid ist ein schriftlicher Verwaltungsakt. Die Deutsche Post AG erbringt Postdienstleistungen i.S.d. § 4 PostG und ist deshalb Post i.S.d. § 122 Abs. 2 Hs. 1 Nr. 1 AO.

---

[254] In Anlehnung an BFH, Urt. v. 14.06.2018 – III R 27/17, bit.ly/IIIR27-17.
[255] FG Stuttgart, Urt. v. 12.05.2010 – 7 K 2868/07, openJur 2012, 63114.
[256] In Anlehnung an BFH, Beschl. v. 20.03.2018 – III B 135/17, bit.ly/IIIB135-17.

Bei einer einfachen Postsendung handelt es sich um eine Übermittlung durch die Post. Der Bekanntgabezeitpunkt im Inland richtet sich daher nach § 122 Abs. 2 Nr. 1 AO. Der 28.12.2020 zählt als Tag der Aufgabe zur Post nicht zur Frist (§ 108 Abs. 1 AO i.V.m. § 187 Abs. 1 BGB). Die Frist beginnt deshalb am 29.12.2020. Der dritte Tag fällt auf den 31.12.2020, Silvester. Würde es sich bei diesem Tag um einen Feiertag handeln, würde die Frist erst mit dem nächsten Werktag enden (§ 108 Abs. 3 AO). Zwar ist der 31.12. in Verwaltungsbehörden grundsätzlich ein Schließtag, allerdings handelt es sich nicht um einen Feiertag (§ 2 FeiertG LSA). Auf Tage, die arbeitsfrei sind, ohne Feiertag zu sein, kann § 108 Abs. 3 AO nicht entsprechend angewendet werden. Andernfalls würde sich eine erhebliche Rechtsunsicherheit ergeben. Mit Ablauf des 31.12.2020 endet folglich die Drei-Tages-Frist des § 122 Abs. 2 Hs. 1 Nr. 1 AO und der Bescheid gilt als bekannt gegeben.

2. Festsetzung durch öffentliche Bekanntmachung

Hat der Abgabenschuldner in der Vergangenheit bereits einen Kommunalabgabenbescheid erhalten und bleiben die Berechnungsgrundlagen sowie der Betrag für einen zukünftigen Zeitabschnitt unverändert, können die Kommunalabgaben für diesen zukünftigen Zeitabschnitt durch eine öffentliche Bekanntmachung festgesetzt werden (§ 12 Abs. 1 S. 1 KAG-LSA). Eine inhaltlich identische Regelung trifft § 27 Abs. 3 S. 1 GrStG für die Grundsteuer. Das GewStG enthält dazu zwar keine Aussage, aber § 12 Abs. 1 S. 1 KAG-LSA ist über § 1 Abs. 2 KAG-LSA auf die Festsetzung der Gewerbesteuervorauszahlungen anwendbar. 324

Dem Abgabenschuldner wird in den vorgenannten Fällen kein weiterer Abgabenbescheid erteilt. Er wird vielmehr durch die öffentliche Bekanntmachung ersetzt. Da die Festsetzung durch öffentliche Bekanntmachung nur bereits informierte Abgabenpflichtige betrifft (vgl. § 12 Abs. 2 KAG-LSA), ist ein effektiver Rechtsschutz i.S.d. Art. 19 Abs. 4 GG gewährleistet.[257] 325

In der Praxis ist es mit Blick auf den Grundsatz des sparsamen und wirtschaftlichen Verwaltungshandels (§ 98 Abs. 2 S. 1 KVG LSA) geboten, von dieser Vereinfachungsregelung Gebrauch zu machen, weil dadurch ein erheblicher Verwaltungsaufwand vermieden wird.[258] 326

Am Tage der öffentlichen Bekanntmachung treten die gleichen Rechtswirkungen ein, als wenn den Abgabenschuldnern an diesem Tage ein schriftlicher Abgabenbescheid zugegangen wäre (§ 12 Abs. 1 S. 2 KAG-LSA, § 27 Abs. 3 S. 2 GrStG). Für den Beginn der Rechtsbehelfsfrist ist daher der Tag nach der ortsüblichen Bekanntmachung maßgeblich. Der Verweis auf § 122 Abs. 4 AO in § 13 Abs. 1 Nr. 3 lit. b KAG-LSA sowie in § 1 Abs. 2 Nr. 3 AO führt zu keinem anderen Ergebnis:[259] Zwar regelt § 122 Abs. 4 S. 3 AO, dass ein öffentlich bekannt gegebener Verwaltungsakt erst zwei Wochen nach dem Tag der ortsüblichen Bekannt- 327

---

[257] BVerwG, Urt. v. 21.11.1986 – 8 C 127.84, bit.ly/8C127-84.

[258] Kirchmer in Kirchmer et al., § 12.

[259] BVerwG, Urt. v. 21.11.1986 – 8 C 127.84, bit.ly/8C127-84, zur fehlenden Möglichkeit der Einsichtnahme in den Verwaltungsakt nach § 122 Abs. 4 S. 2 AO bei der Anwendung des § 27 Abs. 3 S. 1 GrStG; Frotscher in Schwarz et al., § 122 Rn. 139, wonach § 27 Abs. 3 GrStG eine Sonderregelung darstellt und damit eine Anwendung von § 122 Abs. 4 AO ausgeschlossen ist.

machung als bekannt gegeben gilt. Bei § 12 Abs. 1 KAG-LSA und § 27 Abs. 3 S. 1 GrStG wird jedoch kein Verwaltungsakt bekannt gemacht, der seinerseits die Abgaben festsetzt, sondern die Festsetzung erfolgt unmittelbar durch die öffentliche Bekanntmachung selbst.

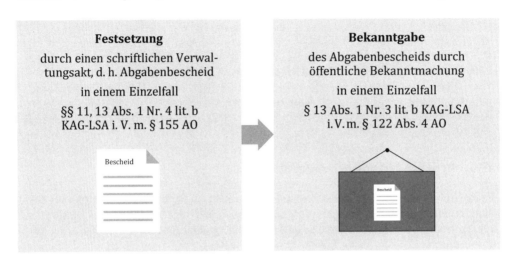

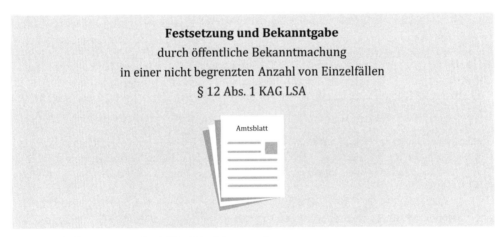

Abb. 28 – Abgabenfestsetzung durch öffentliche Bekanntmachung

328 Die Festsetzung durch öffentliche Bekanntmachung ist nicht zulässig, wenn die Abgabenpflicht neu begründet wird, der Abgabenschuldner wechselt oder sich die Abrechnungsgrundlagen ändern (§ 12 Abs. 2 KAG-LSA).

329 **Sachverhalt 33:** Ingo Notlage hält seit Jahren mehrere Hunde. Für das Jahr 2021 hat er erstmals keinen Hundesteuerbescheid erhalten. Im Amtsblatt der Stadt Dessau-Roßlau vom 14.12.2020 findet er jedoch nachfolgenden Hinweis:

Amtsblatt der Stadt Dessau-Roßlau

– Auszug –

Der Stadtrat der Stadt Dessau-Roßlau hat in seiner Sitzung am 15.02.2016 eine Änderung der Hundesteuersatzung beschlossen. Für alle Abgabenschuldner, bei denen seit der letzten Bescheiderteilung keine Änderungen eingetreten sind, wird durch diese öffentliche Bekanntmachung gemäß § 12 Abs. 1 KAG-LSA die Hundesteuer für das Kalenderjahr 2021 in der zuletzt veranlagten Höhe festgesetzt. Mit dem Tage dieser Steuerfestsetzung treten für die betroffenen Hundesteuerpflichtigen die gleichen Rechtswirkungen ein, wie wenn ihnen an diesem Tage ein schriftlicher Steuerbescheid zugegangen wäre. Sind gegenüber der letzten schriftlichen Hundesteuerfestsetzung Änderungen eingetreten, ergeht hingegen ein schriftlicher Steuerbescheid.

Ingo Notlage ist mit diesem Verfahren nicht einverstanden. Sein Widerspruch geht am 28.01.2021 bei der Stadt Dessau-Roßlau ein.

Aufgabe: Prüfen und begründen Sie anhand der einschlägigen Rechtsnormen, ob der Widerspruch von Ingo Notlage fristgerecht erfolgt ist. Gehen Sie von einer ordnungsmäßigen Rechtsbehelfsbelehrung aus.

Lösung: Der Widerspruch ist innerhalb eines Monats, nachdem der Verwaltungsakt dem Beschwerten bekannt gegeben worden ist, schriftlich oder zur Niederschrift bei der Behörde zu erheben, die den Verwaltungsakt erlassen hat (§ 70 Abs. 1 VwGO). Die Hundesteuer für Steuerschuldner, bei denen die Abgabenberechnungsgrundlage und der -betrag für einen künftigen Zeitabschnitt unverändert bleiben, kann durch öffentliche Bekanntmachung festgesetzt werden (§ 12 Abs. 1 S. 1 KAG-LSA). Für diese Steuerpflichtigen treten mit dem Tag der öffentlichen Bekanntmachung die gleichen Rechtswirkungen ein, als wenn ihnen an diesem Tag ein schriftlicher Steuerbescheid zugegangen wäre (§ 12 Abs. 1 S. 2 KAG-LSA). Die Hundesteuersatzung wurde letztmalig Anfang 2016 novelliert, sodass die Erhebungsgrundlagen der Hundesteuer für 2021 seither unverändert sind. Dem Sachverhalt sind auch keine Anhaltspunkte dafür zu entnehmen, dass sich im Einzelfall ein anderer Abgabenbetrag ergibt. Daher ist eine Festsetzung der Hundesteuer 2021 durch öffentliche Bekanntmachung zulässig. Die öffentliche Bekanntmachung erfolgte am Montag, den 14.12.2020, im Amtsblatt der Stadt Dessau-Roßlau. Die Widerspruchsfrist beginnt am Dienstag, den 15.12.2020, und endet am Donnerstag, den 14.01.2021. Der Widerspruch vom 28.01.2021 wurde damit nicht fristgerecht eingelegt.

3. Besonderheiten bei Gesamtschuldnern

Das materielle Steuerrecht sieht in zahlreichen Fällen vor, dass mehrere Personen eines Abgabensachverhalts als Gesamtschuldner haften. Das ist beispielsweise der Fall, wenn

330

– ein Grundstück mehrere Eigentümer, z.B. Ehegatten, hat (§ 10 Abs. 2 GrStG),
– mehrere Personen gemeinschaftlich Inhaber einer Zweitwohnung in Magdeburg sind (§ 2 Abs. 3 Zweitwohnungssteuersatzung der Stadt Magdeburg) oder
– mehrere Personen gemeinsam einen oder mehrere Hunde in Burg halten (§ 1 Abs. 2 S. 4 Hundesteuersatzung der Stadt Burg).

Bei Gesamtschuldnern hat jeder Pflichtige die gesamte Abgabe zu zahlen (§ 44 Abs. 1 S. 2 AO). Die Kommune darf die Abgabe aber insgesamt nur einmal verlangen (vgl. § 421 BGB),

331

d.h., erfüllt ein Gesamtschuldner die offene Forderung, wirkt das auch für die übrigen Schuldner (§ 44 Abs. 2 S. 1 AO).

332 Gegen Gesamtschuldner kann ein zusammengefasster Abgabenbescheid ergehen (§ 155 Abs. 3 S. 1 AO).

4. Besonderheit bei Realsteuern

333 Aufgrund der zweistufigen Zuständigkeit für die Verwaltung von Realsteuern müssen die Finanzämter und Gemeinden bei der Festsetzung zusammenwirken. Die Festsetzungen des Finanzamtes erfolgen durch einen Steuermessbescheid (§ 184 Abs. 1 S. 1 AO). Mit diesem Bescheid wird das Fundament für das weitere Festsetzungsverfahren der Gemeinde gelegt, sodass der Steuermessbescheid als Grundlagenbescheid bezeichnet wird (vgl. § 171 Abs. 10 S. 1 AO). Er ist gegenüber dem Steuerpflichtigen bekannt zu geben und den Gemeinden mitzuteilen (§§ 31 Abs. 1 S. 1, 184 Abs. 3 AO). Bei der Grundsteuer erlässt das Finanzamt außerdem einen Feststellungsbescheid für den Grundsteuerwert (§ 219 Abs. 1 BewG i.V.m. §§ 179, 180 Abs. 1 S. 1 AO).

334 Die jeweilige Gemeinde ist an die Festsetzungen des Finanzamtes im Steuermessbescheid gebunden (§§ 182 Abs. 1 S. 1, 184 Abs. 1 S. 4 AO). Auf dessen Basis erlässt sie einen Steuerbescheid (§§ 155 Abs. 1 S. 1, 175 Abs. 1 S. 1 Nr. 1 AO) und setzt damit die Grund- oder Gewerbesteuer gegenüber dem Steuerpflichtigen fest. Der Grund- bzw. Gewerbesteuerbescheid stellt somit ein Folgebescheid zum Steuermess-/Grundlagenbescheid des Finanzamtes dar.

335 Wird der Steuermessbescheid durch das Finanzamt aufgehoben oder geändert, ist die Gemeinde verpflichtet, die Festsetzung der Grund- oder Gewerbesteuer zu korrigieren (§ 175 Abs. 1 S. 1 Nr. 1 AO).

336 Zusammenfassend stellt sich das oben dargestellte Zusammenspiel zwischen Finanzamt und Gemeinde wie folgt dar:

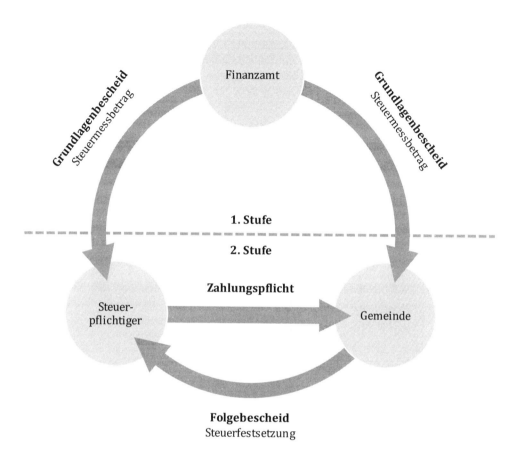

Abb. 29 – Zusammenspiel zwischen Finanzamt und Gemeinde bei Realsteuern

5. Besonderheiten bei Kommunalabgaben

a) Abgabenbescheide

Auch kommunale Abgaben werden grundsätzlich durch einen Abgabenbescheid, d. h. einen schriftlichen Verwaltungsakt, festgesetzt (§§ 118 ff., 155 AO) → S. 99. Werden mehrere Kommunalabgaben von demselben Abgabenschuldner geschuldet, z. B. Straßenreinigungs- und Abfallbeseitigungsgebühren, können diese zusammengefasst und in einem Bescheid festgesetzt werden (§ 11 Abs. 1 KAG-LSA). **337**

In Abgabenbescheide, die für einen bestimmten Zeitabschnitt – z. B. Monat oder Kalenderjahr – ergehen, kann bestimmt werden, dass diese Bescheide auch für die folgenden Zeitabschnitte gelten (§ 11 Abs. 2 S. 1 KAG-LSA). Voraussetzung ist dafür, dass sich die Berechnungsgrundlagen und der Abgabenbetrag nicht ändern. Von Amts wegen ist der Bescheid aufzuheben oder zu berichtigen, wenn die Abgabenpflicht entfällt oder sich die Höhe der Abgaben ändert (§ 11 Abs. 2 S. 2 KAG-LSA). **338**

b) Vereinfachungsregelungen

339 Bei Beträgen bis zu 5 EUR kann die Kommune davon absehen, kommunale Abgaben fest-zusetzen, zu erheben, nachzufordern oder zu erstatten (§ 14 Abs. 1 KAG-LSA). Durch diese Bagatellgrenze soll Verwaltungsaufwand vermieden werden. Da bereits die Kosten des Festsetzungsverfahrens in der Regel die Höhe einer entsprechenden Abgabe übersteigen, wird in der Praxis vielfach von dieser Vereinfachungsregelung Gebrauch gemacht. Zu be-achten ist dabei, dass sie wegen Art. 3 GG für alle Abgabenpflichtigen gleichmäßig ange-wendet wird.[260] Ein gleichartiger und damit gleich zu behandelnder Einzelfall liegt aller-dings nicht vor, wenn er eine grundsätzliche Frage beinhaltet. Eine Festsetzung ist dann ohne Verstoß gegen Art. 3 GG zulässig, obwohl die Bagatellgrenze nicht überschritten wird.[261]

340 Daneben kann die Festsetzung bzw. die Änderung einer Abgabe oder Nebenleistung unter-bleiben, wenn zu erwarten ist, dass die Erhebung keinen Erfolg haben wird oder die Kosten der Festsetzung und der Erhebung außer Verhältnis zur Höhe der Abgabe stehen werden (§ 156 Abs. 2 AO). Im Gegensatz zur Bagatellgrenze des § 14 Abs. 1 KAG-LSA handelt es sich dabei um eine Einzelfallentscheidung unabhängig von der Forderungshöhe.[262] Die da-für vorzunehmende Prognose ist im Regelfall schwierig. Daher wird diese Vereinfachungs-regelung in der kommunalen Praxis vielfach nicht genutzt.

341 Aus Gründen der Verwaltungsvereinfachung können Centbeträge bei der Festsetzung zum Vorteil des Abgabenpflichtigen auf volle EUR abgerundet und bei Erstattungen auf volle EUR aufgerundet werden (§ 14 Abs. 2 KAG-LSA). Außerdem können ratenweise erhobene Abgaben im Sinne des Abgabenpflichtigen so abgerundet werden, dass gleich hohe Raten entstehen (§ 14 Abs. 3 KAG-LSA). Praktische Bedeutung erlangt diese Regelung insbeson-dere, wenn Abgabenpflichtige Dauerüberweisungsaufträge einrichten.

342

> **Sachverhalt 34:** In der Abfallgebührensatzung der Stadt Dessau-Roßlau ist vorgesehen, dass die Gebührenpflichtigen Vorauszahlungen entrichten. Nach Abschluss des Abrech-nungszeitraums werden die Vorauszahlungen mit den sich aus der tatsächlichen Abfall-menge ergebenden Benutzungsgebühren verglichen. Führt die tatsächliche Inanspruch-nahme zu einer höheren Abgabenpflicht werden auch geringe Beträge von den Gebüh-renpflichtigen mittels Abrechnungsbescheid nachgefordert. Diese betragen in der Regel zwischen 0,50 EUR und 10 EUR. Der Leiter der zuständigen Abteilung möchte auf eine Erhebung verzichten. Der Beigeordnete für Finanzen hat hingegen Bedenken.
>
> **Aufgabe:** Erläutern Sie anhand der einschlägigen Rechtsnorm, was für und gegen eine Gebührennachforderung in der genannten Höhe spricht.

---

[260] Kirchmer in Kirchmer et al., § 14
[261] Kirchmer in Kirchmer et al., § 14, mit Hinweis auf Landtag von Sachsen-Anhalt, Drs. 1/304, S. 54.
[262] Eingehend: Seer in Tipke et al., § 156 Rn. 21–27.

Lösung: Bei Beträgen bis zu 5 EUR kann die Stadt Dessau-Roßlau aus Vereinfachungs-gründen von einer Festsetzung absehen (§ 14 Abs. 1 KAG-LSA). Dabei handelt es sich um eine Ermessenentscheidung. Der für die Festsetzung erforderliche Verwaltungsaufwand wie Personalkosten, Porto usw. wird vielfach die Höhe der entsprechenden Nachforde-rung übersteigen. Das spricht dafür, von ihr abzusehen. Für eine Gebührennachforde-rung ließe sich hingegen u. a. die Gleichbehandlung aller Gebührenpflichtigen unabhängig von der Höhe der Nachforderung anführen.

6. Festsetzungsfrist und Festsetzungsverjährung

Um Abgaben gegenüber dem Abgabenpflichtigen zu verwirklichen, müssen sie festgesetzt werden (§ 218 Abs. 1 S. 1, Hs. 1 AO). Dafür steht den Kommunen nur ein begrenzter Zeit-raum zur Verfügung – die Festsetzungsfrist (§§ 169–171 AO). Gleiches gilt, wenn eine be-reits festgesetzte Abgabe aufgehoben oder geändert werden soll. Ist die Festsetzungsfrist abgelaufen, tritt die Festsetzungsverjährung ein und

343

– ein nicht festgesetzter Anspruch erlischt, sodass er gegenüber dem Abgabenpflichtigen nicht mehr festgesetzt werden darf (§ 47 AO), und
– ein bereits festgesetzter Anspruch darf weder aufgehoben noch geändert werden (§ 169 Abs. 1 S. 1 AO).

Der Abgabenpflichtige erlangt mit dem Ablauf der Festsetzungsfrist Rechtssicherheit, dass die Kommune keine Abgaben für die betroffenen Zeiträume mehr festsetzen kann.[263] Ohne eine solche Frist wäre eine zeitlich unbegrenzte rückwirkende Festsetzung möglich.

344

Für die Verwirklichung von Säumniszuschlägen bedarf es keiner Festsetzung, sondern es ist ausreichend, dass sie entstanden sind (§ 218 Abs. 1 S. 1, Hs. 2 AO). Die Festsetzungsver-jährungsfrist muss folglich insoweit nicht beachtet werden.[264] Die Zahlungsverjährung kann hingegen eintreten → S. 137.

345

a) Beginn, Dauer und Ende

Die Festsetzungsfrist beträgt vier Jahre (§ 169 Abs. 2 S. 1 Nr. 2 AO). Für Verbrauchsteuern, z. B. die Tabaksteuer, regelt die AO eine kürze Festsetzungsfrist von nur einem Jahr (§ 169 Abs. 2 S. 1 Nr. 1 AO), die allerdings für die örtlichen Verbrauchsteuern, z. B. die Getränke-steuer, nicht angewandt wird (vgl. § 13 Abs. 1 Nr. 4 lit. b KAG-LSA).

346

Wurde eine Abgabe hinterzogen (vgl. § 370 AO für die Realsteuern und § 15 KAG-LSA für die Kommunalabgaben), beträgt die Festsetzungsfrist zehn Jahre (§ 169 Abs. 2 S. 2 AO). Das ist z. B. denkbar, wenn ein Gewerbesteuerpflichtiger in seiner Gewerbesteuererklä-rung vorsätzlich unvollständige oder unrichtige Angaben macht. Bei einer leichtfertigten Abgabenverkürzung (vgl. § 378 AO für die Realsteuern und § 16 KAG-LSA für die Kommu-nalabgaben) beläuft sich die Frist auf fünf Jahre (§ 169 Abs. 2 S. 2 AO). Das kommt z. B. in

347

---

[263] Vgl. BVerfG, Beschl. v. 21.07.2016 – 1 BvR 3092/15, bit.ly/1BvR3092-15.
[264] BVerwG, Beschl. v. 10.04.1986 – 8 B 5.86, bit.ly/8B5-86.

Betracht, wenn der Gewerbesteuerpflichtige „nur" leichtfertig unvollständige oder unrichtige Angaben in seiner Gewerbesteuererklärung macht.

348 Die Festsetzungsfrist beginnt mit dem Ablauf des Kalenderjahres, in dem die Abgabe entstanden ist (§ 170 Abs. 1 AO) → S. 98, d.h., der 01.01. des Folgejahres ist der 1. Tag der grundsätzlich vierjährigen Festsetzungsfrist. Mit dem Ablauf des 31.12. des vierten Jahres endet die regelmäßige Festsetzungsverjährung, d.h., am 01.01. des in der Regel fünften Jahres darf die Abgabe nicht mehr festgesetzt bzw. eine festgesetzte Abgabe nicht mehr geändert oder aufgehoben werden. Ist der letzte Tag der Frist allerdings ein Sonnabend, Sonntag oder gesetzlicher Feiertag, endet die Festsetzungsfrist erst mit dem nächsten Werktag (§ 108 Abs. 3 AO).[265] Mit der Festsetzung endet der Lauf der Festsetzungsfrist.

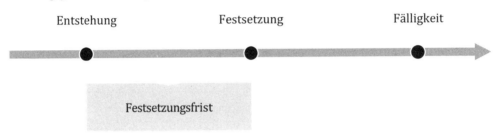

Abb. 30 – Festsetzungsfrist

b) Anlaufhemmung

349 Der Beginn der Festsetzungsfrist wird u.a. hinausgeschoben, wenn eine Steuererklärung einzureichen ist, sog. Anlaufhemmung (§ 170 Abs. 2 S. 1 Nr. 1 AO). Das ist insbesondere für die Gewerbesteuer relevant → S. 39. Die Festsetzungsfrist beginnt in diesem Fall erst mit Ablauf des Kalenderjahres, in dem die Steuererklärung eingereicht wird (§ 170 Abs. 2 S. 1 Nr. 1 AO). Ohne diese Regelung könnte der Gewerbesteuerpflichtige die Bearbeitungsfrist des Finanzamtes für den Gewerbesteuermessbetrag verkürzen, in dem er die erforderliche Steuererklärung erst kurz vor dem Ablauf der Festsetzungsfrist abgibt.[266]

350 Trotz Anlaufhemmung beginnt die Festsetzungsfrist spätestens mit Ablauf des dritten Kalenderjahres, das auf das Kalenderjahr folgt, in dem die Steuer entstanden ist (§ 170 Abs. 2 S. 1 Nr. 1 AO).

351 **Sachverhalt 35:**[267] Ingo Notlage betreibt in Dessau-Roßlau eine Kinderspielewelt. Die Festsetzung der Gewerbesteuer für das Jahr 2015 steht noch aus, weil Notlage die Steuererklärung erst Ende 2020 beim Finanzamt eingereicht hat.

Aufgabe: Prüfen und begründen Sie anhand der einschlägigen Rechtsnormen, ob das Finanzamt den Gewerbesteuermessbetrag für das Jahr 2015 noch Anfang 2021 festsetzen darf. Wie wäre der Fall zu entscheiden, wenn die Steuererklärung aufgrund von Personalengpässen beim Finanzamt erst im Jahr 2024 bearbeitet wird?

---

[265] BFH, Urt. v. 20.01.2016 – VI R 14/15, bit.ly/VIR14-15.
[266] Vgl. Käsbohrer et al., S. 76.
[267] In Anlehnung an Rheindorf, DVP 2017, 203–205.

Lösung: Die Festsetzung des Gewerbesteuermessbetrages für das Jahr 2015 ist Anfang 2021 noch möglich, wenn der Gewerbesteueranspruch durch den Eintritt der Festsetzungsverjährung noch nicht erloschen ist (§§ 1 Abs. 1, 49, 169–171 AO). Die Festsetzungsfrist beginnt mit Ablauf des Kalenderjahres, in dem der Gewerbesteueranspruch entstanden ist (§ 170 Abs. 1 AO). Der Gewerbesteueranspruch entsteht mit Ablauf des 31.12.2015 (§§ 1 Abs. 1, 38 AO i.V.m. §§ 14 S. 2, 18 GewSt). Die Festsetzungsfrist beträgt vier Jahre (§ 169 Abs. 2 S. 1 Nr. 2 AO). Sie beginnt am 01.01.2016 und endet mit Ablauf des 31.12.2019. Die Frist wäre folglich mit Beginn des 01.01.2020 abgelaufen. Der Gewerbetreibende ist jedoch verpflichtet, eine Gewerbesteuererklärung abzugeben (§ 14a S. 1 GewStG i.V.m. § 25 GewStDV i.V.m. §§ 1 Abs. 1, 149 Abs. 1 S. 1 AO). Der Beginn der Festsetzungsfrist ist deshalb bis zum Ablauf des Kalenderjahres gehemmt, in der die Steuererklärung eingereicht wird. Das gilt jedoch maximal bis zum Ablauf des dritten Jahres, das auf das Kalenderjahr folgt, in dem die Gewerbesteuer entstanden ist (§ 170 Abs. 2 S. 1 Nr. 1 AO). Mithin beginnt die Festsetzungsfrist am 01.01.2019 und endet nach Ablauf von vier Jahren, also am 31.12.2022. Da es sich dabei jedoch um einen Sonnabend handelt, endet die Frist erst mit dem nächsten Werktag, also am 02.01.2023 (§§ 1 Abs. 1, 108 Abs. 3 AO). Eine Festsetzung des Gewerbesteuermessbetrags Anfang 2021 für das Kalenderjahr 2015 ist somit möglich, während eine Festsetzung im Jahr 2024 aufgrund des Eintritts der Festsetzungsverjährung ausscheidet.

c) Ablaufhemmung

Neben dem Beginn kann auch der Ablauf der Festsetzungsfrist (und damit der Eintritt der Festsetzungsverjährung) gehemmt sein. Dazu enthält § 171 AO verschiedene Möglichkeiten. Der Ablauf der Festsetzungsverjährung ist u.a. gehemmt, soweit für die Festsetzung einer Steuer ein Grundlagenbescheid bindend ist (§ 171 Abs. 10 S. 1 AO). Das ist aufgrund des zweistufigen Festsetzungsverfahrens bei den Realsteuern → S. 48 für die Gemeinden besonders relevant, da sie erst auf der Grundlage der Steuermessbescheide des Finanzamtes tätig werden können → S. 108. In diesen Fällen endet die Festsetzungsfrist nicht vor Ablauf von zwei Jahren nach Bekanntgabe der Steuermessbescheide durch die Finanzämter (§ 171 Abs. 10 S. 1 AO). Dadurch steht den Gemeinden ein Zeitraum von mindestens zwei Jahren für die Festsetzung der Grund- und Gewerbesteuer zur Verfügung.

352

Sachverhalt 36: Ingo Notlage betreibt in Dessau-Roßlau eine Kinderspielewelt. Für die Gewerbesteuer des Jahres 2015 hat er die Steuererklärung im Jahr 2016 abgegeben. Am 03.06.2019 erhielt er den Gewerbesteuermessbescheid. Die Gewerbesteuer wurde erst im Januar 2021 durch die Stadt Dessau-Roßlau festgesetzt. Notlage hält das für unzulässig. So viele Jahre später sei nach seiner Meinung eine Festsetzung nicht mehr möglich.

Aufgabe: Prüfen und begründen Sie anhand der einschlägigen Rechtsnormen, ob die Festsetzung der Gewerbesteuer 2015 im Jahr 2021 zulässig war.

Lösung: Die Festsetzung der Gewerbesteuer für das Jahr 2015 ist 2021 noch möglich, wenn der Gewerbesteueranspruch durch den Eintritt der Festsetzungsverjährung noch nicht erloschen ist (§§ 1 Abs. 1, 49, 169–171 AO). Die Festsetzungsfrist beginnt mit Ablauf des Kalenderjahres, in dem der Gewerbesteueranspruch entstanden ist (§ 170 Abs. 1 AO). Der Gewerbesteueranspruch entsteht mit Ablauf des 31.12.2015 (§§ 1 Abs. 1, 38 AO i.V.m. §§ 14 S. 2, 18 GewSt).

353

Die Festsetzungsfrist beträgt vier Jahre (§ 169 Abs. 2 S. 1 Nr. 2 AO). Sie beginnt am 01.01.2016 und endet mit Ablauf des 31.12.2019. Die Frist wäre folglich mit Beginn des 01.01.2020 abgelaufen. Der Gewerbetreibende ist jedoch verpflichtet, eine Gewerbesteuererklärung abzugeben (§ 14a S. 1 GewStG i.V.m. § 25 GewStDV i.V.m. §§ 1 Abs. 1, 149 Abs. 1 S. 1 AO). Der Beginn der Festsetzungsfrist ist deshalb bis zum Ablauf des Kalenderjahres gehemmt, in der die Steuererklärung eingereicht wird (§ 170 Abs. 2 S. 1 Nr. 1 AO). Notlage hat die Steuererklärung im Jahr 2016 abgegeben. Mithin beginnt die Festsetzungsfrist erst am 01.01.2017 und endet nach Ablauf von vier Jahren, also am 31.12.2020. Eine Festsetzung der Gewerbesteuer Anfang 2021 für das Kalenderjahr 2015 wäre somit nicht mehr möglich. Der Festsetzung der Gewerbesteuer liegt allerdings ein Grundlagenbescheid – der Gewerbesteuermessbescheid – zugrunde. Die Festsetzungsfrist endet in diesen Fällen nicht vor Ablauf von zwei Jahren nach Bekanntgabe des Grundlagenbescheids (§ 171 Abs. 10 S. 1 AO). Da der Grundlagenbescheid am 03.06.2019 bekannt gegeben wurde, begann die zweijährige Frist des § 171 Abs. 10 S. 1 AO am 04.06.2019, sodass die Festsetzungsfrist erst mit Ablauf des 03.06.2021 endet. Die Festsetzung der Gewerbesteuer im Januar 2021 war damit rechtmäßig.

V. Leistungsgebot

354 Die Vollstreckung einer Abgabenforderung → S. 125 darf grundsätzlich u.a. erst beginnen, wenn dem Vollstreckungsschuldner ein Leistungsgebot i.S.d. § 254 Abs. 1 S. 1 AO bekannt gemacht wurde. In dem Leistungsgebot muss der Vollstreckungsschuldner

- unter Beifügung einer Rechtsbehelfsbelehrung
- aufgefordert werden,
- einen dem Grunde und der Höhe nach genau bezeichneten Geldbetrag,
- bis zu einem bestimmten Zeitpunkt,
- bei bestimmt bezeichneten Stellen,
- in näher bezeichneter Weise (z.B. Überweisung) zu leisten.[268]

355 Das Leistungsgebot kann mit dem zu vollstreckenden Verwaltungsakt verbunden (§ 254 Abs. 1 S. 2 AO), d.h. in den Abgabefestsetzungsbescheid → S. 99 aufgenommen werden.

356 Für Säumniszuschläge, Zinsen und Vollstreckungskosten ist kein gesondertes Leistungsgebot erforderlich, wenn sie zusammen mit der Abgabe beigetrieben werden (§ 254 Abs. 2 S. 1 AO). Obwohl damit neue Forderungen entstehen und der insgesamt zu zahlende Betrag anwächst, muss der Abgabenpflichtige insoweit nicht noch einmal zur Leistung aufgefordert werden.

---

[268] BFH, Beschl. v. 29.09.1976 – I B 113/75, bit.ly/IB113-75.

VI. Fälligkeit

1. Grundsatz

Fälligkeit bedeutet, dass der Gläubiger die Leistung verlangen kann und der Schuldner sie erbringen muss.[269]

357

Die Fälligkeit setzt voraus, dass die Abgabenforderung entstanden → S. 98 und noch nicht erloschen → S. 137 ist.

358

Wann eine Abgabenforderung fällig wird, bestimmt sich grundsätzlich nach

359

- dem jeweiligen Steuergesetz (§ 220 Abs. 1 AO), z. B. § 19 Abs. 1 S. 1 GewStG, § 28 Abs. 1 GrStG, bzw.
- der Abgabensatzung (§ 2 Abs. 1 S. 2 KAG-LSA), vgl. z. B. § 4 Abs. 5 S. 1 HStS DeRsl → S. 166.

Auf eine Mahnung kommt es für die Fälligkeit nicht an.

360

Fehlt es in dem jeweiligen Steuergesetz an einer besonderen Regelung über die Fälligkeit, richtet sie sich nach § 220 Abs. 2 AO. Das kommt in der kommunalen Praxis jedoch nicht vor, weil – wie soeben dargestellt – die relevanten Bundessteuergesetze die Fälligkeit bestimmen und kommunale Abgabensatzungen eine Fälligkeitsregelung enthalten müssen.

361

Die Fälligkeit gehört nicht zum Mindestinhalt eines Abgabenbescheids (vgl. § 157 AO) → S. 99. Ihre Angabe ist jedoch erforderlich, wenn die Festsetzung – der üblichen Verwaltungspraxis entsprechend – mit dem Leistungsgebot verbunden wird, das seinerseits die Aufforderung enthalten muss, bis zu einem bestimmten Zeitpunkt zu leisten → S. 114. Ein Beispiel findet sich auf der nächsten Seite.

362

Bei der Fälligkeit ist § 108 Abs. 3 AO zu beachten.[270] Fällt die eigentliche Fälligkeit auf einen Sonntag, einen gesetzlichen Feiertag oder einen Sonnabend, tritt sie somit erst mit dem Ablauf des nächstfolgenden Werktags ein.

363

Die Fälligkeit ist u. a. Voraussetzung für den Beginn der Zahlungsverjährung (§ 229 Abs. 1 S. 1 AO) → S. 138 und die Verwaltungsvollstreckung (§ 254 Abs. 1 S. 1 AO) → S. 126.

364

---

[269] Dißars in Schwarz et al., § 220 Rn. 2.
[270] BFH, Urt. v. 11.11.2014 – VIII R 34/12, bit.ly/VIIIR34-12.

Stadt Elbstein · Postfach 0815 · 06811 Elbstein

Martina Fröhlich
Steuerberatung
Ratsgasse 35
06811 Elbstein

DER OBERBÜRGERMEISTER
Fachbereich Finanzen
Abteilung Steuern

Sitz des Amtes:	Rathausstr. 4
	06811 Elbstein
Auskunft:	Herr Wiener Zi.: 164
Fernruf:	0340 204-1021
Telefax:	0340 204-2925
E-Mail:	steuern@stadt.elbstein.de
Aktenzeich.:	08154711

Bei Antwort / Rückfragen bitte stets angeben!

Datum: 30. Januar 2018

Grundsteuerbescheid
Dieser Bescheid gilt auch für die Folgejahre, bis ein geänderter Bescheid ergeht.

3. Zahlung / Fälligkeit

Die unter 2. festgesetzte Steuer zahlen Sie bitte auf das unten angegebene Konto zu den nachfolgenden Fälligkeiten:

Fälligkeit	15.02.2016	15.05.2016	15.08.2016	15.11.2016
Zahlungsbetrag	52,64 EUR	52,64 EUR	52,64 EUR	52,64 EUR

Abb. 31 – Fälligkeit

2. Stundung

a) Begriff und Rechtsgrundlagen

365   Abgabenpflichtige können nicht immer ihre Verbindlichkeiten gegenüber der Kommune zu den festgesetzten Fälligkeiten entrichten. Durch eine Stundung kann die Fälligkeit der Forderung auf einen späteren Zeitpunkt verschoben werden, ohne dass die Forderungshöhe verändert wird.

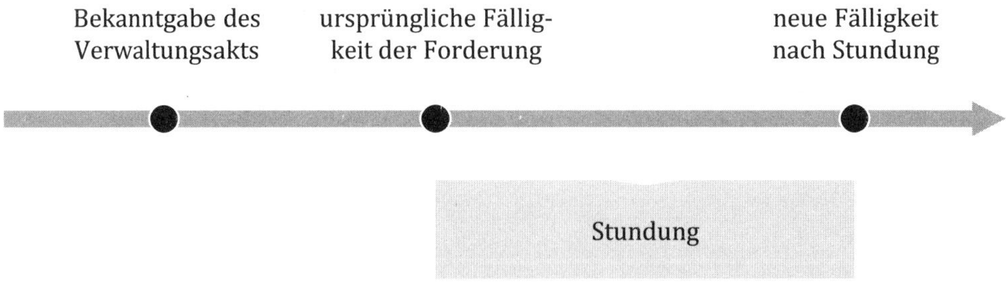

Bekanntgabe des   ursprüngliche Fällig-   neue Fälligkeit
Verwaltungsakts   keit der Forderung   nach Stundung

Stundung

Abb. 32 – Stundung

366   Die Fälligkeit der Forderung kann durch die Stundung entweder in einer Summe in die Zukunft verlagert werden, z. B. die Grundsteuerfälligkeit 15.05.2020 wird auf den 15.06.2020

verschoben, oder in Form einer Ratenzahlung gewährt werden, sodass z. B. die Grundsteuererfälligkeit 15.05.2020 in zwei Teilbeträgen jeweils am 15.06.2020 und 15.07.2020 zu zahlen ist.

Die Rechtsgrundlage unterscheidet sich bei Realsteuern auf der einen und Kommunalabgaben auf der anderen Seite: 367

– Realsteuern: §§ 1 Abs. 2, 222 AO
– Kommunalabgaben: § 13a Abs. 1 S. 1 KAG-LSA

Die Tatbestandsmerkmale sind jedoch identisch. Darüber hinaus verweist § 13a Abs. 1 S. 5 368 KAG-LSA auf § 222 AO, sodass die folgenden Ausführungen auf Realsteuern und Kommunalabgaben zutreffen. Lediglich für die Stundungszinsen ergeben sich Abweichungen.

Durch die Stundung hat der Pflichtige für ihre Dauer zwei Vorteile: 369

– die Vollstreckung → S. 125 unterbleibt und
– anstelle von Säumniszuschlägen → S. 123 sind lediglich Stundungszinsen zu entrichten.

Sie ist vom Vollstreckungsaufschub → S. 131 abzugrenzen, da bei dem die Fälligkeit der 370 Forderung nicht verschoben wird. Dadurch kann – wie bei der Stundung – zwar die zwangsweise Beitreibung vermieden werden, allerdings entstehen Säumniszuschläge → S. 123, die für den Abgabenpflichtigen eine erhebliche finanzielle Belastung darstellen können. Dafür werden an die Gewährung von Vollstreckungsaufschub jedoch niedrigere Voraussetzungen gestellt.

b) Voraussetzungen der Stundung

Damit eine Stundung bewilligt werden kann, müssen die folgenden zwei Voraussetzungen 371 nebeneinander erfüllt sein (§ 222 S. 1 AO):

– Die Einziehung der Forderung bei Fälligkeit stellt eine erhebliche Härte für den Abgabenpflichtigen dar und
– der Anspruch erscheint durch die Stundung nicht gefährdet.

Die Kommunen entscheiden nach pflichtgemäßem Ermessen über die Stundung. Das ergibt 372 sich aus dem Wortlaut von § 222 S. 1 AO, wonach Ansprüche gestundet werden „können". Liegen die vorgenannten Voraussetzungen vor, ist der Ermessensspielraum jedoch in der Regel auf null reduziert[271], sodass die Stundung in diesen Fällen zu gewähren ist.

(1) Erhebliche Härte

Bei dem Tatbestandsmerkmal der erheblichen Härte handelt es sich um einen unbestimm- 373 ten Rechtsbegriff. Ob dieses Merkmal erfüllt ist, muss „im Einzelfall durch eine Abwägung zwischen dem Interesse des Abgabengläubigers an einer vollständigen und gleichmäßigen Abgabenerhebung und dem Interesse des Abgabenpflichtigen an einem Aufschub der

---

[271] Vgl. dazu auch: Loose in Tipke et al., § 222 Rn. 19.

Fälligkeit der Abgabenzahlung festgestellt werden. Dabei sind, da Abgabenzahlungen allgemein mit Härten verbunden sein können, die besonderen Verhältnisse des konkreten Falles zu berücksichtigen."[272] Zu einer erheblichen Härte können sowohl sachliche als auch persönliche Gründe führen.

374   Sachliche Stundungsgründe knüpfen überwiegend nicht an die persönlichen Verhältnisse des Abgabenpflichtigen an.[273] Vielmehr ist die Abgabenzahlung zum Fälligkeitszeitpunkt aus objektiven Gründen unzumutbar und deshalb eine erhebliche Härte.[274] Das ist z. B. der Fall, wenn der Abgabenpflichtige bei anderen Abgabenarten mit einer Abgabenerstattung rechnen kann.[275]

375   Persönliche Stundungsgründe resultieren aus den subjektiven Verhältnissen des Abgabenpflichtigen[276] und haben eine deutlich höhere praktische Relevanz für die Kommunen als sachliche Gründe. Damit eine Stundung auf der Basis von persönlichen Gründen ausgesprochen werden kann, muss der Abgabenpflichtige sowohl stundungsbedürftig als auch -würdig sein.[277]

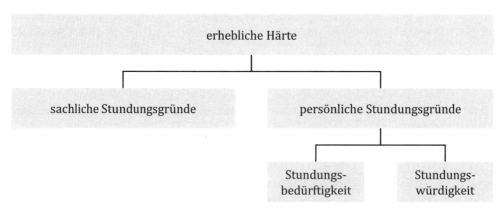

Abb. 33 – Erhebliche Härte als Stundungsvoraussetzung

376   Der Abgabenpflichtige ist stundungsbedürftig, wenn seine wirtschaftlichen Verhältnisse für einen befristeten Zeitraum so angespannt sind, dass eine Zahlung der Forderung bei Fälligkeit zu schwerwiegenden Zahlungsschwierigkeiten bis hin zur Existenzgefährdung führen würde.[278] Solche Liquiditätsengpässe können verschiedene Ursachen haben, z. B.

– gesundheitliche Einschränkungen, die dazu führen, dass der Abgabenpflichtige keine Einnahmen erwirtschaften kann,

---

[272] BFH, Urt. v. 21.08.1973 – VIII R 8/68, bit.ly/VIIIR8-68.
[273] Loose in Tipke et al., § 222 Rn. 26.
[274] Schwarz in Schwarz et al., § 222 Rn. 12.
[275] Schwarz in Schwarz et al., § 222 Rn. 12.
[276] Loose in Tipke et al., § 222 Rn. 34.
[277] Schwarz in Schwarz et al., § 222 Rn. 8.
[278] Schwarz in Schwarz et al., § 222 Rn. 9.

– saisonale Schwankungen, denen die Einnahmen des Abgabenpflichtigen ausgesetzt sind, z.B. in der Baubranche, bei der Betreibung von Freizeitbädern oder in der Landwirtschaft,
– Einnahmeverluste aufgrund von Naturkatastrophen,
– konjunkturbedingte Einkommensschwankungen oder
– fehlende Möglichkeiten zur Aufnahme von Krediten.[279]

Stundungswürdig ist der Abgabenpflichtige, wenn er „seine mangelnde Leistungsfähigkeit nicht selbst herbeigeführt oder [nicht] durch sein Verhalten in eindeutiger Weise gegen die Interessen der Allgemeinheit verstoßen hat.“[280] Dazu gehört, dass der Abgabenpflichtige seine Verbindlichkeiten gegenüber der Kommune mit deren Fälligkeiten im Blick hat und seine finanzwirksamen Entscheidungen daran ausrichtet.[281] Das ist im Verhältnis zu den übrigen Abgabenpflichtigen, die ihre Abgabenforderungen ggf. auch unter erschwerten Bedingungen pünktlich entrichten, Voraussetzung für die Gewährung einer Stundung.[282] Bei der Beurteilung der Stundungswürdigkeit ist außerdem zu berücksichtigen, ob der Abgabenpflichtige zahlungswillig ist und er ggf. achtlos mit seinen finanziellen Mitteln umgeht.[283]

(2) Anspruchsgefährdung und -sicherung

Weiterhin darf der Anspruch durch die Stundung nicht gefährdet sein. Das ist der Fall, wenn bei Eintritt der neuen, späteren Fälligkeit nicht mehr gesichert ist, dass die Forderung realisiert werden kann.[284] Deshalb müssen die Kommunen eine Prognose über die künftige Entwicklung der wirtschaftlichen Verhältnisse des Abgabenpflichtigen vornehmen.[285] Das ist in der Praxis (insbesondere bei längeren Stundungszeiträumen) schwierig, da sich wirtschaftliche Rahmenbedingungen schnell verändern können.

Um eine Gefährdung des Anspruchs auszuschließen, soll die Stundung deshalb in der Regel nur gegen eine Sicherheitsleistung gewährt werden (§§ 222 S. 2, 241 ff. AO). Das ist insbesondere bei hohen Forderungsbeträgen und langfristigen Stundungszeiträumen erforderlich.[286] Bei kurzfristigen Stundungszeiträumen oder geringfügigen Forderungsbeträgen sehen die Kommunen vielfach von einer Sicherheitsleistung ab.

c) Antragserfordernis

Die Stundung wird in der Regel nur auf Antrag des Abgabenpflichtigen durch den Erlass eines Verwaltungsaktes gewährt (§ 222 S. 2 AO). Den Antrag sollte der Abgabenpflichtige rechtzeitig, d.h. vor Eintritt der Fälligkeit, stellen.[287]

377

378

379

380

---

279 Vgl. dazu insgesamt Schwarz in Schwarz et al., § 222 Rn. 9.
280 BFH, Urt. v. 02.07.1986 – I R 39/83, bit.ly/IR39-83.
281 Vgl. BFH, Urt. v. 21.08.1973 – VIII R 8/68, bit.ly/VIIIR8-68.
282 BFH, Urt. v. 02.07.1986 – I R 39/83, bit.ly/IR39-83.
283 Schwarz in Schwarz et al., § 222 Rn. 10.
284 Loose in Tipke et al., § 222 Rn. 39.
285 Loose in Tipke et al., § 222 Rn. 39.
286 Loose in Tipke et al., § 222 Rn. 41.
287 Vgl. dazu Loose in Tipke et al., § 222 Rn. 50.

381 Um zu beurteilen, ob eine erhebliche Härte vorliegt, sind bei der Sachverhaltsermittlung insbesondere die wirtschaftlichen Verhältnisse des Abgabenpflichtigen relevant. Deshalb sind Anträge auf Stundung umfassend zu begründen[288] und der Abgabenpflichtige hat seine Einkommens- und Vermögenssituation offenzulegen.[289] Für natürliche Personen nutzen die Kommunen dafür in der Regel einen Fragebogen. Er ist vom Abgabenpflichtigen auszufüllen und die darin gemachten Angaben sind mit entsprechenden Belegen nachzuweisen, z. B. durch Einkommensnachweise und Kontoauszüge. Selbstständige und juristische Personen weisen ihre wirtschaftlichen Verhältnisse durch Jahresabschlüsse und betriebswirtschaftliche Auswertungen nach.

382 **Sachverhalt 37:** Ingo Notlage betreibt in Dessau-Roßlau eine Gaststätte, die einen sehr guten Ruf genießt. Für dieses Gewerbe ist er gewerbesteuerpflichtig. Aufgrund einer Virusinfektionskrankheit mit einer hohen Ansteckungsgefahr ist die Bevölkerung verängstigt. Seine Gaststätte wird deshalb nur noch selten besucht. Dadurch bricht sein Umsatz ein. Die finanziellen Rücklagen von Notlage sind nach kurzer Zeit erschöpft, Kredite kann er nicht mehr in Anspruch nehmen.

Er geht davon aus, dass die Bürger von Dessau-Roßlau seine Gaststätte wieder deutlich häufiger besuchen werden und sich dadurch seine wirtschaftliche Lage wesentlich verbessern wird, nachdem die Ansteckungswelle abgeflacht ist. Er tritt an die Steuerabteilung der Stadt Dessau-Roßlau heran und bittet darum, die Gewerbesteuerabschlusszahlung 2018 von 2.000 EUR, die in Kürze fällig wird, für drei Monate zu stunden.

Aufgabe: Prüfen und begründen Sie anhand der einschlägigen Rechtsnormen, ob die Voraussetzungen für eine Stundung vorliegen.

Lösung: Eine Stundung kann gewährt werden, wenn die Einziehung der Forderung bei Fälligkeit eine erhebliche Härte für den Steuerpflichtigen darstellt und der Anspruch durch die Stundung nicht gefährdet erscheint (§§ 1 Abs. 2 Nr. 5, 222 S. 1 AO). Eine erhebliche Härte kann sich aus sachlichen oder persönlichen Gründen ergeben. Im vorliegenden Fall kommen persönliche Stundungsgründe in Betracht. Persönliche Stundungsgründe resultieren aus den subjektiven Verhältnissen des Steuerpflichtigen. Dafür muss der Steuerpflichtige stundungsbedürftig und -würdig sein. Stundungsbedürftig ist der Steuerpflichtige, wenn seine wirtschaftlichen Verhältnisse für einen befristeten Zeitraum so angespannt sind, dass eine Zahlung der Forderung bei Fälligkeit zu schwerwiegenden Zahlungsschwierigkeiten bis hin zur Existenzgefährdung führt. Laut Sachverhalt betreibt Notlage eine Gaststätte. Diese wird derzeit aufgrund einer Virusinfektionskrankheit nur selten besucht, weshalb er Einnahmeverluste hinnehmen muss. Die finanziellen Rücklagen von Notlage sind nach kurzer Zeit erschöpft, eine Kreditaufnahme ist nicht möglich. Notlages wirtschaftliche Verhältnisse sind deshalb angespannt. Da seine Gaststätte einen guten Ruf genießt, ist mit einer Verbesserung der Einnahmesituation zu rechnen, sodass es sich um eine vorübergehende wirtschaftliche Notsituation handelt. Deshalb ist Notlage stundungsbedürftig. Stundungswürdig ist der Steuerpflichtige nach der Rechtsprechung des BFH, wenn er seine mangelnde Leistungsfähigkeit nicht selbst herbeigeführt oder [nicht] durch sein Verhalten in eindeutiger Weise gegen die Interessen der Allgemeinheit verstoßen hat. Das ist im vorliegenden Fall nicht erkennbar:

---

[288] Vgl. dazu insgesamt Loose in Tipke et al., § 222 Rn. 51.
[289] Vgl. BFH, Urt. v. 13.04.1961 – IV 363/58 U, bit.ly/IV363-58U.

Notlage ist unverschuldet in eine vorübergehende wirtschaftliche Schieflage geraten und deshalb stundungswürdig. Folglich liegt eine persönliche Härte aufgrund persönlicher Stundungsgründe vor. Darüber hinaus darf der Steueranspruch durch die Stundung nicht gefährdet sein. Das wäre der Fall, wenn bei Eintritt der neuen Fälligkeit nicht mehr gesichert ist, dass die Forderung realisiert werden kann. Hier handelt es sich um vorübergehende Einnahmeausfälle. Die Gaststätte von Notlage genießt einen guten Ruf, sodass von einer Verbesserung der Situation auszugehen ist. Der Anspruch erscheint deshalb nicht gefährdet. Den nach § 222 S. 2 AO erforderlichen Antrag hat Notlage gestellt. Aufgrund der geringen Höhe der Forderungen sowie des kurzen Stundungszeitraums von drei Monaten kann auf eine nach § 222 S. 2 AO grundsätzlich erforderliche Sicherheitsleistung verzichtet werden. Folglich liegen die Voraussetzungen des § 222 AO vor.

d) Stundungszinsen

Für die Dauer einer Stundung werden Zinsen erhoben (§§ 233 S. 1, 234 Abs. 1 S. 1 AO).[290] Auf die Zinsen kann ganz oder teilweise verzichtet werden, wenn ihre Erhebung nach Lage des Einzelfalls unbillig wäre (§ 234 Abs. 2 AO). Das ist z.B. denkbar, wenn die fehlende Liquidität des Abgabenpflichtigen durch Naturkatastrophen verursacht wurde oder die vorübergehende Einstellung des Geschäftsbetriebs wegen der Bekämpfung einer Viruspandemie erforderlich war.

383

Bei den Realsteuern betragen die Stundungszinsen 0,5 % für jeden vollen Monat (§ 238 Abs. 1 S. 1, 2 AO). Sie werden auf volle Euro zum Vorteil des Abgabenpflichtigen gerundet und nur dann festgesetzt, wenn sie mindestens 10 EUR betragen (§ 239 Abs. 2 AO).

384

Gestundete Abgabenforderungen nach dem KAG-LSA sind ebenfalls zu verzinsen (§ 13 Abs. 1 Nr. 5 lit. b KAG-LSA i.V.m. § 234 Abs. 1 S. 1 AO). Jedoch wurde ein von § 238 Abs. 1 S. 1 AO abweichender jährlicher Zinssatz von 2 Prozentpunkten über dem Basiszinssatz nach § 247 BGB bestimmt (§ 13 Abs. 1 Nr. 5 lit. b KAG-LSA).

385

Sachverhalt 38: Ingo Notlage beantragt bei der Stadt Dessau-Roßlau die Stundung der am 15.05.2020 fälligen Grundsteuer von 343,21 EUR für die Zeit vom 15.05.2020 bis zum 31.07.2020. Auch die Hundesteuerforderung von 1.000 EUR mit Fälligkeit am 15.05.2020 soll bis zum 31.07.2020 gestundet werden. Beide Forderungen sollen jeweils in einer Gesamtsumme am Ende des Stundungszeitraumes beglichen werden.

Aufgabe: Berechnen Sie für beide Forderungen die Stundungszinsen und erläutern Sie anhand der einschlägigen Rechtsnormen, ob die Stundungszinsen zu erheben sind.

Lösung: Für die Gewerbesteuerforderung sind die Regelungen der AO anzuwenden (§ 1 Abs. 2 Nr. 5 AO). Für die Dauer einer Stundung sind für jeden vollen Monat Zinsen von 0,5 % zu erheben (§§ 233 S. 1, 234 Abs. 1 S. 1, 238 Abs. 1 S. 1, 2 AO). Für die Berechnung der Zinsen wird der zu verzinsende Betrag auf den nächsten durch 50 EUR teilbaren Betrag abgerundet (§ 238 Abs. 2 AO), sodass von einem Betrag von 300 EUR auszugehen ist.

386

---

[290] Vgl. zur Berechnung von Stundungszinsen umfassend den AEAO zu § 234.

Die Forderung ist ursprünglich am Freitag, den 15.05.2020, fällig. Der Zinslauf beginnt deshalb am Sonnabend, den 16.05.2020, und endet am Freitag, den 31.07.2020. Insgesamt sind zwei volle Monate (Juni und Juli 2020) zu verzinsen, also 1 % von 300 EUR. Daraus ergeben sich Stundungszinsen von 3 EUR, die allerdings nicht festgesetzt werden, da sie weniger als 10 EUR betragen (§ 239 Abs. 2 S. 2 AO).

Für die Stundung der Hundesteuer ist ebenfalls eine Verzinsung vorzunehmen (§ 13 Abs. 1 Nr. 5 lit. b KAG-LSA i.V.m. § 234 Abs. 1 S. 1 AO). Der Zinssatz beträgt jährlich 2 Prozentpunkte über den Basiszinssatz nach § 247 BGB (§ 13 Abs. 1 Nr. 5 lit. b KAG-LSA i.V.m. § 238 Abs. 1 S. 1 AO). Der Basiszinssatz beträgt 0,88 %[291], sodass sich der Stundungszins auf 1,12 % beläuft. Die ursprünglich am Freitag, den 15.05.2020, fällige Forderung soll bis zum Freitag, dem 31.07.2020, gestundet werden. Der Zinslauf beginnt deshalb am Sonnabend, den 16.06.2020, und endet am Freitag, den 31.07.2020. Folglich sind zwei volle Monate (Juni und Juli 2020) zu verzinsen, also 1.000 EUR x 1,12 % = 11,20 EUR pro Jahr bzw. 1,86 EUR anteilig für zwei Monate. Die Zinsen werden auf volle EUR zum Vorteil des Abgabenpflichten gerundet (§ 13 Abs. 1 Nr. 5 lit. b KAG-LSA i.V.m. § 239 Abs. 2 S. 1 AO), also auf 1 EUR. Eine Festsetzung erfolgt wegen Geringfügigkeit jedoch nicht (§ 13 Abs. 1 Nr. 5 lit. b KAG-LSA i.V.m. § 239 Abs. 2 S. 2 AO).

VII. Erfassung und Einziehung

387 Die festgesetzten Abgaben sind u.a. mit ihren Fälligkeiten vollständig zu erfassen und rechtzeitig einzuziehen (§ 25 Abs. 1 KomHVO, vgl. § 7 Abs. 1 S. 1, Abs. 2 GemKVO Doppik). Das erfolgt in der Regel in entsprechenden Fachanwendungen. Welche Organisationseinheit innerhalb der Kommune für die Erfassung zuständig ist, liegt in der Organisationshoheit des (Ober-)Bürgermeisters bzw. Landrates. Grundsätzlich wird dies die festsetzende Stelle sein, z.B. das Ordnungsamt oder die Steuerabteilung.

388 Der Ausgleich einer Forderung erfolgt vorrangig durch Zahlung → S. 137 oder ggf. Aufrechnung → S. 137. Haben die Abgabenpflichtigen der Kommune ein Lastschriftmandat erteilt, werden die Forderungen zur Fälligkeit von dem benannten Konto eingezogen. Die Annahme der Einzahlungen und die Aufrechnungen obliegen der Gemeindekasse (§ 1 Abs. 1 Nr. 1 GemKVO Doppik).

VIII. Zahlungsverzug

389 Werden fällige Abgaben nicht rechtzeitig entrichtet,

- können Säumniszuschläge entstehen,
- muss der Steuerpflichtige ggf. gemahnt werden → S. 125,
- sind unter Umständen Vollstreckungsmaßnahmen erforderlich → S. 125 und
- werden die offenen Forderungen möglicherweise niedergeschlagen → S. 134.

---

[291] Bundesanzeiger v. 30.06.2020, B5.

1. Säumniszuschlag

a) Begriff und Höhe

Wird eine Abgabe nicht bis zum Ablauf des Fälligkeitstages entrichtet, ist der Zahlungs-pflichtige säumig. Infolgedessen ist für jeden angefangenen Monat der Säumnis ein Säum-niszuschlag von 1 % des rückständigen Abgabenbetrages zu entrichten (§ 240 Abs. 1 S. 1, Hs. 1 AO). Das entspricht 12 % pro Jahr.

390

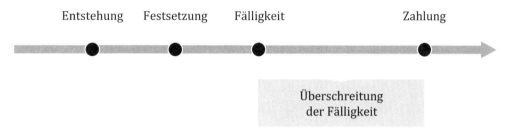

Abb. 34 – *Überschreitung der Fälligkeit*

Die Säumniszuschläge entstehen kraft Gesetzes, also automatisch mit Ablauf des Fällig-keitstages.[292] Unbedeutend ist, ob der Abgabenpflichtige die ausgebliebene bzw. verspä-tete Zahlung verschuldet hat.[293] Ein Entscheidungsspielraum, ob die Kommunen Säumnis-zuschläge erheben oder nicht, besteht deshalb nicht.

391

Für Überschreitungen der Fälligkeit von bis zu drei Tagen sieht die AO eine Schonfrist vor (§ 240 Abs. 3 S. 1 AO), sodass in diesen Fällen keine Säumniszuschläge entstehen. Für steu-erliche Nebenleistungen nach § 3 Abs. 4 AO, z. B. den Verspätungszuschlag → S. 39 oder die Stundungszinsen → S. 121, entstehen bei Überschreitung der Fälligkeit ebenfalls keine Säumniszuschläge (§ 240 Abs. 2 AO). Wird die Festsetzung einer Abgabe nach Ablauf der Fälligkeit aufgehoben, geändert oder berichtigt, z. B. weil ein Rechtsbehelf durch den Ab-gabepflichtigen erfolgreich war, sind die bis zu diesem Zeitpunkt entstandenen Säumnis-zuschläge dennoch zu entrichten (§ 240 Abs. 1 S. 4 AO).

392

b) Zweck

Mit den Säumniszuschlägen soll vor allem Druck auf den Abgabenpflichtigen ausgeübt wer-den, damit dieser seinen Zahlungsverpflichtungen zu den jeweiligen Fälligkeiten nach-kommt.[294] Zudem sind die Säumniszuschläge eine Gegenleistung für die verspätete Zah-lung[295] und ein Ausgleich für den Verwaltungsaufwand, der dadurch entstanden ist[296].

393

Hat der Abgabenpflichtige vorübergehend Zahlungsschwierigkeiten und kann er deshalb die Abgabe nicht zur Fälligkeit entrichten, besteht die Möglichkeit einer Stundung → S. 116.

394

---

[292] BFH, Urt. v. 17.07.1985 – I R 172/79, bit.ly/IR172-79, Urt. v. 17.01.1964 – I 256/59 U, bit.ly/I256-59U.
[293] BFH, Urt. v. 17.07.1985 – I R 172/79, bit.ly/IR172-79, Urt. v. 17.01.1964 – I 256/59 U, bit.ly/I256-59U.
[294] BFH, Urt. v. 29.08.1991 – V R 78/86, bit.ly/VR78-86.
[295] BFH, Urt. v. 29.08.1991 – V R 78/86, bit.ly/VR78-86.
[296] BFH, Urt. v. 09.07.2003 – V R 57/02, bit.ly/VR57-02.

Wird sie bewilligt und dadurch die Fälligkeit in die Zukunft verschoben, entstehen keine Säumniszuschläge, sondern lediglich Stundungszinsen → S. 121. Bei der Gewährung eines Vollstreckungsaufschubs bleibt die Abgabe hingegen fällig → S. 131, wodurch weiterhin Säumniszuschläge entstehen.[297] Allerdings ist in diesen Fällen ein Erlass aus sachlichen Gründen denkbar → S. 141.

c) Ermittlung

395 Vor der Berechnung des Säumniszuschlages ist zunächst der rückständige Abgabenbetrag auf 50 EUR abzurunden (§ 240 Abs. 1 S. 1, Hs. 2 AO), d.h., bei Einzelfälligkeiten bis zu 49,99 EUR entstehen keine Säumniszuschläge.

396 Maßgeblich für die Berechnung der Säumniszuschläge ist nicht der Gesamtrückstand, den ein Abgabenpflichtiger gegenüber der Kommune hat, sondern die Höhe der jeweiligen Einzelfälligkeit. Hat der Abgabenpflichtige z.B. die Grundsteuerfälligkeiten 15.02., 15.05, 15.08. und 15.11. von jeweils 40 EUR nicht entrichtet, beläuft sich der Gesamtrückstand auf 160 EUR. Ein Säumniszuschlag entsteht jedoch nicht, da die jeweilige Einzelfälligkeit unter 50 EUR liegt.

397 **Sachverhalt 39:** Ingo Notlage ist Halter eines Hundes. Die Hundesteuer von 210 EUR hat er zur Fälligkeit am 20.04.2020 nicht entrichtet. Die Stadtkasse der Stadt Dessau-Roßlau hat den Zahlungseingang erst am 27.07.2020 verzeichnet.

Aufgabe: Prüfen und begründen Sie anhand der einschlägigen Rechtsnormen, ob ein Säumniszuschlag entstanden ist und ermitteln Sie ggf. dessen Höhe. Wie wäre der Fall zu entscheiden, wenn Notlage die Zahlung am 22.04.2020 geleistet hätte?

Lösung: Wird eine Steuer nicht bis zum Ablauf des Fälligkeitstages bezahlt, ist ein Säumniszuschlag zu entrichten (§ 13 Abs. 1 Nr. 5 lit. b KAG-LSA i.V.m. § 240 Abs. 1 S. 1 AO). Laut Sachverhalt war die Hundesteuer am 20.04.2020 fällig. Der Zahlungseingang wurde jedoch erst am 27.07.2020 verzeichnet. Folglich hat Notlage die Hundesteuer nicht bis zum Ablauf des Fälligkeitstages entrichtet. Die Schonfrist nach § 240 Abs. 3 S. 1 AO scheidet offenkundig aus, weshalb ein Säumniszuschlag entstanden ist. Dieser beträgt für jeden angefangenen Monat der Säumnis 1 % des abgerundeten rückständigen Steuerbetrags; abzurunden ist auf den nächsten durch 50 EUR teilbaren Betrag (§ 240 Abs. 1 S. 1 AO), also hier von 210 EUR auf 200 EUR.
Der Säumniszuschlag berechnet sich wie folgt:

– 1. angefangener Monat = 21.04.2020
– 2. angefangener Monat = 21.05.2020
– 3. angefangener Monat = 21.06.2020
– 4. angefangener Monat = 21.07.2020
– Zahlungseingang am 27.07.2020

Folglich ist für vier angefangene Monate ein Säumniszuschlag von 4 % auf den rückständigen, abgerundeten Steuerbetrag zu entrichten, mithin also 8 EUR. Hätte Notlage die Hundesteuer bis zum 22.04.2020 entrichtet, wäre aufgrund der Schonfrist von drei Tagen nach § 240 Abs. 3 S. 1 AO kein Säumniszuschlag entstanden.

---

[297] BFH, Urt. v. 08.11.1989 – I R 30/84, bit.ly/IR30-84.

2. Mahnung

Wird die Abgabenforderungen nicht zur Fälligkeit gezahlt, muss der Schuldner vor einer zwangsweisen Beitreibung grundsätzlich schriftlich gemahnt werden (§§ 3 Abs. 1 Nr. 4, 3 Abs. 1 S. 1, 2 VwVG LSA). Eine Mahnung ist die behördliche Erinnerung des Abgabenpflichtigen, fällige Geldbeträge zu leisten. Sie ist daher eine Zahlungsaufforderung, die lediglich das bereits im Abgabenbescheid enthaltene Leistungsgebot wiederholt. Aus diesem Grund erfüllt sie nicht die Voraussetzungen eines Verwaltungsaktes. Als bloßer Realakt kann sie mit Rechtsbehelfen selbst nicht angegriffen werden.[298]

398

Die Mahnung obliegt innerhalb der Kommune in der Regel der Gemeindekasse (§ 1 Abs. 1 Nr. 4 S. 3 GemKVO Doppik). Sie ist zulässig, wenn seit der Fälligkeit eine Woche verstrichen ist (§ 4 Abs. 1 S. 2 VwVG LSA). In der Mahnung ist auf den Abgabenbescheid Bezug zu nehmen und dem Schuldner eine Zahlungsfrist von mindestens einer Woche einzuräumen (§ 4 Abs. 1 S. 1, 3 VwVG LSA). Die Beitreibung kann damit frühestens zwei Wochen nach dem Eintritt der Fälligkeit beginnen.

399

In bestimmten, gesetzlich bezeichneten Fällen kann die Mahnung ausnahmsweise unterbleiben (§ 4 Abs. 3, 4 VwVG LSA).

400

Von der Mahnung als solcher ist die etwaige Festsetzung einer Mahngebühr abzugrenzen, bei der es sich um einen Verwaltungsakt handelt.

401

3. Beitreibung

a) Verwaltungsvollstreckung

Ziel der Verwaltungsvollstreckung ist es, in Konkurrenz zu anderen Gläubigern zwangsweise auf das Vermögen[299] des Abgabenschuldners zuzugreifen, um die offenen Forderungen zu befriedigen, oder den Schuldner durch ansteigenden Druck doch noch zu einer freiwilligen Zahlung zu bewegen. Dafür ist in der Kommune die Gemeindekasse zuständig (§ 1 Abs. 1 Nr. 4 S. 3 GemKVO Doppik). Innerhalb der Gemeindekasse wird die zwangsweise Beitreibung vielfach in separaten Sachgebieten oder Abteilungen getrennt vom Kassengeschäft organisiert. Erfolgt auch nach der Mahnung keine Zahlung, werden die Forderungen in der Regel automatisiert von der für das Kassengeschäft zuständigen Organisationseinheit an die Vollstreckungsstelle übergeben, um die zwangsweise Beitreibung einzuleiten. Außerdem obliegt es der Vollstreckungsstelle, anderen Behörden ggf. Vollstreckungshilfe zu leisten.

402

(1) Rechtsgrundlagen

Für die Beitreibung gilt das VwVG LSA. Ergänzend gelten sowohl für Kommunalabgaben als auch Realsteuern die §§ 251 Abs. 2, 3, 254 Abs. 1, 2 AO (§ 13 Abs. 1 Nr. 6 KAG-LSA, für

403

---

[298] Dazu insgesamt BFH Urteil v. 18.10.1994 – VII R 20/94, bit.ly/VIIR20-94; FG Kiel, Urt. v. 01.12.2005 – 2 K 209/04, BeckRS 2005, 26019933.

[299] Der vollstreckungsgerichtliche Begriff des Vermögens (vgl. z.B. § 27 Abs. 1 VwVG LSA) umfasst auch das Einkommen (vgl. z.B. § 21a VwVG LSA).

Realsteuern über § 1 Abs. 2 KAG-LSA). Die übrigen Vorschriften zur Vollstreckung im 6. Teil der AO sind nicht anzuwenden, weil sie weder von § 1 Abs. 2 AO noch § 13 KAG-LSA in Bezug genommen werden.

(2) Vollstreckungsvoraussetzungen

404 Grundlegende Voraussetzung der Verwaltungsvollstreckung ist ein Leistungsbescheid, d.h. ein Verwaltungsakt, der zu einer Geldleistung verpflichtet (§§ 1 Abs. 1 Nr. 1, 2 Abs. 1 S. 1 VwVG LSA). Ein derartiger Verwaltungsakt liegt mit Abgabenfestsetzung vor → S. 99.

405 Ein Widerspruch gegen die Abgabenfestsetzung darf keine aufschiebende Wirkung haben (§ 3 Abs. 1 Nr. 1 VwVG LSA). Diese Voraussetzung ist bei der Anforderung öffentlicher Abgaben erfüllt (§ 80 Abs. 2 S. 1 Nr. 1 VwGO). Will der Steuerpflichtige verhindern, dass trotz seines Widerspruchs gegen ihn vollstreckt wird, muss er die Anordnung der aufschiebenden Wirkung des Widerspruchs gegen den Abgabenbescheid bzw. die Aussetzung der Vollziehung des Abgabenbescheides beantragen.

406 Die Vollstreckung muss sich gegen einen Vollstreckungsschuldner i.S.d. § 2 Abs. 4 VwVG LSA richten. Das sind bei der Vollstreckung von Abgabenforderungen grundsätzlich die in dem Abgabenbescheid benannten Inhaltsadressaten (§ 2 Abs. 4 Nr. 1 VwVG LSA) → S. 99.

407 Die Abgabenforderung muss fällig sein → S. 115 (§ 3 Abs. 1 Nr. 2 VwVG LSA, § 13 Abs. 1 Nr. 6 lit. a KAG-LSA i.V.m. § 254 Abs. 1 S. 1 AO, für Realsteuern über § 1 Abs. 2 KAG-LSA).

408 Bei Kommunalabgaben muss dem Vollstreckungsschuldner, also demjenigen, gegen den die Vollstreckung durchgeführt werden soll, ein Leistungsgebot → S. 114 bekannt gemacht worden sein. Das ergibt sich sowohl für Kommunalabgaben als auch für Realsteuern aus §§ 1 Abs. 2, 13 Abs. 1 Nr. 6 lit. a KAG-LSA i.V.m. § 254 Abs. 1 S. 1 AO, weil § 1 Abs. 2 AO keinen Verweis auf § 254 AO enthält.

409 Sowohl für Realsteuern als auch Kommunalabgaben muss die Vollstreckung grundsätzlich durch eine Mahnung → S. 125 angedroht worden sein (§ 3 Abs. 1 Nr. 3 VwVG LSA und zu den Ausnahmen § 4 Abs. 3, 4 VwVG LSA).

410 Schließlich muss seit dem Leistungsgebot eine Woche vergangen (§§ 1 Abs. 2, 13 Abs. 1 Nr. 6 lit. a KAG-LSA i.V.m. § 254 Abs. 1 S. 1 AO) und die in der Mahnung bestimmte Zahlungsfrist verstrichen sein (§ 3 Abs. 1 Nr. 4 VwVG LSA).

(3) Zuständigkeit

411 Kreisfreie Städte, Einheitsgemeinden, Verbandsgemeinden, Landkreise sowie Abfall-, Wasser- und Abwasserzweckverbände sind befugt, ihre Abgabenforderungen selbst zu vollstrecken (§ 6 Abs. 1 Nr. 1, 2, 4 VwVG LSA). Die folgenden Maßnahmen nehmen sie daher als Vollstreckungsbehörde grundsätzlich selbst vor (Grundsatz der Selbstvollstreckung).

(4) Sachaufklärung

Im Rahmen der Verwaltungsvollstreckung muss sich die Vollstreckungsbehörde zunächst Kenntnisse über die wirtschaftlichen Verhältnisse des Schuldners verschaffen (sog. Sach- oder Sachverhaltsaufklärung).

412

Dazu darf die Vollstreckungsbehörde grundsätzlich die ihr bereits bekannten Daten über das Einkommen und Vermögen des Schuldners nutzen. Das gilt auch für Daten, die dem Steuergeheimnis nach § 30 AO unterliegen (§ 21 Abs. 2 VwVG LSA) → S. 145. Relevante Informationen wie die Bankverbindung des Schuldners können sich z. B. aus der Durchführung der Besteuerung, dem Erhebungsverfahren oder früheren Vollstreckungen wegen anderer Forderungen ergeben.

413

Sind die vorhandenen Daten für eine erfolgreiche Beitreibung nicht ausreichend, soll die Vollstreckungsbehörde zunächst versuchen, den Sachverhalt durch den Vollstreckungsschuldner aufklären zu lassen (§ 21a Abs. 1 S. 2 VwVG LSA). Um eine Selbstauskunft zu erhalten, kann die Vollstreckungsbehörde den Gerichtsvollzieher damit beauftragen, dem Schuldner die Vermögensauskunft abzunehmen. Voraussetzung ist lediglich, dass der Schuldner zuvor vergeblich aufgefordert wurde, die Forderung binnen zwei Wochen zu begleichen (§ 22 Abs. 1 VwVG LSA). Das Verfahren wird vom Gerichtsvollzieher anschließend nach den Vorgaben der ZPO durchgeführt (§ 22 Abs. 2 VwVG LSA).[300] Er wird den Schuldner deshalb zu einem Termin laden, in dem der Schuldner ein Vermögensverzeichnis vorzulegen und dessen Vollständigkeit und Richtigkeit an Eides Statt zu versichern hat (§ 22 Abs. 2 VwVG LSA i. V. m. §§ 802c, 802f ZPO).[301] Kommt der Schuldner dieser Verpflichtung unentschuldigt oder grundlos nicht nach, kann die Vollstreckungsbehörde beim Amtsgericht den Erlass eines Erzwingungshaftbefehls beantragen, der anschließend durch den Gerichtsvollzieher vollzogen wird (§ 22 Abs. 2 VwVG LSA i. V. m. §§ 802g–802j ZPO). Nachdem die Vermögensauskunft abgegeben wurde, veranlasst der Gerichtsvollzieher unter bestimmten Voraussetzungen außerdem, dass der Schuldner in das Schuldnerverzeichnis der Justiz eingetragen wird (§ 882c ZPO).[302] Alternativ zur Beauftragung eines Gerichtsvollziehers kann die Vollstreckungsbehörde die Vermögensauskunft auch selbst abnehmen (§ 22a VwVG LSA).

414

Die Vermögensauskunft kann dem Schuldner grundsätzlich erst nach Ablauf von zwei Jahren wiederholt abgenommen werden (§ 22 Abs. 3 VwVG LSA i. V. m. § 802d S. 1 ZPO bzw. § 22a Abs. 1 S. 2 VwVG LSA i. V. m. § 284 Abs. 4 S. 1 AO). Ob der Schuldner die Vermögensauskunft innerhalb dieser Sperrfrist bereits für einen anderen Gläubiger abgegeben hat, kann die Vollstreckungsbehörde im Vollstreckungsportal[303] prüfen. Außerdem kann sie ein ggf. vorhandenes Vermögensverzeichnis einsehen (§ 802k Abs. 2 S. 2 Nr. 2, 3 ZPO).

415

Hat die Sachverhaltsaufklärung durch die Schuldner nicht zum Ziel geführt oder verspricht sie von vornherein keinen Erfolg, kann die Vollstreckungsbehörde auch bei Dritten Aus-

416

---

[300] Für weitere Informationen zum Verfahren der Vermögensauskunft siehe die Kommentierungen zu den §§ 802c ff. ZPO.
[301] Beispiel: bit.ly/2NkDPBQ.
[302] Weitere Informationen unter vollstreckungsportal.de.
[303] Unter vollstreckungsportal.de.

künfte zu seinen wirtschaftlichen Verhältnissen einholen (§ 21a Abs. 1 VwVG LSA). Dazu gehören vor allem

- das automatisierte Kontenabrufverfahren, mit dem Konten und Depots des Schuldners festgestellt werden können (§ 93 Abs. 7–10, § 93b AO)[304],
- das elektronische Übermittlungsersuchen bei der Datenstelle der Rentenversicherung, um den Arbeitgeber des Schuldners zu ermitteln (§ 74a SGB X), und
- das Auskunftsersuchen an das Kraftfahrt-Bundesamt, um Daten zu Fahrzeugen zu erhalten, als dessen Halter der Schuldner eingetragen ist (§ 35 Abs. 1 Nr. 17 StVG).

(5) Mobiliarvollstreckung

417 Im Rahmen der sog. Mobiliarvollstreckung greift die Vollstreckungsbehörde auf das bewegliche Vermögen des Schuldners zu, d.h. körperliche Sachen (z.B. Pkw, Notebook, Briefmarkensammlung) und Rechte (z.B. Arbeitseinkommen, Kontoguthaben, Lebensversicherung).

(aa) Pfändung körperlicher Sachen

418 Die Vollstreckung in Sachen, also körperliche Gegenstände (§ 90 BGB), hat in den letzten Jahrzehnten deutlich an Bedeutung verloren. Heute spielt sie vor allem bei Fahrzeugen, Notebooks und Unterhaltungselektronik sowie speziellen Wertgegenständen wie Münzen oder Uhren noch eine praktische Rolle. Sie wird von einem Vollstreckungsbeamten durchgeführt (§ 31 Abs. 1 VwVG LSA), d.h. einem besonders bestellten Bediensteten der Vollstreckungsbehörde (§ 8 Abs. 1 VwVG LSA). Er pfändet die Sache, indem er von ihr Besitz ergreift, sie also z.B. mitnimmt, oder auf ihr ein Pfandsiegel befestigt und sie vorerst beim Schuldner belässt (§ 31 Abs. 1, 2 VwVG LSA).

419 Vor einer Pfändung prüft der Vollstreckungsbeamte lediglich, ob der Schuldner den Gewahrsam an der Sache hat (§ 31 Abs. 1, 2 VwVG LSA), d.h., er die nach außen erkennbare, tatsächliche Sachherrschaft über die Sache ausübt.[305] Der Gewahrsam eines Dritten ist ebenfalls ausreichend, wenn er bereit ist, die Sache herauszugeben (§ 31 Abs. 4 VwVG LSA). Der Vollstreckungsbeamte muss daher nicht feststellen, ob der Schuldner auch Eigentümer der Sache ist.[306]

420 Weiterhin achtet der Vollstreckungsbeamte darauf, dass die Pfändungen nicht über das zur Befriedigung erforderliche Maß hinausgehen und nach Abzug der Kosten für die Pfändung und Verwertung noch ein Überschuss verbleibt (§ 27 Abs. 2, 3 VwVG LSA).

421 Besonders bedeutsam sind schließlich die in § 811 ZPO geregelten Pfändungsverbote, auf die § 31 Abs. 5 VwVG LSA verweist. Von praktischer Relevanz sind vor allem:

---

304 Weiter Informationen finden sich unter bit.ly/kontenabruf.
305 Vgl. für die Pfändung nach der ZPO Uhl in Vorwerk et al., § 808 Rn. 5.
306 Vgl. für die Pfändung nach der ZPO Flockenhaus in Musielak et al., § 808 Rn. 5.

– § 811 Nr. 1 ZPO: Unpfändbar sind Sachsen, die dem persönlichen Gebrauch oder Haushalt dienen. Dazu gehören im Rahmen einer angemessenen, bescheidenen Lebens- und Haushaltsführung beispielsweise Kleidung sowie Haus- und Küchengeräte.

– 811 Nr. 5 ZPO: Unpfändbar sind diejenigen Gegenstände, die erforderlich sind, um eine Erwerbstätigkeit aus körperlichen, geistigen oder sonstigen persönlichen Leistungen fortzusetzen. Dazu gehören beispielsweise die Kamera eines Fotografen oder der Pkw, den der angestellte Schuldner benötigt, um zu seiner Arbeitsstätte zu fahren, weil es keine Verbindung mit öffentlichen Verkehrsmitteln gibt und die Strecke zumutbar auch nicht zu Fuß oder mit dem Fahrrad zurückgelegt werden kann.[307]

– § 811 Nr. 12 ZPO: Nicht gepfändet werden dürfen Hilfsmittel, die wegen körperlicher Gebrechen des Schuldners oder seiner Familienangehörigen notwendig sind. Das gilt beispielsweise für den Pkw eines gehbehinderten Schuldners, wenn die Benutzung des Pkw erforderlich ist, um die Gehbehinderung teilweise zu kompensieren und die Eingliederung des Schuldners in das öffentliche Leben wesentlich zu erleichtern.[308]

Geht auch nach der Pfändung keine Zahlung ein, wird der zweite Verfahrensschritt eingeleitet – die Verwertung. Sie erfolgt grundsätzlich durch eine öffentliche Versteigerung, die früher nur als Präsenz- und mittlerweile häufig als Internetversteigerung auf www.zoll-auktion.de durchgeführt wird (§ 34 VwVG LSA mit Ausnahmen in § 42 VwVG LSA, § 4 DVO-VwVG LSA). Der Erlös aus dem Meistgebot, das durch den Ersteher gezahlt wurde, wird mit der offenen Forderung des Abgabenschuldners verrechnet (vgl. § 38 Abs. 2 VwVG LSA). | 422

Steht der Kommune kein Vollstreckungsbeamter zur Verfügung, kann sie einen Gerichtsvollzieher mit der Sachpfändung beauftragen (§ 8 Abs. 5 VwVG LSA i.V.m. der Allgemeinverfügung des Ministeriums für Justiz und Gleichstellung des Landes Sachsen-Anhalt vom 18.6.2013, Az. 3741-202.3216/11, zur Vollstreckung öffentlich-rechtlicher und privatrechtlicher Forderungen im Verwaltungszwangsverfahren durch Gerichtsvollzieher). | 423

(bb) Pfändung von Forderungen und anderen Rechten

Den wesentlichen Teil der Einnahmen erzielt eine Vollstreckungsbehörde durch die Pfändung von Geldforderungen (§§ 45 ff. VwVG LSA). Dabei greift sie auf den Zahlungsanspruch zu, den der Schuldner seinerseits gegen einen Dritten, den sogenannten Drittschuldner, hat. Beispiele: Der Schuldner hat gegen | 424

– seinen Arbeitgeber einen Anspruch auf Lohnzahlung,
– sein Kreditinstitut einen Anspruch auf Auszahlung des Kontoguthabens,
– die Deutsche Rentenversicherung einen Anspruch auf Zahlung von gesetzlicher Altersrente oder
– seinen Vermieter einen Anspruch auf Auszahlung des Betriebskostenguthabens.

Die Vollstreckung erfolgt, indem die Behörde eine Pfändungs- und Einziehungsverfügung erlässt und dem Drittschuldner zustellt (§§ 45 Abs. 1, 2, 50 Abs. 1, 2 VwVG LSA). Dadurch zahlt der Drittschuldner das Arbeitseinkommen, das Kontoguthaben, die Rente, das Betriebskostenguthaben usw. nicht mehr an den Schuldner, sondern überweist es der Voll- | 425

---

[307] Uhl in Vorwerk et al., § 811 Rn. 20.1 m.w.N.
[308] BGH, Beschl. v. 16.06.2011 – VII ZB 12/09, openJur 2011, 94524.

streckungsbehörde (§§ 45 Abs. 1 S. 1, 51 Abs. 1 VwVG LSA). Das gilt allerdings nur, soweit die Forderung nicht unpfändbar ist.

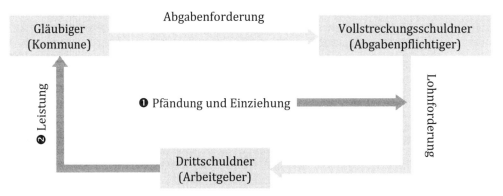

Abb. 35 – Pfändung und Einziehung einer Forderung (Arbeitseinkommen)

426　Unpfändbar ist z.B. das Arbeitseinkommen des Schuldners in Höhe der Pfändungsfreigrenze, die sich aus dem Anhang zur PfändfreiGrBek 2019 ergibt (Tabelle zu § 850c ZPO).

427
> **Sachverhalt 40:** Der Abgabenschuldner Ingo Notlage ist ledig und hat zwei 7- bzw. 14-jährige Kinder, die mit ihm in einem Haushalt leben. Ingo Notlage arbeitet als Einkäufer bei der Musterhausen Warenhandels GmbH und erhält monatlich 2.000 EUR netto. Die Vollstreckungsbehörde pfändet sein Arbeitseinkommen.
>
> **Aufgabe:** In welcher Höhe ist das Arbeitseinkommen unpfändbar?
>
> **Lösung:** Der pfändbare Betrag ist in der Spalte „[Pfändbarer Betrag bei Unterhaltspflicht für] 2 [Personen]" und der Zeile „2. 000,00 bis 2. 009,99" abzulesen. Danach sind 52,59 EUR pfändbar (siehe Tabelle 4). Dem Schuldner verbleiben somit 1.947,41 EUR.

Nettolohn monatlich	Pfändbarer Betrag bei Unterhaltspflicht für ... Personen					
	0	1	2	3	4	5 und mehr
	in EUR					
bis 1 179,99	-	-	-	-	-	-
1 180,00 bis 1 189,99	0,99	-	-	-	-	-
⋮						
1 990,00 bis 1 999,99	567,99	183,92	48,29	-	-	-
2 000,00 bis 2 009,99	574,99	188,92	52,29	-	-	-
2 010,00 bis 2 019,99	581,99	193,92	56,29	-	-	-

Tab. 15 – Auszug aus dem Anhang zur PfändfreiGrBek 2019

Auch für viele andere Forderungsarten hat der Gesetzgeber die Pfändbarkeit einge- **428**
schränkt oder ganz ausgeschlossen. Das gilt beispielsweise für

– Pfändungsschutzkonten (§ 850k ZPO bzw. §§ 899 ff. ZPO ab 01.12.2021),
– Arbeitslosengeld II (§§ 42 Abs. 4 S. 1, 19 ff. SGB II),
– Verletztengeld (§ 54 Abs. 4 SGB I, §§ 45 ff. SGB VII) oder
– Überbrückungsgeld Strafgefangener (§ 125 Nr. 1 JVollzGB I LSA, § 51 Abs. 5 StVollzG).

(6) Immobiliarvollstreckung

Offen Abgabenforderungen kann die Behörde auch durch eine Vollstreckung in das unbe- **429**
wegliche Vermögen des Schuldners beitreiben, sog. Immobiliarvollstreckung (§§ 58 f.
VwVG LSA). Das unbewegliche Vermögen des Schuldners umfasst vor allem Grundstücke,
Wohnungseigentum und Erbbaurechte. Dabei sind verschiedene Vollstreckungsmaßnahmen zu unterscheiden:

– Zwangssicherungshypothek,
– Zwangsversteigerung,
– Zwangsverwaltung.

Alle drei Maßnahmen haben gemeinsam, dass sie von der Vollstreckungsbehörde nicht **430**
selbst durchgeführt werden. Stattdessen stellt sie die erforderlichen Anträge bzw. Ersuchen bei dem zuständigen Amtsgericht (§ 58 Abs. 3 VwVG LSA).

Bei der Zwangsversteigerung, die das Amtsgericht nach den Bestimmungen des ZVG durch- **431**
führt, wird z. B. das Eigentum an einem Grundstück des Schuldners an den höchstbietenden
Ersteher übertragen. Der Erlös wird verwendet, um die Gläubiger nach einer festgelegten
Rangfolge (siehe § 10 ZVG) zu befriedigen. Bei der Zwangsverwaltung bleibt der Schuldner
dagegen zwar Eigentümer, allerdings versucht ein Zwangsverwalter z. B. mit der landwirt-
schaftlichen Nutzfläche des Schuldners Erträge zu erwirtschaften, die dann der Gläubiger-
befriedigung dienen. Auch die Zwangsverwaltung richtet sich nach dem ZVG. Beide Verfahren soll die Vollstreckungsbehörde nur beantragen, wenn die Abgabenforderung nicht
durch eine Vollstreckung in das bewegliche Vermögen → S. 128 beigetrieben werden kann.

Die Zwangssicherungshypothek wird durch das Grundbuchamt, eine Organisationseinheit **432**
des Amtsgerichts, auf Ersuchen der Vollstreckungsbehörde in das Grundbuch eingetragen
(§ 58 Abs. 1 S. 2 ZPO i. V. m. § 867 ZPO). Dafür muss die einzutragende Forderung mehr als
750 EUR betragen (§ 58 Abs. 1 S. 2 ZPO i. V. m. § 866 Abs. 3 ZPO). Die Zwangssicherungshypothek dient nicht unmittelbar der Befriedigung, sichert die Forderung aber an dem unbe-
weglichen Vermögen des Schuldners und verbessert unter Umständen den Rang im Rahmen der Zwangsversteigerung bzw. -verwaltung (vgl. § 10 ZVG).

(7) Vollstreckungsaufschub

In bestimmten Situationen kann die zwangsweise Beitreibung für den Vollstreckungs- **433**
schuldner wegen besonderer Umstände eine unbillige Härte bedeuten. Die Vollstreckungsbehörde muss dann im Rahmen ihres Ermessens entscheiden, ob und ggf. inwieweit sie die
Vollstreckung ganz oder teilweise einstellt (§ 24 Abs. 1 VwVG LSA). Eine Unbilligkeit i. S. d.

§ 24 Abs. 1 VwVG LSA liegt vor, „wenn die Vollstreckung oder eine einzelne Vollstreckungs-maßnahme dem Vollstreckungsschuldner einen unangemessenen Nachteil bringen würde, der durch kurzfristiges Zuwarten oder durch eine andere Vollstreckungsmaßnahme ver-mieden werden könnte"[309].

434 Beispiele: Der Vollstreckungsschuldner

– bietet an, die Forderung in Raten zu zahlen. Es ist mit hinreichender Wahrscheinlichkeit zu erwarten, dass er seine Zusage einhalten wird. Bei der angebotenen Ratenhöhe kann mit einer zügigen und kurzfristigen Tilgung der Steuerschuld gerechnet werden;[310]
– hat mitgeteilt, dass er bei einer Versteigerung seines gepfändeten Pferdes den Suizid als einzige Alternative sehe. Sein Hausarzt habe eine schwere depressive Episode diagnos-tiziert und das Heranrücken des Versteigerungstermins verschlimmere die Symptomatik noch. Die Kosten für die Aufnahme in eine ambulante tagesklinische Therapie würden derzeit geklärt.[311]

435 Der Vollstreckungsaufschub wird durch einen Verwaltungsakt oder in einer Ratenzah-lungsvereinbarung durch einen öffentlich-rechtlichen Vertrag gewährt. Anders als bei der Stundung → S. 116 bleibt die Abgabenforderung trotz des Vollstreckungsaufschub fällig. Daher entstehen weiterhin Säumniszuschläge → S. 123. Wie die Stundung unterbricht der Vollstreckungsaufschubs allerdings die Zahlungsverjährung → S. 139.

436 Ist von einer dauerhaften Unbilligkeit auszugehen, kommt unter Umständen ein Erlass der Abgabenforderung in Betracht → S. 140.

b) Insolvenzverfahren

437 Die Verwaltungsvollstreckung findet häufig in Konkurrenz zu weiteren Gläubigern dessel-ben Schuldners statt. Dabei versucht jeder Gläubiger für sich, seine Forderungen bestmög-lich beizutreiben, sog. Einzelvollstreckung (vgl. § 28 Abs. 3 VwVG LSA). Dagegen dient das Insolvenzverfahren als sog. Gesamtvollstreckungsverfahren dazu, die Gläubiger eines Schuldners gemeinschaftlich zu befriedigen, indem das Vermögen des Schuldners grund-sätzlich zentral verwertet und der Erlös verteilt wird (§ 1 S. 1 InsO).

438 Das Insolvenzverfahren beginnt mit einem Antrag des Schuldners oder eines Gläubigers beim Amtsgericht als Insolvenzgericht (§§ 1 Abs. 1 S. 1, 2, 2 InsO). Das Gericht eröffnet ein Insolvenzverfahren und bestellt einen Insolvenzverwalter, wenn ein Insolvenzgrund vor-liegt (§§ 16, 27 InsO), z. B. der Schuldner zahlungsunfähig ist (§ 17 InsO). Ggf. trifft das Ge-richt bis dahin vorläufige Sicherungsmaßnahmen, indem es z. B. einen vorläufigen Insol-venzverwalter bestellt oder Maßnahmen der Zwangsvollstreckung untersagt (§ 21 Abs. 2 S. 1 Nr. 1, 3 InsO).

---

[309] BFH, Beschl. v. 12.12.2005 – VII R 63/04, bit.ly/VIIR63-04.
[310] BFH, Beschl. v. 12.12.2005 – VII R 63/04, bit.ly/VIIR63-04; Muster für Ratenzahlungsvereinbarungen mit Voll-streckungsaufschub bei Benner/Wiener KKZ 2017, 108–111, 131–134, 180–184, 207–210.
[311] Vgl. zu § 765a ZPO BVerfG, Beschl. v. 08.08.2019 – 2 BvR 305/19, bit.ly/2BvR305-19.

Alle Insolvenzgläubiger, d.h. solche Gläubiger, die einen zur Zeit der Eröffnung des Insol- 439
venzverfahrens begründeten Vermögensanspruch gegen den Schuldner haben (§ 38 InsO),
können ihre Forderungen schriftlich beim Insolvenzverwalter anmelden (§ 174 InsO). Der
Insolvenzverwalter trägt die Forderungen in die Insolvenztabelle ein (§ 175 InsO). In einem Prüfungstermin werden alle angemeldeten Forderungen geprüft und ggf. festgestellt
(§§ 176, 178 InsO). Zudem nimmt der Insolvenzverwalter das Vermögen des Schuldners,
soweit es nicht unpfändbar ist, in Besitz und verwertet es (§§ 35, 148, 159 InsO). Mit den
nach Abzug der Verfahrenskosten verbleibenden Barmitteln werden die festgestellten Insolvenzforderungen befriedigt (§§ 54, 187 InsO). Reicht der zu verteilende Betrag nicht für
alle festgestellten Forderungen aus (das ist in der Praxis die Regel), erhalten die Insolvenzgläubiger nur die sogenannte Insolvenzquote, d.h. einen bestimmten Prozentsatz ihrer
festgestellten Forderungen.

Neben den Insolvenzgläubigern gibt es weitere Gläubigerarten, für die jeweils besondere 440
Rechte bzw. Einschränkungen gelten, z.B. nachrangige Insolvenzgläubiger (§ 39 InsO),
Massegläubiger (§ 53 InsO), Neugläubiger (vgl. §§ 38, 53 InsO) und absonderungsberech-
tigte Gläubiger (§§ 49 ff. InsO). In diesen Rollen kann sich die Behörde ebenfalls wiederfin-
den.

Zudem weichen zahlreiche Verfahren von dem dargestellten Ablauf eines Regelinsolvenz- 441
verfahrens ab, indem z.B.

– der Antrag auf Eröffnung des Insolvenzverfahrens abgewiesen wird, weil das Vermögen
  des Schuldners voraussichtlich nicht ausreichen wird, um die Kosten des Verfahrens zu
  decken (§ 26 InsO),
– das Verfahren nach den Regelungen in einem Insolvenzplan durchgeführt wird (§§ 217
  ff. InsO),
– die Eigenverwaltung angeordnet wird und der Schuldner unter der Aufsicht eines Sach-
  walters die Insolvenzmasse verwaltet und über sie verfügt (§§ 270 ff. InsO) oder
– das Verfahren als Verbraucherinsolvenzverfahren mit teilweise besonderen Regelungen
  durchgeführt wird (§§ 304 ff. InsO).

Ein in der Praxis bedeutsames Instrument ist außerdem die Restschuldbefreiung. Sie kann 442
von einer natürlichen Person beantragt werden und führt dazu, dass sie nach dem Insolvenzverfahren und einer – mit Stand Oktober 2020 – grundsätzlich sechsjährigen Wohlverhaltensperiode im Regelfall von den Insolvenzforderungen befreit wird (§§ 286 ff.
InsO). Voraussetzung ist u. a., dass der Schuldner sein pfändbares Einkommen für die Dauer der Wohlverhaltensperiode an einen vom Insolvenzgericht bestimmten Treuhänder ab-
tritt (§ 287 Abs. 2 InsO).

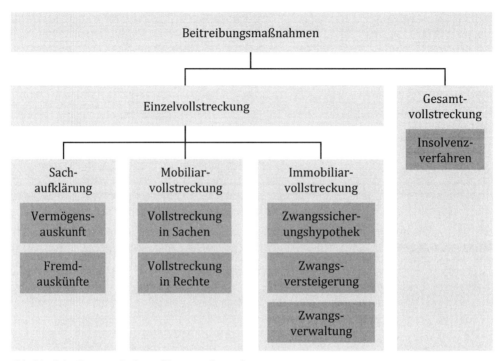

Abb. 36 – Beitreibungsmaßnahmen (Zusammenfassung)

IX. Niederschlagung

443   Die Niederschlagung ist eine verwaltungsinterne Maßnahme, mit der befristet oder unbefristet davon abgesehen wird, einen fälligen Anspruch weiterzuverfolgen, ohne jedoch auf ihn zu verzichten (vgl. für das Landeshaushaltsrecht: Nr. 2 der VV zu § 59 LHO).

1. Hintergrund

444   Als Teil des Jahresabschlusses muss der Forderungsbestand in der kommunalen Bilanz die tatsächlichen Verhältnisse widerspiegeln (vgl. § 118 Abs. 1 S. 3 KVG LSA i.V.m. § 46 Abs. 3 Nr. 2 lit. b, c KomHVO). Die Werthaltigkeit der Forderungen muss nach den Grundsätzen der Richtigkeit und Willkürfreiheit, die in der Buchführung zu beachten sind,[312] wirklichkeitsgetreu eingeschätzt werden (§ 37 Abs. 1 Nr. 2 S. 1 KomHVO). Da Forderungen aus verschiedenen Gründen vorübergehend oder dauerhaft uneinbringlich sein können, ist eine Bereinigung des Buchwerks notwendig. Das kann in Form einer Pauschal- oder Einzelwertberichtigung erfolgen, wobei Letzteres die Niederschlagung der betroffenen Forderungen beinhaltet.[313]

---

[312] Vgl. zu diesem Grundsatz Pfeiffer et al., Rn. 26–29.
[313] Dazu insgesamt Grimberg, Kommunalhaushaltsrecht, Nr. 3 § 30 KomHVO; Grimberg et al., S. 524 ff., 632 ff.

Der Abgabenpflichtige hat auf die Niederschlagung einer gegen ihn bestehenden Forderung keinen Rechtsanspruch.[314] Vielmehr entscheidet die Kommune damit lediglich intern, dass sie den Anspruch nicht weiterverfolgt und die Betreibung einstellt.[315] Die Niederschlagung einer Forderung bedeutet nicht, dass der Anspruch – im Vergleich zum Erlass – nach § 47 AO erlischt.[316] So kann die Kommune zu einem späteren Zeitpunkt erneut Beitreibungsmaßnahmen durchführen und jederzeit Zahlungen des Schuldners annehmen, soweit die Zahlungsverjährung noch nicht eingetreten ist.[317] Als eine verwaltungsinterne Maßnahme hat die Niederschlagung keine Außenwirkung und ist deshalb kein Verwaltungsakt i. S. d. § 118 AO.[318] Eine Bekanntgabe gegenüber dem Schuldner ist somit nicht erforderlich. Dadurch unterscheidet sich die Niederschlagung von der Stundung → S. 116 und dem Erlass → S. 140.

445

2. Gründe für eine Niederschlagung

Mit der Niederschlagung von Forderungen soll der Verwaltungsaufwand für nicht zielführende Maßnahmen reduziert werden. Deshalb kommt eine Niederschlagung nach § 261 AO in Betracht, wenn zu erwarten ist, dass

446

– die Erhebung keinen Erfolg haben wird oder
– die Kosten der Erhebung außer Verhältnis zu dem zu erhebenden Betrag stehen.

Da bereits die Erwartung ausreichend ist und weder die Erfolglosigkeit der Erhebung noch die Unverhältnismäßigkeit der Kosten abschließend feststehen müssen, kann die Kommune eine Prognoseentscheidung treffen.[319] Gleichwohl werden die Schuldnerhistorie und die in der Vergangenheit durchgeführten Vollstreckungsbemühungen in die Entscheidung einfließen, um ein Gesamtbild über die Erfolgsaussichten zukünftiger Beitreibungsversuche einzuschätzen.

447

Die Erhebung wird keinen Erfolg haben (§ 261 Nr. 1 AO), wenn z. B. folgende Fallkonstellationen vorliegen:

448

– im Rahmen der Sachaufklärung oder von Vollstreckungsversuchen wurde lediglich unpfändbares Einkommen und Vermögen des Schuldners ermittelt,
– der Schuldner ist verstorben und andere Erben als der Fiskus sind nicht vorhanden (vgl. § 1964 Abs. 1 BGB),
– der Aufenthalt des Schuldners ist unbekannt,
– über das Vermögen des Schuldners wurde ein Insolvenzverfahren eröffnet und mit Quotenzahlungen → S. 132 ist nicht zu rechnen, oder
– dem Schuldner wurde im Rahmen eines Insolvenzverfahrens die Restschuldbefreiung → S. 133 erteilt.

---

[314] Vgl. auch Loose in Tipke et al., § 261 Rn. 1.
[315] Vgl. Loose in Tipke et al., § 261 Rn. 2.
[316] Loose in Tipke et al., § 261 Rn. 10.
[317] Vgl. dazu Loose in Tipke et al., § 261 Rn. 10 m. w. N.
[318] Loose in Tipke et al., § 261 Rn. 8.
[319] BT-Drs. 18/7457, S. 90.

449   Bei der Prüfung, inwieweit die Kosten der Erhebung außer Verhältnis zur Höhe der Forderung stehen (§ 261 Nr. 2 AO), darf die Kommune Wirtschaftlichkeitsaspekte und ökonomische Gründe in die Entscheidung zur Niederschlagung einfließen lassen. Dadurch soll unwirtschaftliches Handeln vermieden werden, indem der Verwaltungsaufwand zur zwangsweisen Beitreibung einer Forderung deren Höhe übersteigt. In den Kommunen werden deshalb vielfach nach Wertgrenzen abgestufte Verwaltungsanordnungen getroffen. So ist es z. B. denkbar, dass für eine einmalige Forderung von 10 EUR nur eine Ankündigung der Zwangsvollstreckung und ein Vollstreckungsversuch erfolgen, während für eine Forderung von 1.000 EUR mehrere Pfändungsversuche über einen längeren Zeitraum unternommen werden, bevor eine Niederschlagung wegen unverhältnismäßiger Kosten in Erwägung gezogen wird.

450   Bei der Abwägung, ob eine Forderung niedergeschlagen wird, differenziert die Praxis außerdem zwischen einmaligen und regelmäßig wiederkehrenden Forderungen. So macht es für die Beurteilung der Niederschlagungsgründe einen Unterschied, ob eine einmalige Mahngebühr von 10 EUR zu begleichen ist oder die vierteljährliche Grundsteuerforderung das Forderungskonto des Schuldners regelmäßig erhöht.

3. Verfahren

451   Für die Entscheidung, ob und ggf. für welchen Zeitraum eine Niederschlagung erfolgt, besitzen die Kommunen einen Ermessensspielraum. Das wird durch die Formulierung „dürfen niedergeschlagen werden" in § 261 AO deutlich.

452   Bei der Zuständigkeit für die Niederschlagung wird in der Praxis regelmäßig nach der Forderungshöhe differenziert, sodass z. B. die Finanzverantwortlichen, der Hauptverwaltungsbeamte, ein beschließender Ausschuss oder die Vertretung zuständig sein können. Die entsprechenden Regelungen werden dazu in der Hauptsatzung sowie in Verwaltungsanordnungen verankert.

4. Dauer der Niederschlagung

453   Die Niederschlagung kann befristet oder unbefristet erfolgen.[320] Bei einer unbefristeten Niederschlagung wird der Anspruch dauerhaft nicht weiterverfolgt und verjährt nach Ablauf der Zahlungsverjährungsfrist → S. 137. Sie kommt z. B. wegen unverhältnismäßig hoher Kosten der Beitreibung (§ 261 Nr. 2 AO) oder beim Tod des Schuldners ohne andere Erben als dem Fiskus in Betracht (§ 261 Nr. 1 AO).

454   Soll der Anspruch zu einem späteren Zeitpunkt jedoch aktiv weiterverfolgt werden, kann er zunächst vorübergehend – z. B. für drei oder fünf Jahre – befristet niedergeschlagen werden. Der Befristungszeitraum muss dabei so gewählt werden, dass der Eintritt der Zahlungsverjährung durch eine rechtzeitige Unterbrechung vermieden wird. Eine befristete Niederschlagung wird z. B. vorgenommen, wenn der Schuldner im Rahmen einer Vermögensauskunft sein unpfändbares Einkommen und Vermögen offenlegt und zu einem späteren Zeitpunkt eine erneute Prüfung erfolgen soll. Um den Fall wieder aufgreifen zu kön-

---

[320] Vgl. dazu insgesamt Grimberg et al., S. 525.

nen, werden in den Kommunen sog. Niederschlagungslisten u.a. mit den Angaben zum Schuldner, der niedergeschlagenen Forderung und der Befristungsdauer geführt.

X. Erlöschen von Ansprüchen

Ansprüche aus dem Steuerschuldverhältnis können erlöschen. Eine nicht abschließende Aufzählung möglicher Gründe enthält § 47 AO. Neben der bereits beschriebenen Festsetzungsverjährung → S. 111 sind insbesondere für die kommunale Praxis relevant: 455

- Zahlung,
- Aufrechnung,
- Zahlungsverjährung und
- Erlass.

Das Erlöschen hat zur Folge, dass die Kommune den ursprünglich vorhandenen Anspruch nicht weiterverfolgen darf.   456

1. Zahlung

Zahlungen sind an die Kommunalkasse zu richten (§ 224 Abs. 1 S. 1 AO). Sie sind zunächst mit den Abgaben zu verrechnen und danach mit Kosten, Zinsen und Säumniszuschlägen (§ 225 Abs. 2 S. 1 AO). Innerhalb der jeweiligen Position wird zunächst die am längsten fällige Forderung getilgt (§ 225 Abs. 2 S. 2 AO). Der Abgabenpflichtige kann allerdings jeweils eine andere Tilgungsreihenfolge bestimmen (§ 225 Abs. 2 S. 1 AO).   457

2. Aufrechnung

Die Kommune kann offene Abgabenforderungen nach Maßgabe von § 226 AO i.V.m. §§ 387–396 BGB mit Erstattungsansprüchen des Schuldners verrechnen. Diese sog. Aufrechnung erfolgt durch einen entsprechenden Verwaltungsakt, der dem Abgabenpflichtigen bekannt zu geben ist. Hat die Kommune beispielsweise einen fälligen Anspruch auf Zahlung von Verwaltungskosten über 1.000 EUR und der Abgabenpflichtige seinerseits einen fälligen Anspruch auf Erstattung überschüssiger Gewerbesteuervorauszahlungen von 750 EUR, kann die Kommune über den letztgenannten Betrag die Aufrechnung erklären. Dadurch erlöschen der Erstattungsanspruch vollständig und die Gebührenforderung in dieser Höhe. Nach der Aufrechnung beläuft sich die offene Forderung der Kommune mithin auf 250 EUR.   458

Auch der Abgabenpflichtige kann seinerseits die Aufrechnung erklären.   459

3. Zahlungsverjährung

Eine festgesetzte Abgabenforderung kann nicht auf unbestimmte Zeit bei dem Schuldner geltend gemacht werden. Sie unterliegt vielmehr der sogenannten Zahlungsverjährung (§ 228 Abs. 1 AO). Mit dem Eintritt der Zahlungsverjährung erlöschen der Anspruch aus dem Abgabenschuldverhältnis und die von ihm abhängenden Zinsen (§ 232 AO).   460

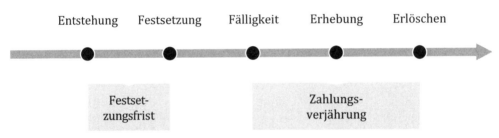

Abb. 37 – Zahlungsverjährung

a) Beginn, Dauer und Ende

461 Die Zahlungsverjährungsfrist beträgt fünf Jahre (§ 228 S. 2 AO). Sie beginnt mit dem Ablauf des Kalenderjahrs der ersten Fälligkeit (§ 229 Abs. 1 S. 1 AO), d.h., der 01.01. des Folgejahres ist der erste Tag der fünfjährigen Verjährungsfrist. Mit dem Ablauf des 31.12. des fünften Jahres endet die Zahlungsverjährung, d.h., am 01.01. des sechsten Jahres ist die Abgabenforderung verjährt. Ist der letzte Tag der Frist ein Sonnabend, Sonntag oder gesetzlicher Feiertag, endet die Zahlungsverjährung erst mit dem nächsten Werktag (§ 108 Abs. 3 AO, vgl. auch Nr. 2 AEAO zu § 228).

462 **Sachverhalt 41:** Eine Steuerforderung wurde Mitte 2012 festgesetzt und fällig.

Aufgabe: Prüfen und begründen Sie, mit Ablauf welches Tages die Forderung verjährt.

Lösung: Die Zahlungsverjährung beginnt am 01.01.2013. Der letzte Tag der Frist ist der 31.12.2017. Bei diesem Tag handelt es sich um einen Sonntag. Die Zahlungsverjährung tritt deshalb mit Ablauf des nächsten Werktages ein. Der 01.01.2018 ist ein Feiertag (§ 2 Nr. 1 FeiertG LSA). Der nächste Werktag ist damit der 02.01.2018. Mit dem Ablauf dieses Tages ist die Forderung verjährt.

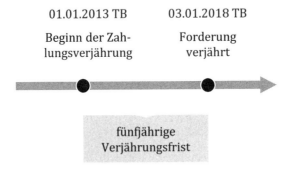

Abb. 38 – Beginn, Dauer und Ende der Zahlungsverjährung

b) Hemmung

463 Hemmung bedeutet, dass die Verjährungsfrist aus einem gesetzlich geregelten Grund pausiert oder ruht. Ist der Rechtsgrund für die Hemmung beseitigt, läuft die verbliebene Verjährungsfrist weiter, d.h., sie beginnt nicht erneut von vorne.

Die Zahlungsverjährung ist gehemmt, solange der Abgabenanspruch wegen höherer Gewalt innerhalb der letzten sechs Monate der Verjährungsfrist nicht verfolgt werden kann (§ 230 AO). Das kann z. B. bei Hochwasserlagen in Betracht kommen. Weitere Tatbestände für eine Hemmung der Zahlungsverjährung gibt es nicht.

464

c) Unterbrechung

Unterbrechung bedeutet, dass die Verjährungsfrist aus einem in § 231 Abs. 1 S. 1 AO geregelten Grund vollständig neu beginnt.

465

Bestimmte Unterbrechungsgründe wirken dabei nur punktuell, d. h., sie erstrecken sich nicht über einen bestimmten Zeitraum, z. B. die

466

– Ermittlung der Finanzbehörde nach dem Wohnsitz oder dem Aufenthaltsort des Zahlungspflichtigen (§ 231 Abs. 1 S. 1 Nr. 7 AO) und
– schriftliche Geltendmachung des Anspruchs (§ 231 Abs. 1 S. 1 Nr. 8 AO).

Die neue fünfjährige Zahlungsverjährung beginnt in diesen Fällen nach § 231 Abs. 3 AO bereits mit dem Beginn des nächsten Kalenderjahres erneut (Punktunterbrechung). Beispiel:

467

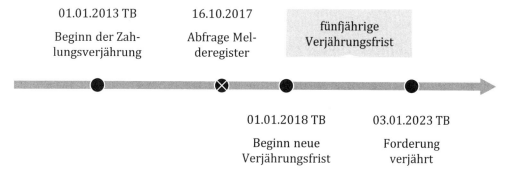

Abb. 39 – Unterbrechung der Zahlungsverjährung (Beispiel 1)

Andere Unterbrechungstatbestände erstrecken sich über einen bestimmten Zeitraum (§ 231 Abs. 2 S. 1 AO), beispielsweise

468

– die Stundung (§ 231 Abs. 1 S. 1 Nr. 1 Alt. 2, Abs. 2 S. 1 Nr. 1 AO) → S. 116 und
– der Vollstreckungsaufschub (§ 231 Abs. 1 S. 1 Nr. 1 Alt. 5, Abs. 2 S. 1 Nr. 1 AO) → S. 131.

Die neue fünfjährige Zahlungsverjährung beginnt in diesen Fällen erst, wenn der Unterbrechungstatbestand nach Maßgabe von § 231 Abs. 2 S. 1 AO beendet ist, und zwar wiederum mit dem Beginn des darauffolgenden Jahres (§ 231 Abs. 3 AO). Beispiel:

469

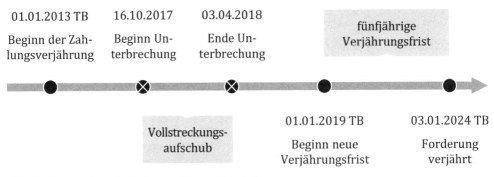

Abb. 40 – Unterbrechung der Zahlungsverjährung (Beispiel 2)

470

Sachverhalt 42: Eine Hundesteuerforderung wurde Mitte 2012 festgesetzt und fällig. Am 30.06.2017 wurde für die Steuerforderung eine Zwangssicherungshypothek an einem Grundstück des Schuldners eingetragen. Eine Grundsteuerforderung wurde Mitte 2013 fällig. Für sie wurde der Schuldner Mitte 2014 schriftlich unter näheren Angaben zur Forderung aufgefordert, zu zahlen.

Aufgabe: Prüfen und begründen Sie anhand der einschlägigen Rechtsnormen, mit Ablauf welches Tages die Forderungen verjähren.

Lösung: a) Die Zahlungsverjährung für die Hundesteuerforderung beginnt am 01.01.2013. Der letzte Tag der Frist wäre der 02.01.2018. Die vorherige Eintragung der Zwangssicherungshypothek unterbricht nach § 231 Abs. 1 S. 1 Nr. 3 AO jedoch den Lauf der Zahlungsverjährung, weil es sich dabei um eine Vollstreckungsmaßnahme handelt (§ 58 Abs. 1 S. 2 VwVG LSA i. V. m. § 866 Abs. 1 ZPO). Die Unterbrechung der Verjährung dauert bis zum Erlöschen der Zwangshypothek fort (§ 231 Abs. 2 S. 1 Nr. 3 Alt. 2 AO). Die neue Verjährungsfrist hat damit noch nicht begonnen, sodass bisher nicht feststeht, mit Ablauf welches Tages die Forderung verjähren wird.

b) Die Zahlungsverjährung der Grundsteuerforderung beginnt am 01.01.2014. Der letzte Tag der Frist wäre der 31.12.2018. Die vorherige Zahlungsaufforderung unterbricht nach § 231 Abs. 1 S. 1 Nr. 8 AO jedoch den Lauf der Zahlungsverjährung, weil es sich dabei um eine schriftliche Geltendmachung des Anspruchs handelt. Diese Unterbrechung wirkt nur punktuell, da die Geltendmachung in § 231 Abs. 2 S. 1 AO nicht genannt ist. Die neue Verjährungsfrist beginnt daher mit dem Ablauf des Kalenderjahrs 2014 (§ 231 Abs. 3 AO). Die neue fünfjährige Frist endet mit Ablauf des 31.12.2019, sodass die Forderung mit Beginn des 01.01.2020 verjährt ist.

4. Erlass

a) Begriff

471

Auch wenn die konsequente Anwendung der abgabenrechtlichen Regelungen gegenüber dem überwiegenden Teil der Abgabenpflichtigen im Sinne des Gesetzgebers gerecht ist, kann sie im Einzelfall zu Härten führen, die vom Gesetzgeber nicht beabsichtigt waren.[321] Ansprüche aus dem Abgabenschuldverhältnis können deshalb ganz oder teilweise erlassen

---

[321] Vgl. dazu insgesamt Loose in Tipke et al., § 227 Rn. 18 f.

werden, wenn deren Einziehung nach Lage des einzelnen Falls unbillig wäre (§ 227 S. 1, Hs. 1 AO, § 13a Abs. 1 S. 2 KAG-LSA), um dadurch die einzelfallbezogenen Härten auszugleichen. Neben den allgemeinen Erlassregelungen in § 227 AO und § 13a Abs. 1 S. 2 KAG-LSA enthalten die §§ 32–35 GrStG spezielle Erlasstatbestände für die Grundsteuer, auf die hier jedoch nicht näher eingegangen werden soll.

Mit dem Erlass erlischt die Forderung, sodass die Kommune endgültig auf den Anspruch verzichtet. Sie kann ihn zu einem späteren Zeitpunkt, z. B. wenn der Abgabenpflichtige Erbe geworden ist, nicht wieder aufgreifen. Das unterscheidet den Erlass von der Stundung → S. 116 und Niederschlagung → S. 134.

472

Häufig kann einer Notlage des Abgabenpflichtigen bereits mit einer Stundung → S. 116 oder einen Vollstreckungsaufschub → S. 131 ausreichend Rechnung getragen werden. Liegen die Voraussetzungen für einen Erlass nicht vor, sind sie deshalb hilfsweise zu prüfen → S. 117.[322] Der Erlassantrag schließt in der Regel einen darauf gerichteten Hilfsantrag ein.[323] Deshalb ist der Erlass einer Abgabe ein Ausnahmefall und kommt in der kommunalen Praxis eher selten vor.

473

b) Voraussetzungen

Der Wortlaut des § 227 AO enthält einen unbestimmten Rechtsbegriff („unbillig") und eröffnet gleichzeitig einen Ermessensspielraum („können"). Die Frage ist deshalb, ob

474

- zuerst der unbestimmte Rechtsbegriff auszulegen und erst danach die Ermessensentscheidung zu treffen ist oder
- es sich um eine einheitliche Ermessensvorschrift handelt, bei der die Inhalte und Grenzen der Ermessensausübung durch den Begriff der Unbilligkeit bestimmt werden.

Das ist von Bedeutung, weil die Auslegung eines unbestimmten Rechtsbegriffs gerichtlich voll überprüfbar ist, während die Anwendung einer Ermessensvorschrift einer gerichtlichen Prüfung weitgehend entzogen bleibt.

475

Nach der Rechtsprechung des Gemeinsamen Senats der obersten Gerichtshöfe des Bundes handelt es sich bei § 227 AO um eine einheitliche Ermessensentscheidung.[324]

476

Die Auslegung und Subsumtion des Begriffs der „Unbilligkeit" ist daher bereits Teil der Ermessensausübung. Um sich dem Begriff zu nähern, wird zwischen einer sachlichen und persönlichen Unbilligkeit unterschieden.

477

(1) Sachliche Unbilligkeit

Die Erhebung einer Abgabe ist sachlich unbillig, „wenn sie im Einzelfall nach dem Zweck des zugrundeliegenden Gesetzes nicht (mehr) zu rechtfertigen ist und dessen Wertungen

478

---

[322] Vgl. zum Verhältnis Stundung/Erlass Loose in Tipke et al., § 222 Rn. 22 f.
[323] Rüsken in Klein, § 222 Rn. 43; Loose in Tipke et al., § 222 Rn. 52.
[324] GemSOBG, Beschl. v. 19.10.1971 – GmS-OBG 3/70, openJur 2011, 118009.

zuwiderläuft."[325] Das ist in der kommunalen Praxis insbesondere für den Erlass von Säumniszuschlägen relevant. Kann deren Zielsetzung → S. 123 nicht mehr erreicht werden, ist ihre Erhebung sachlich unbillig und sie können teilweise oder vollständig erlassen werden (Nr. 5 AEAO zu § 240). In Nr. 5 AEAO zu § 240 sind dazu mehrere Fallkonstellationen aufgeführt. Dazu zählt z. B., dass einem Abgabenpflichtigen die rechtzeitige Zahlung der Abgabe wegen Zahlungsunfähigkeit und Überschuldung nicht mehr möglich war[326] und der Säumniszuschlag deshalb seine Funktion als Druckmittel zur Durchsetzung fälliger Abgaben verloren hat.

479

> **Sachverhalt 43:** Ingo Notlage betreibt in Dessau-Roßlau eine Spielewelt für Kinder, für die er gewerbesteuerpflichtig ist. Die Abschlusszahlung für die Gewerbesteuer 2019 hat er leider zu spät an die Stadt überwiesen, weshalb er Säumniszuschläge von 200 EUR bezahlen soll. Notlage sieht das nicht ein. Er hat bisher seine Steuern immer pünktlich entrichtet. Vielmehr befindet sich seine Buchhalterin im Krankenstand, weshalb es derzeit etwas „drunter und drüber" geht. Er beantragt daher den Erlass der Säumniszuschläge.
>
> **Aufgabe:** Prüfen und begründen Sie anhand der einschlägigen Rechtsnormen, ob die Säumniszuschläge erlassen werden können.
>
> **Lösung:** Ansprüche aus dem Steuerschuldverhältnis können ganz oder zum Teil erlassen werden, wenn deren Einziehung nach Lage des einzelnen Falls unbillig wäre (§§ 1 Abs. 2 Nr. 5, 227 AO). Zu den Ansprüchen aus dem Steuerschuldverhältnis gehört auch der Säumniszuschlag als steuerliche Nebenleistung (§§ 3 Abs. 4 Nr. 5, 37 Abs. 1 AO). Soweit die Zielsetzung der Säumniszuschläge nicht mehr erreicht werden kann, ist ihre Erhebung sachlich unbillig, sodass sie nach § 227 AO ganz oder teilweise erlassen werden können. Das kommt bei einem bisher pünktlichen Steuerzahler in Betracht, dem ein offenbares Versehen unterlaufen ist (Nr. 5 lit. b AEAO zu § 240). Notlage gibt an, dass er seine Steuerverbindlichkeiten immer rechtzeitig beglichen hat und die verspätete Entrichtung auf die Erkrankung seiner Buchhalterin zurückzuführen ist. Soweit eine Überprüfung des bisherigen Zahlungsverhaltens durch die Stadt Dessau-Roßlau diese Angaben bestätigt, können die Säumniszuschläge einmalig erlassen werden.

(2) Persönliche Unbilligkeit

480

Eine persönliche Unbilligkeit setzt die Erlassbedürftigkeit und -würdigkeit des Abgabenpflichtigen voraus.

(aa) Erlassbedürftigkeit

481

Der Abgabenpflichtige ist erlassbedürftig, soweit „die [Abgaben]erhebung die wirtschaftliche oder persönliche Existenz des [Abgaben]pflichtigen vernichten oder ernstlich gefährden würde."[327] Von einer Existenzgefährdung ist auszugehen, wenn „ohne Billigkeitsmaßnahmen der notwendige Lebensunterhalt vorübergehend oder dauernd nicht mehr be-

---

[325] BFH, Urt. v. 26.10.1994 – X R 104/92, bit.ly/XR104-92.
[326] BFH, Urt. v. 08.03.1984 – I R 44/80, bit.ly/IR44-80.
[327] BFH, Urt. v. 29.04.1981 – IV R 23/78, bit.ly/IVR23-78.

stritten werden kann."[328] Zum notwendigen Lebensunterhalt zählen u.a. Mittel für Nahrung, Kleidung, Wohnung, Hausrat und ärztliche Behandlung.[329] Ist davon auszugehen, dass der Abgabenpflichtige seinen Zahlungsverpflichtungen perspektivisch nachkommen kann, ist nicht von einer Existenzgefährdung und damit von einer Erlassbedürftigkeit auszugehen.[330] Diese zeitlich begrenzte wirtschaftliche Notlage kann – wie bereits einleitend dargestellt – durch eine Stundung → S. 116 oder einen Vollstreckungsaufschub → S. 131 überbrückt werden.[331]

Eine Erlassbedürftigkeit ist darüber hinaus nicht gegeben, wenn die zwangsweise Einziehung der Forderungen aufgrund der wirtschaftlichen Verhältnisse des Abgabenpflichtigen von vornherein ausgeschlossen ist, z.B. weil sein Einkommen und Vermögen unpfändbar sind.[332] In diesen Fällen würde der Erlass der Forderungen die wirtschaftliche Situation des Abgabepflichtigen nicht verbessern. Hat der Abgabenpflichtige Verbindlichkeiten gegenüber mehreren Gläubigern und ist er deshalb überschuldet, kommt ein Erlass nur in Betracht, wenn alle Gläubiger auf Forderungen verzichten.[333] Ist das nicht der Fall, begünstigt der Erlass von Forderungen der Kommune lediglich andere Gläubiger, wobei eine Existenzsicherung des Abgabenpflichtigen nicht gewährleistet ist. Die Kommune wird in dieser Situation jedoch eine Niederschlagung prüfen.

482

(bb) Erlasswürdigkeit

Weiterhin muss der Abgabenpflichtige erlasswürdig sein. Das ist nicht der Fall, „wenn der [Abgaben]pflichtige durch sein Verhalten in eindeutiger Weise gegen die Interessen der Allgemeinheit verstößt oder die mangelnde Leistungsfähigkeit selbst herbeiführt."[334] Erlassunwürdig ist deshalb in der Regel ein Abgabenpflichtiger, der seine Abgabenpflichten vernachlässigt und die ihm zur Verfügung stehenden finanziellen Mittel anderweitig einsetzt[335] oder seine Abgaben hinterzogen hat[336]. Krankheiten, z.B. eine Alkoholabhängigkeit, schließen die Erlasswürdigkeit nicht aus.[337]

483

Sachverhalt 44: Ingo Notlage lebt in Dessau-Roßlau und ist Halter eines Hundes. Um sich vor der Hundesteuer zu drücken, hatte er den Hund nicht angemeldet. Mehrere Jahre hat das wunderbar funktioniert. Sein neuer Nachbar beschwerte sich jedoch beim Ordnungsamt, weil ihm das nächtliche Kläffen den Schlaf raubte. Bei der anschließenden Prüfung der örtlichen Verhältnisse durch den Stadtordnungsdienst wurde der Hund entdeckt. Die Hundesteuer hat die Stadt rückwirkend erhoben, soweit die Festsetzungsverjährung noch nicht eingetreten war.

484

---

[328] BFH, Urt. v. 29.04.1981 – IV R 23/78, bit.ly/IVR23-78.
[329] BFH, Urt. v. 29.04.1981 – IV R 23/78, bit.ly/IVR23-78.
[330] BFH, Beschl. v. 15.07.1993 – III B 8/93, bit.ly/IIIB8-93.
[331] Vgl. dazu FG München, Urt. v. 28.05.1998 – 13 K 1411/97, BeckRS 1998, 30880841.
[332] BFH, Beschl. v. 24.10.1988 – X B 54/88, bit.ly/XB54-88, Beschl. v. 12.07.1989 – X B 111/88, bit.ly/XB111-88.
[333] BFH, Beschl. v. 20.03.1998 – V B 141/97, bit.ly/VB141-97, vgl. auch Beschl. v. 26.10.1999 – V B 130/99, bit.ly/VB130-99.
[334] BFH, Urt. v. 14.11.1957 – IV 418/56 U, bit.ly/IV418-56U.
[335] BFH, Urt. v. 27.02.1985 – II R 83/83, bit.ly/IIR83-83.
[336] BFH, Beschl. v. 09.02.1987 – IV B 53/86, bit.ly/IVB53-86.
[337] BFH, Beschl. v. 13.03.1990 – VII S 3/90, BeckRS 1990, 6484.

Notlage kann allerdings nicht zahlen. Ihm gelingt es schon nicht, andere Forderungen der Stadt – mehrere Bußgelder und die Grundsteuer – aufgrund seiner geringen Rente von 800 EUR im Monat rechtzeitig zu entrichten, weshalb regelmäßig der Vollstreckungsbeamte vor seiner Tür steht. Außerdem hat er bei mehreren Versandhäusern Schulden. Er beantragt deshalb den Erlass der Hundesteuerforderung.

Aufgabe: Prüfen und begründen Sie anhand der einschlägigen Rechtsnormen, ob der Erlass gewährt werden kann. Die HStS DeRsl finden Sie auf → S. 166.

Lösung: Ansprüche aus dem Steuerschuldverhältnis können ganz oder zum Teil erlassen werden, wenn deren Einziehung nach Lage des einzelnen Falls unbillig wäre (§ 13a Abs. 1 S. 2, 5 KAG-LSA i. V. m. § 227 AO). Vorliegend kommt ein Erlass aus persönlichen Gründen in Betracht. Dafür muss Notlage erlassbedürftig und -würdig sein. Notlage ist erlassbedürftig, soweit die Erhebung der Hundesteuer seine wirtschaftliche oder persönliche Existenz vernichtet oder ernstlich gefährdet. Davon ist auszugehen, wenn er ohne Erlass der Hundesteuer seinen notwendigen Lebensunterhalt vorübergehend oder dauernd nicht mehr bestreiten kann. Notlage hat mehrere Forderungsrückstände, sowohl bei der Stadt Dessau-Roßlau als auch bei anderen Gläubigern, die bereits teilweise zwangsweise beigetrieben werden. Er bezieht nur eine geringe monatliche Rente, die unpfändbar ist (vgl. § 850c ZPO). Ein Erlass der Forderungen der Stadt Dessau-Roßlau würde folglich nur den weiteren Gläubigern zugute kommen, ohne dass sich seine wirtschaftliche Situation verbessert. Eine Erlassbedürftigkeit liegt deshalb nicht vor.

Darüber hinaus kann auch eine Erlasswürdigkeit nicht bejaht werden. Das wäre der Fall gewesen, wenn Notlage u. a. mit seinem Verhalten nicht gegen die Interessen der Allgemeinheit verstoßen hätte. Laut Sachverhalt hat er jedoch mehrere Jahre den Hund nicht angemeldet und somit gegen die Meldepflicht verstoßen (§ 10 Abs. 1 HStS DeRsl). Damit hat er sich gegenüber den übrigen Hundesteuerpflichtigen finanziell bessergestellt und ordnungswidrig gehandelt (vgl. § 12 Abs. 1 Nr. 1 HStS DeRsl). Die Ordnungswidrigkeit wurde nur durch eine Anzeige seines Nachbarn gegenüber dem Ordnungsamt der Stadt Dessau-Roßlau bekannt. Eine Selbstanzeige ist nicht erfolgt. Notlage hat deshalb gegen die Interessen der Allgemeinheit verstoßen.

485 Die Voraussetzungen für einen Erlass lassen sich wie folgt zusammenfassen:

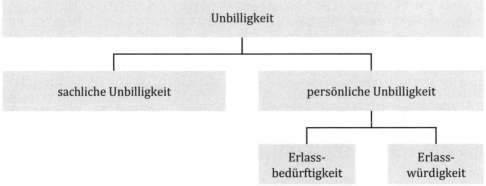

Abb. 41 – Erlassvoraussetzungen

Damit der Antrag des Abgabenpflichtigen auf Erlass der Forderungen geprüft werden kann, ist eine Begründung erforderlich. Insbesondere bei einem begehrten Erlass aufgrund persönlicher Unbilligkeit muss der Abgabenpflichtige seine wirtschaftlichen Verhältnisse offenlegen und seine Bedürftigkeit durch Einkommens- und Vermögensnachweise, Kontoauszüge usw. nachweisen. Abstrakte Behauptungen zur wirtschaftlichen Situation sind nicht ausreichend.[338] 486

XI. Steuergeheimnis

1. Einordnung und Zweck

Die DSGVO regelt u.a., unter welchen Voraussetzungen personenbezogene Daten von öffentlichen Stellen verarbeitet, d.h. beispielsweise erhoben, gespeichert oder übermittelt werden dürfen (vgl. Art. 4 Nr. 2 DSGVO). Diese verbindlichen europäischen Regelungen dürfen teilweise durch nationales Recht ergänzt und modifiziert werden. Davon haben sowohl der Bund in der AO als auch das Land Sachsen-Anhalt im KAG-LSA und mit dem DSAG LSA Gebrauch gemacht. 487

Eine besondere Bedeutung kommt dabei dem Steuergeheimnis nach § 30 AO zu. Es ergänzt das übrige Datenschutzrecht und bezweckt, durch einen „besonderen Schutz des Vertrauens in die Amtsverschwiegenheit die Bereitschaft zur Offenlegung steuerlicher Sachverhalte zu fördern, um so das Steuerverfahren zu erleichtern, die Steuerquelle vollständig zu erfassen und eine gesetzmäßige, d.h. insbesondere auch gleichmäßige Besteuerung sicherzustellen."[339]

Kern der Regelung ist die programmatische Aussage, dass Amtsträger das Steuergeheimnis zu wahren haben (§ 30 Abs. 1 AO). Darauf aufbauend wird geregelt, welche Datenverarbeitungen das Steuergeheimnis verletzten (§ 30 Abs. 2, 3 AO) → S. 146 und welche insoweit zulässig sind (§ 30 Abs. 4 AO) → S. 147. Die straf-, disziplinar- und zivilrechtlichen Folgen einer Verletzung des Steuergeheimnisses sind dagegen anderweitig geregelt → S. 149. 488

Für die kommunalen Gebühren und Beiträge gilt das Steuergeheimnis nicht (siehe § 13 Abs. 1 Nr. 1 lit. c, aa KAG-LSA). 489

Das von den Kommunen in Abgabenangelegenheiten zu beachtende Datenschutzrecht setzt sich daher wie folgt zusammen: 490

– Realsteuern: DSGVO und §§ 1 Abs. 2 Nr. 1, 29b ff. AO
– Kommunalsteuern: DSGVO, § 13 Abs. 1 Nr. 1 lit. c KAG-LSA i. V. m. § 30 AO und DSAG LSA
– kommunale Gebühren und Beiträge: DSGVO und DSAG LSA

---

[338] BFH, Beschl. v. 31.01.1996 – III B 75/95, bit.ly/IIIB75-95.
[339] BVerfG, Urt. v. 27.06.1991 – 2 BvR 1493/89, openJur 2011, 118417.

2. Verletzung des Steuergeheimnisses

a) Verpflichtete

491 Das Steuergeheimnis richtet sich zunächst an „Amtsträger" (§ 30 Abs. 2 AO). Dieser Begriff ist in § 7 AO legaldefiniert und umfasst insbesondere Beamte (§ 7 Nr. 1 AO).

492 Den Amtsträgern stehen weitere Personen gleich (§ 30 Abs. 3 AO). Das umfasst nach § 30 Abs. 3 Nr. 1 AO vor allem „die für den öffentlichen Dienst besonders Verpflichteten". Dazu gehört u.a., wer (ohne bereits Amtsträger zu sein)

– bei einer Behörde beschäftigt oder für sie tätig und
– auf die gewissenhafte Erfüllung seiner Obliegenheiten aufgrund eines Gesetzes förmlich verpflichtet ist (§ 11 Abs. 1 Nr. 4 lit. a StGB).

493 Bei „einer Behörde beschäftigt" sind vor allem die Tarifbeschäftigen, während z.B. externe Reinigungs-, Sicherheits- oder IT-Dienstleister „für sie tätig" sind. Die förmliche Verpflichtung erfolgt nach dem VerpflG und stellt damit vor allem sicher, dass Tarifbeschäftigte und externe Dienstleister bei einer Verletzung des Steuergeheimnisses ggf. strafrechtlich verfolgt werden können.

b) Geschützte Daten

494 Das Steuergeheimnis schützt u.a. personenbezogene Daten sowie Betriebs- und Geschäftsgeheimnisse Dritter, die dem Verpflichteten

– in einem Verwaltungsverfahren in Steuersachen (§ 30 Abs. 2 Nr. 1 lit. a, Nr. 2 AO) oder
– aus anderem dienstlichen Anlass (§ 30 Abs. 2 Nr. 1 lit. c, Nr. 2 AO)

bekannt geworden sind.

495 Personenbezogene Daten sind alle Informationen, die sich auf eine identifizierte oder identifizierbare natürliche Person beziehen (vgl. Art. 4 Nr. 1 DSGVO). Dazu gehören beispielsweise das Geburtsdatum und die Bankverbindung eines Abgabenpflichtigen oder die Art und Höhe der von ihm zu zahlenden Abgaben. Geschützt werden aber ebenso entsprechende Informationen von Körperschaften, rechtsfähigen oder nicht rechtsfähigen Personenvereinigungen oder Vermögensmassen (vgl. § 2a Abs. 5 Nr. 2 AO).

c) Verletzungshandlung

496 Das Steuergeheimnis wird u.a. verletzt, wenn ein Verpflichteter geschützte Daten „unbefugt offenbart oder verwertet" (§ 30 Abs. 2 AO). „Offenbarung" ist jedes ausdrückliche oder konkludente Verhalten, durch das die geschützten Daten einem Dritten bekannt werden können, z.B. die Gewährung von Akteneinsicht (Nr. 3.2 AEAO zu § 30). „Verwertung" ist jede Verwendung in der Absicht, aus der Nutzung der geschützten Daten für sich oder andere Vorteile ziehen zu wollen (Nr. 3.2 AEAO zu § 30). „Unbefugt" ist die Offenbarung oder Verwertung, wenn sie nicht nach § 30 Abs. 4 AO zulässig ist.

3. Zulässige Offenbarung oder Verwertung

In welchen Fällen geschützte Daten ohne Verletzung des Steuergeheimnisses offenbart oder verwertet werden dürfen, regelt § 30 Abs. 4 AO. Das ist z. B. der Fall, wenn es

    497

– der Durchführung eines Verwaltungs-, Rechnungsprüfungs- oder gerichtlichen Verfahrens in Steuersachen oder einem Strafverfahren wegen einer Steuerstraftat oder einem Bußgeldverfahren wegen einer Steuerordnungswidrigkeit dient (§ 30 Abs. 4 Nr. 1, Abs. 2 Nr. 1 lit. a, b AO),
– durch Bundesgesetz ausdrücklich zugelassen ist (§ 30 Abs. 4 Nr. 2 AO) oder
– die betroffene Person zustimmt (§ 30 Abs. 4 Nr. 3 AO).

Für kommunale Steuern wird die zulässige Offenbarung und Verwertung außerdem durch § 13 Abs. 1 Nr. 1 lit. c KAG-LSA ergänzt. Danach dürfen vor allem die bei der Verwaltung von kommunalen Steuern erlangten Erkenntnisse auch bei der Verwaltung anderer Kommunalabgaben desselben Abgabepflichtigen verwertet werden (§ 13 Abs. 1 Nr. 1 lit. c, aa, Hs. 2 KAG-LSA). Ist z. B. aus der Erhebung der Hundesteuer die Bankverbindung des Steuerpflichtigen bekannt, darf sie für eine Kontopfändung zur Beitreibung offener Gebühren genutzt werden.

    498

    499

Sachverhalt 45:[340] Die Society-Reporterin Valerie Fallera ruft im Steueramt der Stadt Dessau-Roßlau an. Sie habe von der Insolvenz des Lokalprominenten Johannes Beer gehört. Für eine sachgerechte Berichterstattung benötige sie Angaben zur Art und Höhe des Forderungsbestandes der Stadt. Sie beruft sich dafür auf § 4 Abs. 1 S. 1 PresseG LSA und § 1 Abs. 1 Nr. 1 lit. b IZG LSA. Außerdem bestehe ein öffentliches Interesse. Die zuständige Sachbearbeiterin, Frau Stadtoberinspektorin Heide Witzka, erläutert der Reporterin am Telefon, dass Herr Beer u. a. Gewerbesteuern von 500.000 EUR schulde. Frau Fallera offenbart die Daten am nächsten Tag in ihrem Zeitungsbericht.

Aufgabe: Prüfen und begründen Sie anhand der einschlägigen Rechtsnormen, ob das Steuergeheimnis verletzt wurde.

Lösung:

a) Frau Witzka ist Amtsträgerin i. S. d. §§ 1 Abs. 2, 30 Abs. 2, 7 Nr. 1 AO. Die Forderungsart und -höhe sind personenbezogene Daten des Herrn Beer. Sie wurden Frau Witzka im Rahmen eines Verwaltungsverfahrens in Steuersachen bekannt. Es handelt sich somit um vom Steuergeheimnis nach §§ 1 Abs. 2, 30 Abs. 2 Nr. 1 lit. a AO geschützte Daten. Die telefonische Weitergabe an die Reporterin ist eine Offenbarung dieser Daten i. S. d. §§ 1 Abs. 2, 30 Abs. 2 AO. Fraglich ist, ob die Offenbarung nach §§ 1 Abs. 2, 30 Abs. 4 AO zulässig war. Zulässig ist eine Offenbarung, die durch Bundesgesetz ausdrücklich zugelassen ist (§§ 1 Abs. 2, 30 Abs. 4 Nr. 2 AO). Bei dem PresseG LSA und dem IZG LSA handelt es sich um Landesgesetze. Nach § 30 Abs. 4 Nr. 2 AO ist Landesrecht prinzipiell ungeeignet, um Offenbarungen zuzulassen, weil es Bundesrecht nicht brechen kann (vgl. Art. 31 GG). Nur soweit § 30 AO durch ein Landesgesetz für anwendbar erklärt wird, vermag Landesrecht das Steuergeheimnis insoweit einzuschränken.

---

[340] Vgl. zu diesem Verhältnis von Bundes- und Landesrecht OVG Münster, Urt. v. 06.11.2018 – 15 A 2638/17, openJur 2019, 6736.

Das setzt allerdings zwingend voraus, dass sich die Offenbarungsbefugnis ausdrücklich und eindeutig aus dem jeweiligen Gesetz ergibt. Mit Blick darauf scheiden das PresseG LSA und das IZG LSA als taugliche Zulassungsnorm i.S.d. § 30 Abs. 4 Nr. 2 AO aus, weil der Landesgesetzgeber eine solche Einschränkung nicht formuliert hat. Die Offenbarung könnte aber nach §§ 1 Abs. 2, 30 Abs. 4 Nr. 5 AO zulässig gewesen sein. Dafür müsste an ihr ein zwingendes öffentliches Interesse bestanden haben. Das Interesse der Öffentlichkeit an Informationen über Prominente kann jedoch nicht mit den Regelbeispielen in § 30 Abs. 4 Nr. 5 lit. a bis c AO gleichgestellt und daher nicht als „zwingend" angesehen werden. Frau Witzka hat deshalb das Steuergeheimnis verletzt.

b) Frau Fallera ist weder Amtsträgerin noch Gleichgestellte i.S.d. §§ 1 Abs. 2, 30 Abs. 2, 4 AO. Sie hat das Steuergeheimnis durch die Berichterstattung folglich nicht verletzt.

500

Sachverhalt 46: Das Steueramt der Stadt Dessau-Roßlau hat einen externen Wachschutz beauftragt. Alle Mitarbeiter des Sicherheitsunternehmens sind nach dem VerpflG verpflichtet. Peter Silie ist Mitarbeiter des Sicherheitsunternehmens und damit beauftragt, nach Dienstschluss zu prüfen, ob alle Fenster in den Büros verschlossen sind. Im Büro der Stadtoberinspektorin Anna Nass, die sich bereits im Feierabend befindet, liest Peter Silie kurz in den Steuerakten, die auf dem Schreibtisch liegen. Frau Nass hatte sie dort liegen lassen, um am nächsten Morgen an ihnen weiterzuarbeiten.

Aufgabe: Prüfen und begründen Sie anhand der einschlägigen Rechtsnormen, ob das Steuergeheimnis verletzt wurde.

Lösung: Stadtoberinspektorin Anna Nass ist Amtsträgerin nach § 7 Nr. 1 AO. Indem sie die Akten nicht vor der Einsicht durch Dritte schützte, hat sie die im Besteuerungsverfahren erlangten Kenntnisse durch Unterlassen offenbart (§ 30 Abs. 2 Nr. 1 lit. a AO). Ein Rechtfertigungsgrund nach § 30 Abs. 4 AO liegt nicht vor. Frau Nass hat daher das Steuergeheimnis verletzt.

Peter Silie ist ein für den öffentlichen Dienst besonders Verpflichteter (§ 30 Abs. 3 Nr. 1 AO, Verpflichtungsgesetz). Er hat die geschützten Daten aber weder offenbart noch verwertet, sodass es insoweit an einer Verletzung des Steuergeheimnisses fehlt.

501

Sachverhalt 47:[341] Die Stadtratsfraktion DIE.DATENSCHÜTZER beantragt bei Oberbürgermeister Klaus Thaler, dem Stadtrat Einsicht in die Gewerbesteuerakten der 30 größten Gewerbesteuerzahler der Stadt in den Jahren 2018, 2019 und 2020 zu gewähren. Zur Begründung des Antrags führt die Fraktion an, bei den Haushaltsberatungen für das Jahr 2021 sei zur Sprache gekommen, dass Internetbetriebe hohe Steuereinnahmen in der Stadt generierten. Durch eine nähere Kenntnis der Art dieser Betriebe und ihrer Standorte könne eine Strategie entwickelt werden, um die Stadt für diese Branche attraktiver zu machen.

Aufgabe: Prüfen und begründen Sie anhand der einschlägigen Rechtsnormen, ob die Stadtratsfraktion DIE.DATENSCHÜTZER gegen den Oberbürgermeister Klaus Thaler den begehrten Anspruch hat.

---

341 In Anlehnung an OVG Münster, Urt. v. 06.11.2018 – 15 A 2638/17, openJur 2019, 6736.

Lösung: Auf Antrag einer Fraktion ist dem Stadtrat Akteneinsicht zu gewähren (§ 45 Abs. 6 S. 2 KVG LSA). Dem Wortlaut nach knüpft § 45 Abs. 6 S. 2 KVG LSA die Gewährung von Akteneinsicht an keine besonderen materiellen Voraussetzungen. Gleichwohl besteht dieses Akteneinsichtsrecht nicht unbegrenzt. Ihm können spezialgesetzliche Vorschriften entgegenstehen (§ 45 Abs. 7 KVG LSA). Dies ist hier der Fall. Der Akteneinsicht steht das Steuergeheimnis nach §§ 1 Abs. 2, 30 Abs. 1, 2 AO entgegen.[342]

4. Folgen bei Verletzung

Die Verletzung des Steuergeheimnisses nach § 30 AO ist strafbar und wird mit Freiheitsstrafe bis zu zwei Jahren oder Geldstrafe bestraft (§ 355 StGB). Des Weiteren kann eine Verletzung arbeits- bzw. disziplinarrechtliche Folgen haben, weil zugleich gegen Arbeits- bzw. Dienstpflichten verstoßen wurde. Denkbar sind außerdem zivilrechtliche Folgen, d.h. Ansprüche auf Schadensersatz und Unterlassung (vgl. Art. 34 GG, §§ 839, 823 Abs. 2 BGB i.V.m. § 355 StGB, § 1004 BGB analog).

502

---

[342] Siehe dazu ausführlich OVG Münster, Urt. v. 06.11.2018 – 15 A 2638/17, openJur 2019, 6736.

E. Abgabenbezogene Grundlagen der Kommunalverfassung

I. Rechtsgrundlagen

503 Wie auf → S. 51 erläutert, dürfen die Kommunen Abgaben aber nur aufgrund von Satzungen erheben (§ 2 Abs. 1 S. 1 KAG-LSA). Das Verfahren zum Erlass von Satzungen ist Teil des Kommunalverfassungsrechts, das im KVG LSA geregelt ist. Die Mindestinhalte von kommunalen Abgabensatzungen bestimmt das KAG-LSA.

II. Zuständigkeit für den Erlass einer Abgabensatzung

504 Die Vertretung der Kommune (Gemeinderat, Verbandsgemeinderat, Kreistag nach § 7 KVG LSA) ist für die Beschlussfassung der Abgabensatzungen zuständig (§ 45 Abs. 1 KVG LSA). Sie erfolgt in öffentlicher Sitzung (§ 52 Abs. 1 KVG LSA). Die Zuständigkeit für den Erlass, die Änderung oder Aufhebung einer solchen Satzung kann nicht nach § 66 Abs. 3 S. 1 KVG LSA auf den Hauptverwaltungsbeamten (Bürgermeister, Verbandsgemeindebürgermeister, Landrat, vgl. § 7 KVG LSA) bzw. gemäß § 48 Abs. 1 KVG LSA auf einen beschließenden Ausschuss übertragen werden (§ 45 Abs. 2 Nr. 1 KVG LSA).

505 Die Vertretung kann in dringenden Angelegenheiten frist- und formlos einberufen werden (§ 53 Abs. 4 S. 5 KVG LSA), sodass eine Eilentscheidung des Hauptverwaltungsbeamten (§ 65 Abs. 4 KVG LSA) über den Erlass oder die Änderung von Abgabensatzungen ausscheidet.[343]

506 **Sachverhalt 48:** Ingo Notlage ist Vorstandsvorsitzender des Hundesportvereins „Der beste Freund des Menschen" e. V. mit Sitz in Dessau-Roßlau. Ihm liegt das aktuelle Amtsblatt der Stadt mit einer Änderung der Hundesteuersatzung vor. Sie enthält eine Erhöhung der Abgabensätze und wurde in einer nicht öffentlichen Sitzung des Finanzausschusses beschlossen. Über dieses heimliche Vorgehen ist er schockiert und richtet eine Beschwerde an die Stadt. In einem Gespräch mit Ingo Notlage erläutert der Oberbürgermeister die Beweggründe. Er macht deutlich, dass eine Erhöhung von Steuern unpopulär ist. Um das öffentliche Wohl nicht zu gefährden, hält er das Verfahren für rechtmäßig.

Aufgabe: Prüfen Sie anhand der einschlägigen Rechtsnormen, ob die Beschlussfassung zur Änderung der Hundesteuersatzung unter Ausschluss der Öffentlichkeit durch den Finanzausschuss zulässig war.

Lösung: Die Beschlussfassungen der Vertretung und Ausschüsse sind öffentlich (§ 52 Abs. 1 KVG LSA). Die Öffentlichkeit ist auszuschließen, wenn das öffentliche Wohl (z.B. die Aufrechterhaltung der öffentlichen Sicherheit und Ordnung) oder berechtigte Interessen Einzelner (z.B. bei Personal- oder Grundstücksangelegenheiten) es erfordern (§ 52 Abs. 2 S. 1 KVG LSA). Das ist bei der Änderung einer Abgabensatzung nicht der Fall. Eine unpopuläre Entscheidung kann den Ausschluss nicht rechtfertigen.[344]

---

[343] Driehaus, Abgabensatzungen, § 3 Rn. 3–5; Haack in Kirchmer et al., § 2 Nr. 1.2; a.A.: OVG Münster, Beschl. v. 13.07.1970 – II A 1498/68, KStZ 1971, 84, Beschl. v. 15.08.1985 – 2 A 2613/84, OVGE 38, 133.

[344] Miller in Bücken-Thielmeyer et al., § 52 Nr. 3.2 zu unpopulären Entscheidungen.

> Daneben ist nach § 45 Abs. 1 KVG LSA die Vertretung für die Beschlussfassung von Abgabensatzungen zuständig (Organzuständigkeit). Den Erlass, die Änderung oder Aufhebung einer Satzung kann sie nicht auf Ausschüsse übertragen (§ 45 Abs. 2 Nr. 1 KVG LSA). Die Beschlussfassung durch den Finanzausschuss in einer nicht öffentlichen Sitzung war daher rechtswidrig.

507

III. Verfahren für den Erlass einer Abgabensatzung

Die von der Vertretung beschlossene Abgabensatzung wird vom Hauptverwaltungsbeamten ausgefertigt, d. h. unterzeichnet und gesiegelt, und im Anschluss öffentlich bekannt gemacht (§ 9 Abs. 1 S. 1 KVG LSA).[345] Sie tritt, soweit kein anderer Zeitpunkt bestimmt ist, am Tage nach der öffentlichen Bekanntmachung in Kraft (§ 8 Abs. 4 KVG LSA). Die Notwendigkeit einer öffentlichen Bekanntmachung leitet sich aus dem Rechtsstaatprinzip ab (Art. 20 Abs. 3 GG). Dadurch erhalten die Abgabenschuldner die erforderlichen Informationen, um ihrer Abgabenpflicht nachzukommen.[346] Die öffentliche Bekanntmachung kann durch Aushang, amtliche Bekanntmachungsblätter bzw. in einer oder mehreren Zeitungen erfolgen (§ 9 Abs. 1 S. 2 KVG LSA). Die ortsübliche Form wird in der Hauptsatzung bestimmt (§ 9 Abs. 1 S. 3 KVG LSA).[347] Der Text der bekannt gemachten Abgabensatzung soll im Internet zugänglich sein (§ 9 Abs. 1 S. 5 KVG LSA).

508

Abgabensatzungen sind außerdem der Kommunalaufsichtsbehörde mitzuteilen (§§ 8 Abs. 2 S. 1, 144 KVG LSA); eine Genehmigungspflicht ist nicht vorgesehen.

509

In der Praxis werden die Satzungen im Regelfall unbefristet erlassen. Sie treten nur durch einen Aufhebungsbeschluss der Vertretung außer Kraft (§ 45 Abs. 2 Nr. 1 KVG LSA).

510

IV. Mindestinhalte der Abgabensatzung

Die Abgabensatzung muss

511

- den Kreis der Abgabenschuldner,
- den Tatbestand, der die Abgabe begründet,
- den Maßstab zur Bemessung der Abgabe,
- den Satz der Abgabe sowie
- den Zeitpunkt, zu dem die Abgabe entsteht, und
- den Zeitpunkt, zu dem die Abgabe fällig wird,

bestimmen (§ 2 Abs. 1 S. 2 KAG-LSA).

Daneben ist in der Abgabensatzung auf Billigkeitsmaßnahmen hinzuweisen (§ 13a Abs. 1 S. 3 KAG-LSA).

512

---

[345] Reich in Schmid et al., § 9 Rn. 3–7.
[346] Driehaus, Abgabensatzungen, § 5 Rn. 1.
[347] Reich in Schmid et al., § 9 Rn. 8–17; Driehaus, Abgabensatzungen, § 5 Rn. 11, 69 f.; Holtbrügge in Driehaus, Kommunalabgabenrecht, § 2 Rn. 26–30.

513 Durch die Vorgabe der Mindestinhalte in §§ 2 Abs. 1 S. 2, 13a Abs. 1 S. 3 KAG-LSA werden die Abgabensatzungen insoweit dem Gestaltungsspielraum der Kommunen entzogen.[348] Der Landesgesetzgeber hat damit „dem Verfassungsgrundsatz der Rechtstaatlichkeit, insbesondere der Gesetzmäßigkeit der Verwaltung, der Rechtssicherheit und der Rechtsgleichheit Rechnung getragen."[349]

514 Unabhängig von der Vorgabe als Mindestinhalt kann eine Abgabensatzung auch ohne Angabe der Fälligkeit wirksam sein. Fehlt eine solche Regelung, bestimmt sich die Fälligkeit umstrittener-, aber richtigerweise nach dem Zeitpunkt, indem die Abgabe entstanden ist. Das folgt aus dem Verweis von § 13a Abs. 1 S. 5 KAG-LSA auf § 220 Abs. 2 S. 1 AO.[350] In der Praxis wird die Angabe der Fälligkeit in der Abgabensatzung aus Gründen der Anwendungssicherheit dennoch die Regel sein.

515 **Sachverhalt 49:** Ingo und Ina Notlage sind gemeinsam Halter eines Kampfhundes. Die jährliche Hundesteuer von 700 EUR hatten sie in den vergangenen Jahren zu zwei Fälligkeitsterminen an die Stadt Dessau-Roßlau zu zahlen. Nunmehr liegt ihnen der Bescheid für das aktuelle Jahr vor – die Steuer wurde auf 800 EUR jährlich erhöht. Der zuständige Bearbeiter erklärt, dass durch die geänderte Hundesteuersatzung nunmehr der Bürgermeister die Steuerhöhe festlege. Das habe er getan und die Steuer erhöht.

Aufgabe: Prüfen und begründen Sie anhand der einschlägigen Rechtsnormen, ob das Vorgehen der Stadt mit dem KAG-LSA im Einklang steht. Gehen Sie auch auf die Folgen einer möglichen Rechtsverletzung ein.

Lösung: Die Hundesteuer gehört zu den kommunalen Abgaben (§§ 1 Abs. 1, 3 KAG-LSA), die nur auf der Grundlage einer Satzung erhoben werden dürfen (§ 2 Abs. 1 S. 1 KAG-LSA). Die Satzung muss u.a. den Abgabensatz enthalten (§ 2 Abs. 1 S. 2 KAG-LSA). Dadurch, dass die Festlegung der Steuerhöhe in den Kompetenzbereich des Bürgermeisters fällt, weist die Hundesteuersatzung nicht die erforderlichen Mindestinhalte auf. Die Satzung sowie der Hundesteuerbescheid sind damit unwirksam.

1. Abgabenschuldner

516 Der Abgabenschuldner wird in den Abgabensatzungen durch die Vertretung bestimmt und muss weder Bürger noch Einwohner der Kommune sein (§ 43 AO).[351] Es genügt, wenn die Voraussetzungen zur Verwirklichung der Abgabenpflicht innerhalb der Gemeindegrenzen eintreten.[352]

---

[348] OVG Magdeburg, Beschl. v. 30.01.2003 – 1 L 362/01, BeckRS 2003, 21434, bestätigt durch BVerwG, Beschl. v. 01.12.2003 – 9 B 29.03, bit.ly/9B29-03.

[349] Holtbrügge in Driehaus, Kommunalabgabenrecht, § 2 Rn. 50, mit Hinweis auf OVG Lüneburg, Beschl. v. 30.11.2009 – 9 LB 415/07, openJur 2012, 49827.

[350] OVG Magdeburg, Beschl. v. 30.01.2003 – 1 L 362/01, BeckRS 2003, 21434, bestätigt durch BVerwG, Beschl. v. 01.12.2003 – 9 B 29.03, bit.ly/9B29-03; OVG Magdeburg, 19.05.2005 – 1 K 226/04, BeckRS 2005, 15338; anders (Unwirksamkeit der Satzung) z.B. OVG Münster, Beschl. v. 20.01.2011 – 14 A 1331/07, openJur 2011, 76966.

[351] Driehaus, Abgabensatzungen, Rn. 7 § 8; Haack in Kirchmer et al., § 2 Nr. 2.2.

[352] Haack in Kirchmer et al., § 2 Nr. 2.2.

Abgabenschuldner können z. B. sein   517

– bei Verwaltungsgebühren die Antragsteller,
– bei Beiträgen die Grundstückseigentümer,
– bei Steuern die Wohnungseigentümer oder die Hundehalter und
– bei Benutzungsgebühren die Benutzer einer Schwimmhalle.

Als Abgabenschuldner kommen auch mehrere Personen nebeneinander in Betracht (§ 44   518
AO) → S. 107. Bei Gebühren zur Benutzung einer Kindertagesstätte können dies z. B. die
Personensorgeberechtigten, d. h. in der Regel die Eltern, sein.

Der Abgabenschuldner ist zudem Inhaltsadressat des Abgabenbescheides → S. 99.

2. Abgabentatbestand

Als Abgabentatbestand werden die Voraussetzungen bezeichnet, bei deren Verwirklichung   519
die Abgabenpflicht entsteht. Dadurch, dass er gesetzlich geregelt ist, können die Abgaben-
pflichtigen vorhersehen, welche Belastungen auf sie zukommen.[353] Die abstrakt-generellen
Tatbestandsmerkmale können z. B. einen Vorgang, ein Ereignis, ein Rechtsverhältnis, eine
Tatsache oder eine Handlung beschreiben.[354] Sie werden in den Satzungen vielfach mit
dem Abgabenschuldner verbunden, z. B. „Derjenige, der das Schwimmbad benutzt, hat eine
Benutzungsgebühr zu entrichten“.[355] Dadurch wird der Abgabenpflichtige (Benutzer der
Schwimmhalle) und der Abgabentatbestand (Nutzung der Schwimmhalle) in einer Formu-
lierung zusammengefasst.

Abgabentatbestand kann z. B. sein   520

– bei Verwaltungsgebühren die Beglaubigung,
– bei Beiträgen der Anschluss an die Trinkwasserversorgung,
– bei Steuern das Innehaben einer weiteren Wohnung neben der Hauptwohnung oder das
  Halten eines Hundes und
– bei Benutzungsgebühren die Benutzung einer Schwimmhalle.

3. Maßstab der Abgabe (Bemessungsgrundlage)

Der Maßstab ist die Grundlage zur Bemessung der Abgabe. Er wird deshalb auch als Be-   521
messungsgrundlage bezeichnet. Bei der Definition des Maßstabs hat die Vertretung einen
umfassenden Entscheidungsspielraum.[356] Bemessungsgrundlagen können z. B. sein

– bei Verwaltungsgebühren die Anzahl der beglaubigten Seiten,
– bei Beiträgen die Grundstücksfläche,
– bei Steuern die Anzahl der Hunde oder die Jahresnettokaltmiete und
– bei Benutzungsgebühren die Nutzungsdauer einer Schwimmhalle.

---

[353] Holtbrügge in Driehaus, Kommunalabgabenrecht, § 2 Rn. 62; Driehaus, Abgabensatzungen, § 8 Rn. 24.
[354] Holtbrügge in Driehaus, Kommunalabgabenrecht, § 2 Rn. 62.
[355] Holtbrügge in Driehaus, Kommunalabgabenrecht, § 2 Rn. 74.
[356] Holtbrügge in Driehaus, Kommunalabgabenrecht, § 2 Rn. 78.

522 Durch die Anwendung des Abgabensatzes → S. 155 auf die Bemessungsgrundlage wird die Höhe der Abgabe ermittelt und ist dadurch für den Abgabenschuldner vorauszusehen[357]:

523

Abgabenart	Abgabensatz	Maßstab der Abgabe/Bemessungsgrundlage	Abgabe
Beglaubigungsgebühr	5 EUR	Seiten	5 EUR x Seitenzahl
Anschlussbeitrag	3 EUR	Grundstücksfläche	3 EUR x m²
Zweitwohnsitzsteuer	5 %	Jahresnettokaltmiete	5 % der Jahresnettomiete
Hundesteuer	80 EUR	Anzahl der Hunde	80 EUR
Benutzungsgebühr Schwimmhalle	5 EUR	Stunden	5 EUR x Stunden

Tab. 16 – Maßstab der Abgabe (Bemessungsgrundlage)

524 Eine etwaige gerichtliche Überprüfung der Bemessungsgrundlage beschränkt sich darauf, ob die Grenzen des Willkürverbotes eingehalten sind.[358] Die Frage, ob der Satzungsgeber den „zweckmäßigsten, vernünftigsten oder wahrscheinlichsten Maßstab"[359] gewählt hat, ist ihr dagegen entzogen.

525 Die Abgabenerhebung muss die Abgabenschuldner möglichst gleichmäßig belasten.[360] Das bedeutet jedoch nicht, dass der Satzungsgeber jede Sachverhaltsvariante (z.B. verschiedene Hundegrößen) auch unterschiedlich regeln muss. Er darf vielmehr ähnliche Sachverhalte zusammenfassen, d.h. typisieren (z.B. Kampfhunde auf der einen und sonstige Hunde auf der anderen Seite). Wegen des Gleichheitsgrundsatzes (Art. 3 GG) darf er aber nicht willkürlich vorgehen, d.h. die Außerachtlassung eines Unterschieds (z.B. die Nichtberücksichtigung der Hundegröße) muss sachgerecht sein.[361] Im Ergebnis muss die Verwaltungsvereinfachung durch die Typisierung in einem angemessenen Verhältnis zu der Ungleichbehandlung stehen, die mit der Typisierung immer einhergeht.[362] Was das genau bedeutet, liegt natürlich häufig im Auge des Betrachters. Der Abgabepflichtige muss eine zulässige Typisierung aber hinnehmen, auch wenn er das Ergebnis im konkreten Einzelfall für unausgewogen hält.[363]

---

[357] Holtbrügge in Driehaus, Kommunalabgabenrecht, § 2 Rn. 76; Driehaus, Abgabensatzungen, § 8 Rn. 37.
[358] BVerfG, Urt. v. 20.12.1966, 1 BvR 320/57 u.a., openJur 2011, 118040; BVerwG, Urt. v. 14.04.1967 – IV C 179.65, BeckRS 1967, 30434048.
[359] Holtbrügge in Driehaus, Kommunalabgabenrecht, Rn. 78 § 2.
[360] BVerfG, Beschl. v. 20.12.1966 – 1 BvR 320/57 u.a., openJur 2011, 118040.
[361] BVerfG, Beschl. v. 20.12.1966 – 1 BvR 320/57 u.a., openJur 2011, 118040.
[362] BVerwG, Beschl. v. 28.08.2008 – 9 B 40.08, bit.ly/9B40-08; Holtbrügge in Driehaus, Kommunalabgabenrecht, § 2 Rn. 78.
[363] BVerfG, Beschl. v. 03.12.1958 – 1 BvR 488/57, bit.ly/1BvR488-57.

So ist es z. B. sachgerecht,

526

- bei Beglaubigungsgebühren nach der Seitenanzahl unabhängig vom Umfang des jeweils abgedruckten Textes,
- bei Anschlussbeiträgen für die Trinkwasserversorgung nach der Grundstücksfläche unabhängig von der Bebauungsart,
- bei der Hundesteuer nach der Anzahl der Hunde unabhängig von deren Alter, Größe und Gewicht,
- bei der Zweitwohnsitzsteuer die Jahresnettokaltmiete unabhängig von der Wohnungsgröße und
- bei der Nutzung eines Schwimmbades nach der Zutrittsdauer unabhängig von der tatsächlichen Inanspruchnahme des Schwimmbeckens oder der Sauna

zu typisieren.

4. Satz der Abgabe

Der Abgabensatz ist „der Geldbetrag, der auf eine Maßstabseinheit entfällt, sofern sich die durch den Maßstab festgelegte Bezugsgröße in Mengen, Maßen oder Gewichten ausdrücken lässt."[364] Durch den Abgabensatz wird folglich die relative Höhe der einzelfallbezogenen Abgabe bestimmt. Dabei werden absolute Eurobeträge oder Prozente festgeschrieben.[365] Der Abgabensatz kann z. B. lauten

527

- bei Verwaltungsgebühren 5 EUR je beglaubigte Seite,
- bei Beiträgen 3 EUR je m² Grundstücksfläche,
- bei Steuern 10 % der Jahresnettokaltmiete oder 60 EUR je Hund,
- bei Benutzungsgebühren 5 EUR je Stunde.

Die Höhe des Abgabensatzes richtet sich bei den Verwaltungsgebühren insbesondere nach dem Verwaltungsaufwand oder der Bedeutung der Amtshandlung für den Betroffenen (vgl. § 3 Abs. 2 S. 2 VwKostG LSA) und bei den Benutzungsgebühren nach den Kosten der öffentlichen Einrichtung.[366] Daher unterscheiden sich im Regelfall die Abgabensätze zwischen verschiedenen Kommunen voneinander. Die Steuersätze orientieren sich an dem Finanzierungsbedarf des kommunalen Haushalts oder sog. Lenkungszielen → S. 23, 57. Bei Beiträgen ist die Höhe des Abgabensatzes von den beitragsfähigen Herstellungskosten abhängig. Diese variieren zwischen den verschiedenen Investitionsmaßnahmen und stehen zum Zeitpunkt des Erlasses der Satzung im Regelfall nicht fest. Eine konkrete Benennung des Abgabensatzes in den Abgabensatzungen ist daher insoweit überwiegend nicht möglich.[367] Die jeweilige Höhe der Beiträge kann der Abgabenpflichtige in diesen Fällen nur eingeschränkt ermitteln, sodass sich das Ziel einer vorhersehbaren Abgabenerhebung nicht vollständig erreichen lässt.

528

---

[364] Holtbrügge in Driehaus, Kommunalabgabenrecht, § 2 Rn. 80; Driehaus, Abgabensatzungen, § 8 Rn. 43.
[365] Holtbrügge in Driehaus, Kommunalabgabenrecht, § 2 Rn. 80; Driehaus, Abgabensatzungen, § 8 Rn. 43.
[366] Holtbrügge in Driehaus, Kommunalabgabenrecht, § 2 Rn. 81.
[367] Holtbrügge in Driehaus, Kommunalabgabenrecht, § 2 Rn. 79; Driehaus, Abgabensatzungen, § 8 Rn. 42.

529

Abgabenart	Abgabensatz	Maßstab der Abgabe/ Bemessungsgrundlage
Beglaubigungsgebühr	5 EUR	bis zur 9. Seite
	3 EUR	ab der 10. Seite
Anschlussbeitrag	3 EUR	bis 500 m²
	2 EUR	über 500 m²
Zweitwohnsitzsteuer	5 %	Jahresnettokaltmiete bis 10.000 EUR
	8 %	Jahresnettokaltmiete über 10.000 EUR
Hundesteuer	160 EUR	Kampfhund
	80 EUR	Sonstiger Hund
Benutzungsgebühr Schwimmhalle	5 EUR	Badebereich
	10 EUR	Saunabereich

Tab. 17 – Satz der Abgabe

530   Wie den Abgabenmaßstab darf die Kommune den Abgabensatz sachgerecht differenzieren.[368] Bei kommunalen Steuern ist eine Abstufung der Steuersätze auch zulässig, um einen Nebenzweck zu erreichen → S. 57.[369] So kann die Kommune z. B. die Haltung von gefährlichen Hunden durch einen deutlich höheren Steuersatz im Vergleich zu den übrigen Hunden unattraktiver machen[370] → S. 57.

5. Zeitpunkt der Abgabenentstehung

531   Der Zeitpunkt, zu dem die Abgabe entsteht, muss zwingend in der Abgabensatzung angegeben sein, um auch insoweit Unsicherheiten für die Abgabenpflichtigen zu vermeiden.[371]

532   Grundsätzlich entsteht der Abgabenanspruch, wenn der Tatbestand verwirklicht wird, an den die Abgabensatzung eine bestimmte Leistungspflicht knüpft. Das folgt aus dem Verweis auf § 38 AO durch § 13 Abs. 1 Nr. 2 lit. b KAG-LSA (lex generalis). Ohne eine abweichende Regelung würde beispielsweise die Hundesteuer in der Stadt Dessau-Roßlau an dem Tag entstehen, an dem eine natürliche Person damit beginnt, einen mehr als drei Monate alten Hund nicht ausschließlich zu Erwerbszwecken im Gebiet der Stadt Dessau-Roßlau zu halten (vgl. demgegenüber § 3 Abs. 1der Satzung → S. 166).

---

[368] BVerfG, Beschl. v. 26.03.1980 – 1 BvR 121/76 u.a., NJW 1980, 2569–2572; Holtbrügge in Driehaus, Kommunalabgabenrecht, § 2 Rn. 83.

[369] Holtbrügge in Driehaus, Kommunalabgabenrecht, § 2 Rn. 83.

[370] BVerwG, Urt. v. 19.01.2000 – 11 C 8.99, bit.ly/11C8-99; OVG Lüneburg, Beschl. v. 05.08.2002 – 13 L 4102/00, openJur 2012, 38515.

[371] Holtbrügge in Driehaus, Kommunalabgabenrecht, § 2 Rn. 92.

In der Abgabensatzung können allerdings davon abweichende Regelungen getroffen wer- 533
den (vgl. Nr. 1 AEAO zu § 38).[372] Sie gehen als lex specialis der allgemeinen Bestimmung in
§ 38 AO vor.

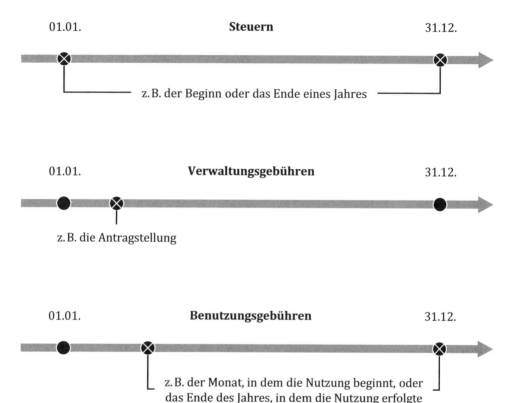

Abb. 42 – Entstehungszeitpunkt (Beispiele)

So sieht die HStS DeRsl → S. 166 tatsächlich vor, dass die Steuerpflicht unter anderem mit 534
dem Ersten des Monats entsteht, der dem Monat folgt, in dem ein Hund in den Haushalt
aufgenommen wird, frühestens jedoch nach Ablauf des Monats, in dem der Hund drei Monate alt wird (§ 3 Abs. 1 S. 1 lit. a, S. 2 der Satzung). Diese Regelung verdrängt § 38 AO.

Für Beiträge enthält das KAG-LSA selbst eine spezielle Vorgabe: Sie entstehen bei leitungs- 535
gebundenen Einrichtungen, sobald das Grundstück z. B. an die Wasserversorgung oder Abwasserbeseitigung angeschlossen werden kann (§ 6 Abs. 6 S. 2 KAG-LSA).

Ist die Abgabe entstanden, kann die Kommune sie durch einen Bescheid festsetzen → S. 99. 536

---

[372] Vgl. Ratschow in Klein, § 38 Rn. 1.

6. Fälligkeit der Abgabe

537 Die bloße Entstehung der Abgabe führt noch nicht dazu, dass die Kommune von dem Pflichtigen eine entsprechende Zahlung verlangen kann. Das ist erst der Fall, wenn die Abgabe auch fällig ist. Anders ausgedrückt: Fälligkeit heißt, dass die Zahlungspflicht eingetreten ist → S. 115.[373] Entstehung und Fälligkeit treten zwar zeitgleich ein, wenn die Satzung keine konkrete Fälligkeit benennt (§ 220 Abs. 2 S. 1 AO). In der Praxis ist das jedoch häufig nicht der Fall, weil die Satzung eine abweichende Fälligkeit vorsieht, z.B. einen bestimmten Kalendertag oder den Beginn eines Monats, Quartals oder Jahres.[374] Daneben ist es denkbar, dass die Abgabe z.B. einen Monat nach Bekanntgabe des Abgabenbescheides fällig wird → S. 99.

538 Die Fälligkeit setzt grundsätzlich voraus, dass die Abgabe festgesetzt wurde → S. 99.

539 Zahlt der Pflichtige die fällige Abgabe nicht, kommt er in Zahlungsverzug → S. 122 und es entstehen Säumniszuschläge → S. 123.

540 **Sachverhalt 50:** Im Rahmen der Diskussion zur Haushaltssatzung 2021 der Stadt Dessau-Roßlau und dem Haushaltskonsolidierungskonzept legt die Fraktion DIE.HUNDE-FREUNDE einen Vorschlag zur Erhöhung der Erträge/Einzahlungen vor. Dieser sieht die Einführung einer Katzensteuer vor. Die Fraktion A ist der Auffassung, dass eine analoge Verfahrensweise wie bei der Hundesteuer möglich ist und zu dem der Gleichbehandlung dient.[375]

Aufgabe: Prüfen und begründen Sie anhand der Mindestinhalte einer Abgabensatzung und der einschlägigen Rechtsnorm, ob die Erhebung einer Katzensteuer auch unter praktischen Gesichtspunkten denkbar ist.

Lösung: Die Satzung muss den Kreis der Abgabenschuldner, den die Abgabe begründenden Tatbestand, den Maßstab und den Satz der Abgabe sowie die Entstehung und den Zeitpunkt der Fälligkeit der Schuld bestimmen (§ 2 Abs. 1 S. 2 KAG-LSA). Problematisch bei der Katzensteuer sind insbesondere der Schuldner sowie der Tatbestand. Im Gegensatz zu Hunden können freilaufende Katzen praktisch nicht eindeutig einem Halter zugeordnet werden. Es mangelt an einer steuerunabhängigen Melde- und Registrierungspflicht (vgl. dagegen § 15 HundeG LSA). Im Gegensatz zur Hundesteuer wäre das Halten einer Katze durch die zuständige Behörde schwer zu kontrollieren. Fraglich dabei ist weiterhin der entstehende Verwaltungsaufwand im Vergleich zu den erzielbaren Erträgen und Einzahlungen.

---

[373] Arndt/Jenzen: Grundzüge des Allgemeinen Steuer- und Abgabenrechts, S. 206.
[374] Holtbrügge in Driehaus, Kommunalabgabenrecht, § 2 Rn. 97.
[375] Vgl. dazu auch Theisen VR 2020, 203–209.

Sachverhalt 51: Ingo Notlage möchte sich einen Bullterrier anschaffen und hat sich im Büro des Oberbürgermeisters nach der Höhe der Hundesteuer sowie einer möglichen Steuerermäßigung erkundigt. Notlage bezieht lediglich Leistungen nach dem SGB II.

Aufgaben: Prüfen Sie, ob die HStS DeRsl→ S. 166 den Anforderungen der §§ 2 Abs. 1 S. 2, 13a Abs. 1 S. 3 KAG-LSA genügt. Ermitteln Sie die Höhe der Steuerforderung für den Bullterrier. Gehen Sie dabei auch auf eine mögliche Steuerermäßigung ein.

Lösung: Der Steuerschuldner ist der Halter eines Hundes (§ 2 Abs. 1 HStS DeRsl). Der die Abgabe begründende Tatbestand ist das Halten von mehr als drei Monate alten Hunden durch natürliche Personen im Gebiet der Stadt Dessau-Roßlau (§ 1 Abs. 2 HStS DeRsl). Als Abgabenmaßstab wird die Anzahl der Hunde bzw. die Eigenschaft eines Kamphundes oder gefährlichen Hundes herangezogen und mit den Abgabensatz verbunden (§ 5 Abs. 1 HStS DeRsl). Die Hundesteuer entsteht am 1. des Monats, der dem Monat folgt, in dem z. B. der Hund in einem Haushalt oder Wirtschaftsbetrieb aufgenommen wurde (vgl. für weitere Entstehungsgründe § 3 Abs. 1 HStS DeRsl). Die Steuerschuld wird grundsätzlich zum 15.02. und 15.08. eines jeden Jahres fällig (§ 4 Abs. 5 HStS DeRsl). Die Billigkeitsmaßnahmen sind in § 9 HStS DeRsl verankert. Sämtliche Mindestinhalte sind in der HStS DeRsl enthalten. Sie entspricht damit den Vorgaben der §§ 2 Abs. 1, 13a Abs. 1 S. 3 KAG LSA.

Bei dem Bullterrier handelt es sich um einen Kampfhund (§ 5 Abs. 3 HStS DeRsl). Die Jahressteuer beträgt 700 EUR (§ 5 Abs. 1 lit. d HStS DeRsl). Ob und inwieweit eine anteilmäßige Steuer nach § 4 Abs. 2 HStS DeRsl zu berechnen ist, kann dem Sachverhalt nicht entnommen werden. Auf Antrag können Steuervergünstigungen in Form von Steuerermäßigungen nach § 8 HStS DeRsl gewährt werden (§ 6 Abs. 1 HStS DeRsl). Dies gilt jedoch nicht für Kampfhunde (§ 6 Abs. 4 HStS DeRsl). Daher scheidet eine Steuerermäßigung aus.

541

V. Fehlerhafte Abgabensatzungen

Abgabensatzungen können unwirksam sein wegen:

542

– formeller Fehler und
– materieller Fehler.[376]

1. Formelle Fehler

Formelle Fehler liegen vor, wenn Verfahrens- oder Formvorschriften verletzt wurden. Eine solche Verletzung ist z. B. denkbar, wenn ein Ratsmitglied von der Beschlussfassung über die Abgabensatzung mit der Begründung ausgeschlossen wurde, es liege ein Mitwirkungsverbot nach § 33 KVG LSA vor, obwohl das Ratsmitglied nicht befangen war.

543

Ein Verstoß gegen Verfahrens- oder Formvorschriften ist grundsätzlich unbeachtlich, d. h. geheilt, wenn er nicht schriftlich innerhalb eines Jahres seit der Bekanntmachung der Abgabensatzung gegenüber der Kommune geltend gemacht wurde (§ 8 Abs. 3 S. 1 KVG LSA). Wurden dagegen Vorschriften zur öffentlichen Bekanntmachung verletzt, kann dieser

544

---

[376] Holtbrügge in Driehaus, Kommunalabgabenrecht, § 2 Rn. 104.

Verstoß nicht geheilt werden (§ 8 Abs. 3 S. 3 KVG LSA). Er kann vielmehr nur durch eine erneute öffentliche Bekanntmachung der Abgabensatzung korrigiert werden.[377]

545 Die Ausschlussfrist des § 8 Abs. 3 S. 1 KAG-LSA soll zur Rechtssicherheit beitragen, indem die Feststellung der Ungültigkeit von Abgabensatzungen aufgrund von Verfahrens- und Formfehlern zeitlich auf ein Jahr begrenzt wird.[378] Nach Ablauf der Ausschlussfrist gilt die unter Verletzung von Verfahrens- und Formfehlern beschlossen Abgabensatzung als rechtmäßig.[379]

546

Sachverhalt 52: Ingo Notlage wird durch einen Bescheid der Stadt Dessau-Roßlau vom 19.06.2020 zur Zahlung von Vergnügungssteuern herangezogen. Grundlage dafür ist die am 15.01.2008 im Amtsblatt veröffentlichte Vergnügungssteuersatzung. Gegenüber seinem Bekannten Peter Silie äußert er seinen Unmut über das Vorgehen der Stadt und sein Unverständnis darüber. Peter Silie war zum damaligen Zeitpunkt Mitglied des Stadtrates der Stadt Dessau-Roßlau. Er erinnert sich, dass es in der damaligen Sitzung der Vertretung erhebliche Unstimmigkeiten zu dem Satzungsbeschluss gab. Mehrere Fraktionen hatten unter Protest vor der Abstimmung zu diesem Tagesordnungspunkt den Sitzungssaal verlassen, sodass die Vertretung ab diesem Zeitpunkt gar nicht mehr beschlussfähig gewesen sein kann. Die Vergnügungssteuersatzung müsste deshalb nichtig sein. Diesen Sachverhalt trägt Ingo Notlage der Beigeordneten für Finanzen der Stadt Dessau-Roßlau, Frau Anna Naß, vor und fordert sie auf, den Steuerbescheid zurückzunehmen. Anna Naß weist dieses Ansinnen zurück.

Aufgabe: Prüfen und begründen Sie anhand der einschlägigen Rechtsnormen, ob die von Ingo Notlage vorgebrachte Rüge zur Unwirksamkeit der Vergnügungssteuersatzung führt.

Lösung: Ingo Notlage macht geltend, dass die Vertretung bei der Abstimmung über die Vergnügungssteuersatzung nicht mehr beschlussfähig war und deshalb die Satzung nichtig sei. Die Vertretung ist zu Beginn der Sitzung beschlussfähig, wenn nach ordnungsgemäßer Einberufung die Mehrheit der Mitglieder anwesend ist (§ 55 Abs. 1 S. 1 KVG LSA). Laut Sachverhalt gibt es keine Anhaltspunkte, dass die Vertretung zu Beginn der damaligen Sitzung nicht beschlussfähig war. Die Vertretung könnte jedoch im Verlauf der Sitzung beschlussunfähig geworden sein, weil mehrere Fraktionen den Sitzungssaal vor der Abstimmung über die Vergnügungssteuersatzung verlassen hatten. Die Vertretung gilt jedoch, auch wenn sich die Zahl der anwesenden stimmberechtigten Mitglieder im Laufe der Sitzung verringert, als beschlussfähig, solange nicht ein stimmberechtigtes Mitglied die Beschlussunfähigkeit wegen Unterschreitens der erforderlichen Mitgliederzahl geltend macht (§ 55 Abs. 1 S. 5 Hs. 1 KVG LSA). Einen solchen Antrag gab es nicht, sodass unabhängig von der Anzahl der anwesenden Mitglieder der Vertretung die Beschlussfähigkeit unterstellt wird. Die Vergnügungssteuersatzung wurde insoweit ordnungsgemäß beschlossen.

---

[377] OVG Magdeburg, Beschl. v. 03.05.2000 – B 2 S 481/99, BeckRS 2008, 30893.
[378] Holtbrügge in Driehaus, Kommunalabgabenrecht, § 2 Rn. 14.
[379] Reich in Schmid et al., § 8 Rn. 33.

Überdies ist eine Verletzung von Verfahrens- oder Formvorschriften unbeachtlich, soweit sie nicht schriftlich innerhalb eines Jahres seit der Bekanntmachung der Abgabensatzung gegenüber der Kommune geltend gemacht worden ist (§ 8 Abs. 3 S. 1 KVG LSA). Die Vergnügungssteuersatzung wurde mit Datum vom 15.01.2008 im Amtsblatt der Stadt Dessau-Roßlau öffentlich bekannt gemacht. Den Steuerbescheid hat Ingo Notlage im Jahr 2018 erhalten. Insofern ist seine Beschwerde offensichtlich außerhalb der Ausschlussfrist von einem Jahr nach öffentlicher Bekanntmachung der Abgabensatzung erfolgt und damit unbeachtlich.

2. Materielle Fehler

Materielle Fehler sind Verstöße gegen inhaltliche Vorschriften. Welche Auswirkungen sie auf die Wirksamkeit der Abgabensatzung insgesamt oder der fehlerfreien Inhalte haben, hängt von der Art und Schwere der fehlerhaften Regelungen ab.[380] Fehlt es der Abgabensatzung an einem der Mindestinhalte → S. 151, ist die Satzung grundsätzlich insgesamt unwirksam. Unbeachtlich sind dagegen

– eine fehlende Regelung zur Fälligkeit der Abgabe → S. 151, 158 und
– ein fehlender Hinweis auf die Möglichkeit der Stundung und des Erlasses (§ 13a Abs. 1 S. 3 KVG LSA).[381]

Diese Ausnahmen sind darin begründet, dass die Abgabe ohne eine spezielle Regelung mit ihrer Entstehung fällig wird und Billigkeitsentscheidungen auch ohne einen darauf gerichteten Hinweis möglich sind.

Fraglich ist, welches rechtliche Schicksal Abgabenbescheide erleiden, die aufgrund einer insgesamt unwirksamen Satzung erlassen wurden. Sie wären nichtig, wenn die Voraussetzungen des § 125 Abs. 1, 2 AO erfüllt sind. Allerdings lässt sich die insgesamt unwirksame Satzung unter keinen der dort genannten Tatbestände subsumieren. Zwar mag es sich um einen „besonders schwerwiegenden Fehler" i.S.d. § 125 Abs. 1 AO handeln, allerdings ist er nicht offenkundig. Die betroffenen Abgabenbescheide sind daher „nur" rechtswidrig.[382] In diesen Fällen kann der Abgabenbescheid durch einen Rechtsbehelf erfolgreich angegriffen werden, um seine Bestandskraft zu verhindern.[383] Erwächst der Abgabenbescheid allerdings in Bestandskraft, wird die fehlerhafte Abgabensatzung unbeachtlich und die zwangsweise Beitreibung der Forderung möglich.[384] Außerdem können die aufgrund der bestandskräftigen Abgabenbescheide geleisteten Zahlungen durch den Abgabenschuldner nicht von der Kommune zurückverlangt werden.[385]

547

548

549

[380] Holtbrügge in Driehaus, Kommunalabgabenrecht, § 2 Rn. 105; Haack in Kirchmer et al., § 2 Nr. 4.
[381] Holtbrügge in Driehaus, Kommunalabgabenrecht, § 2 Rn. 98; Haack in Kirchmer et al., § 2 Nr. 2.1.
[382] Holtbrügge in Driehaus, Kommunalabgabenrecht, § 2 Rn. 106.
[383] Holtbrügge in Driehaus, Kommunalabgabenrecht, § 2 Rn. 106.
[384] Holtbrügge in Driehaus, Kommunalabgabenrecht, § 2 Rn. 106.
[385] Holtbrügge in Driehaus, Kommunalabgabenrecht, § 2 Rn. 109.

VI. Rückwirkender Erlass einer Abgabensatzung

550 Satzungen treten grundsätzlich am Tag nach ihrer öffentlichen Bekanntmachung in Kraft → S. 151. Eine Ausnahme ist der rückwirkende Erlass von Abgabensatzungen nach § 2 Abs. 2 KAG-LSA.

1. Verfassungsrechtliche Schranken

a) Echte und unechte Rückwirkung von Satzungen

551 Um den Vertrauensschutz des Abgabenpflichtigen zu wahren, ist ein rückwirkender Erlass von Abgabensatzungen nur innerhalb verfassungsrechtlicher Grenzen möglich (§ 2 Abs. 2 S. 1 KAG-LSA).[386] So müssen die Abgabenpflichtigen vorhersehen können, wann und unter welchen Voraussetzungen finanzielle Belastungen entstehen (vgl. auch Mindestinhalte einer Abgabensatzung → S. 151). Insbesondere benötigen sie Klarheit, in welchem zeitlichen Rahmen sie durch die Kommune in Anspruch genommen werden können. Eine zeitlich unbegrenzte Abgabenerhebung ist ihnen nicht zumutbar, weil sie dadurch keine Rechtssicherheit über mögliche finanzielle Verpflichtungen erlangen (vgl. mit derselben Zielstellung auch die Festsetzungsverjährung → S. 111).

Deshalb muss beim rückwirkenden Erlass einer Abgabensatzung zwischen verschiedenen Sachverhalten unterschieden werden:

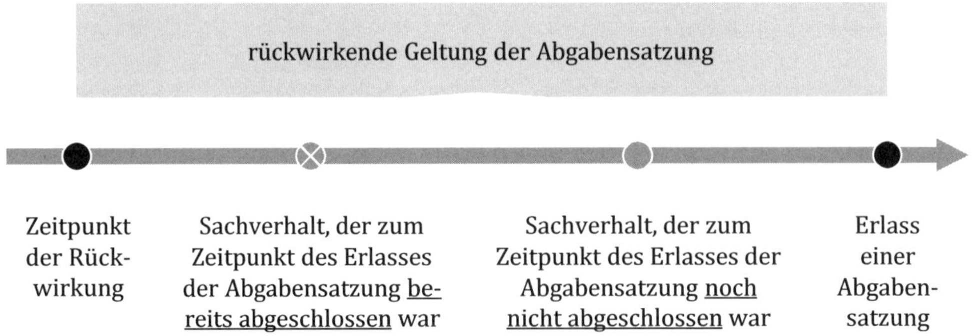

Abb. 43 – Rückwirkung von Abgabensatzungen

552 Ist ein Sachverhalt bereits abgeschlossen, weil z. B. die Abgabenpflicht vor dem Erlass der neuen Abgabensatzung nach der bisherigen Regelung bereits entstanden ist und die Abgabe festgesetzt wurde, leitet sich daraus ein Vertrauensschutz ab. Die Abgabenpflichtigen müssen sich auf den Bestand bereits erfolgter Festsetzungen verlassen können. In diesem Vertrauen wären sie verletzt, wenn eine abgeschlossene Abgabenerhebung mit Wirkung für die Vergangenheit geändert werden würde.[387]

---

[386] Haack in Kirchmer et al., § 2 Nr. 5.1.
[387] BVerfG, Beschl. v. 19.12.1961 – 2 BvL 6/59, bit.ly/2BvL6-59, Beschl. v. 16.11.1965 – 2 BvL 8/64, NJW 1966, 293, Beschl. v. 05.03.2013 – 1 BvR 2457/08, openJur 2013, 19709.

Anders verhält es sich bei Sachverhalten, die noch nicht abgeschlossen sind, weil z.B. nach der bisherigen Regelung der Anspruch zwar entstanden ist, aber kein Abgabenbescheid erlassen wurde. In diesen Fällen ist bei den Abgabenpflichtigen noch kein schützenswertes Vertrauen entstanden.

553

Daher sind echte und unechte Rückwirkung von Abgabensatzungen zu unterscheiden:[388]

554

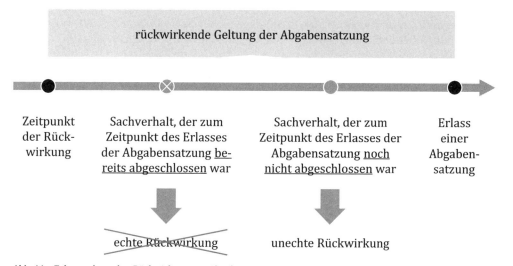

Abb. 44 – Echte und unechte Rückwirkung von Abgabensatzungen

Im Gegensatz zu unechten sind echte Rückwirkungen grundsätzlich mit dem Vertrauensschutz unvereinbar und somit verfassungswidrig.

555

b) Rückwirkende Korrektur fehlerhafter Satzungen

Fraglich ist, wie Sachverhalte einzuordnen sind, bei denen die Kommune eine Satzung erlässt, die sich später als formell oder materiell fehlerhaft erweist und deshalb durch eine rückwirkend in Kraft getretene fehlerfreie Satzung ersetzt wird:

556

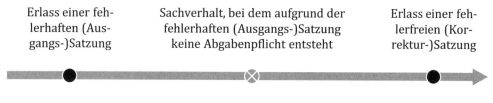

Abb. 45 – Rückwirkende Korrektur einer fehlerhaften Abgabensatzung

---

[388] BVerfG, Beschl. v. 31.05.1960 – 2 BvL 4/59, bit.ly/2BvL4-59.

557 Da noch keine Abgabenpflicht entstanden ist, handelt es sich um einen nicht abgeschlossenen Sachverhalt und somit einen Fall der unechten Rückwirkung. Durch die öffentliche Bekanntmachung der Ausgangssatzung mussten die Abgabenpflichtigen – trotz der formellen oder materiellen Fehler – mit einer Inanspruchnahme rechnen. Ihr unter Umständen gegenteiliges Vertrauen, dass es nicht zu einer rückwirkenden Korrektur und damit ihrer Inanspruchnahme kommen werde, ist nicht schützenswert.[389]

558 **Sachverhalt 53:** Der Entwurf des Ergebnisplans der Stadt Dessau-Roßlau weist aufgrund der aktuellen Steuerschätzung einen Fehlbedarf auf. Der Finanzausschuss hatte daher vorgeschlagen, u. a. die Erträge aus der Hundesteuer rückwirkend zu erhöhen. Daraus ergibt sich einerseits eine dauerhafte Verbesserung der Ertragslage. Andererseits reduziert der Einmaleffekt aus der rückwirkenden Erhöhung den Fehlbedarf deutlich. Der Stadtrat hat daher eine rückwirkende Erhöhung der Hundesteuer für den Zeitraum von drei Jahren beschlossen. Die Steuerabteilung hat in der Folge sämtliche abgeschlossenen Veranlagungsfälle der letzten drei Jahre durch Änderungsbescheid korrigiert.

Aufgabe: Prüfen und begründen Sie anhand der einschlägigen Rechtsnorm, ob die rückwirkende Erhöhung der Hundesteuer verfassungsrechtlich zulässig ist.

Lösung: Ein rückwirkender Erlass von Abgabensatzungen kann nur innerhalb der verfassungsrechtlichen Grenzen erfolgen (§ 2 Abs. 2 S. 1 KAG-LSA). Dabei ist zwischen einer echten und einer unechten Rückwirkung zu unterscheiden. Eine echte Rückwirkung liegt vor, wenn die Abgabensatzung nachträglich ändernd in abgewickelte, der Vergangenheit angehörende Tatbestände eingreift. Diese Form der Rückwirkung ist verfassungsrechtlich unzulässig. Grundsätzlich zulässig ist hingegen die unechte Rückwirkung. Dabei wird auf in der Vergangenheit verwirklichte, aber gegenwärtig noch nicht abgeschlossene Sachverhalte für die Zukunft eingewirkt.

Durch die rückwirkende Erhöhung der Hundesteuer und den Erlass der Änderungsbescheide für bereits abgeschlossene Veranlagungsfälle liegt ein Fall der echten Rückwirkung vor. Dabei wird in bereits abgewickelte, der Vergangenheit angehörende Tatbestände eingegriffen. Dies ist folglich unzulässig.

2. Einfachgesetzliche Schranken

559 Die Abgabensatzung kann rückwirkend erlassen werden, wenn sie ausdrücklich eine Satzung ohne Rücksicht auf deren Wirksamkeit ersetzt und sie eine gleiche oder gleichartige Abgabe regelt (§ 2 Abs. 2 S. 2 KAG-LSA). Dazu kommt es in der Praxis beispielsweise, wenn eine nichtige Satzung durch eine rückwirkend erlassene Abgabensatzung ersetzt werden soll.

560 Für den Abgabenpflichtigen muss dabei deutlich werden, dass die Neuregelung für einen vergangenen Zeitraum gilt. Darauf ist in der Ersetzungssatzung hinzuweisen.[390]

---

[389] BVerfG, Beschl. v. 12.11.1958 – 2 BvL 4/56 u.a., bit.ly/2BvL4-56, Urt. v. 30.04.1952 – 1 BvR 14/52 u.a., bit.ly/1BvR14-52; Holtbrügge in Driehaus, Kommunalabgabenrecht, § 2 Rn. 34.
[390] OVG Magdeburg, Urt. v. 31.03.2000 – 1 K 12/00, LKV 2001, 41.

Der rückwirkende Erlass wird durch das KAG-LSA jedoch in zweifacher Hinsicht einge-schränkt. Das betrifft zum einen den Zeitraum der Rückwirkung und zum anderen die Höhe der Abgabenpflicht.

561

a) Zeitraum der Rückwirkung

Die Rückwirkung kann bis zu dem Zeitpunkt ausgedehnt werden, zu dem die zu ersetzende Satzung in Kraft getreten war oder in Kraft treten sollte (§ 2 Abs. 2 S. 3 KAG-LSA).

562

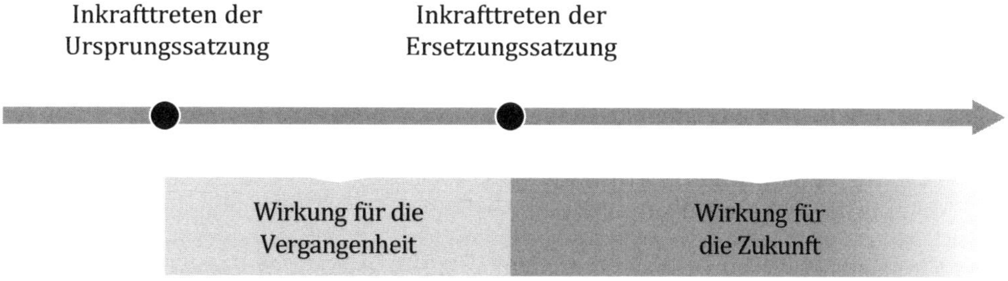

Inkrafttreten der   Inkrafttreten der
Ursprungssatzung   Ersetzungssatzung

Wirkung für die   Wirkung für
Vergangenheit   die Zukunft

Abb. 46 – Zeitraum der Rückwirkung einer Abgabensatzung

Der Zeitraum der Rückwirkung beschränkt sich daher nicht auf die Dauer der Festset-zungsverjährung, sondern ist auch darüber hinaus möglich. Geht der Zeitraum der Rück-wirkung der Abgabensatzung über die Festsetzungsverjährungsfrist hinaus, kann die Ver-jährung der Abgabenforderungen eingetreten sein → S. 111.[391]

563

b) Höhe der Abgabenpflicht

Durch die rückwirkend erlassene Satzung darf die Gesamtheit der Abgabenpflichtigen nicht ungünstiger gestellt werden als nach der ersetzten Satzung (sog. Schlechterstellungs-verbot, § 2 Abs. 2 S. 4 KAG-LSA). Im Vergleich zur ursprünglichen Regelung darf das Auf-kommen an Erträge/Einzahlungen daher nicht höher ausfallen.[392] Die zusätzliche Beschaf-fung von Finanzmitteln durch rückwirkende Satzungsänderungen ist damit ausgeschlos-sen.[393] Diese Aufkommensneutralität muss durch die Kommune fundiert ermittelt werden, ggf. durch Gegenüberstellung aller betroffenen Veranlagungsfälle. Schätzungen sind dafür nicht ausreichend.[394] Das Schlechterstellungsverbot gilt folglich nur für die Abgabenpflich-tigen in ihrer Gesamtheit. Eine höhere oder niedrigere Abgabe für den Einzelnen ist nicht zu beanstanden.[395]

564

Durch eine nichtige Abgabensatzung kann keine Abgabenpflicht entstehen. Eine Belastung der Abgabenpflichtigen ist dadurch noch nicht erfolgt. Da in diesen Fällen von keiner

565

---

[391] BVerwG, Urt. v. 28.11.1975 – IV C 45.74, bit.ly/IVC45-74, Urt. v. 21.01.1977 – IV C 84.74, bit.ly/IVC84-74; Holt-brügge in Driehaus, Kommunalabgabenrecht, § 2 Rn. 38; Driehaus, Abgabensatzungen, § 6 Rn. 13.

[392] OVG Lüneburg, Urt. v. 24.02.1997 – 3 L 2662/95, BeckRS 1997, 21961; Haack in Kirchmer et al., § 2 Nr. 5.2.

[393] OVG Magdeburg, Urt. v. 31.03.2000 – 1 K 12/00, LKV 2001, 41; Haack in Kirchmer et al., § 2 Nr. 5.2.

[394] OVG Lüneburg, Urt. v. 11.06.1991 – 9 L 186/89, NVwZ-RR 1992, 503 f.

[395] BVerwG, Urt. v. 15.04.1983 – 8 C 170.81, bit.ly/8C170-81, Urt. v. 09.03.1984 – 8 C 45.82, bit.ly/8C45-82, Urt. v. 07.04.1989 – 8 C 83.87, bit.ly/8C83-87; Holtbrügge in Driehaus, Kommunalabgabenrecht, § 2 Rn. 41, Haack in Kirchmer et al., § 2 Nr. 5.2.

Mehrbelastung auszugehen ist, führt eine rückwirkend erlassene Abgabensatzung zur Ersetzung einer nichtigen Satzung zu keiner Verletzung des Schlechterstellungsverbots.[396]

566

Sachverhalt 54:[397] Die Vergnügungssteuersatzung der Stadt Dessau-Roßlau enthält eine Regelung zum Abgabenmaßstab, die im Rahmen einer Anfechtungsklage zur materiellen Rechtswidrigkeit der Abgabensatzung geführt hat. Die Regelung in der Satzung wurde durch eine Änderungssatzung rückwirkend ersetzt. Die Vergnügungssteuerbescheide wurden in der Folge aufgehoben und neu erlassen. Sowohl der ursprüngliche als auch der nunmehr rückwirkend gültige Abgabenmaßstab sah eine Belastung der Steuerpflichtigen von insgesamt 100.000 EUR vor. Ingo Notlage muss jedoch im Vergleich zur ursprünglichen Steuerfestsetzung eine deutlich höhere Steuer entrichten und fühlt sich deshalb benachteiligt.

Aufgabe: Prüfen und begründen Sie anhand der einschlägigen Rechtsnorm, ob die rückwirkende Erhöhung der von Ingo Notlage zu zahlenden Vergnügungssteuer zulässig ist.

Lösung: Durch die rückwirkend erlassene Satzung darf die Gesamtheit der Abgabenpflichtigen nicht ungünstiger gestellt werden als nach der ersetzten Satzung (§ 2 Abs. 2 S. 4 KAG-LSA). Das Schlechterstellungsverbot greift nicht zugunsten einzelner Abgabenpflichtigen. Insofern ist eine höhere Belastung von Ingo Notlage im Vergleich zur bisherigen Festsetzung nicht zu beanstanden.

VII. Muster einer Abgabensatzung

Hundesteuersatzung der Stadt Dessau-Roßlau[398]

567

Aufgrund der §§ 5, 8 und 99 des Kommunalverfassungsgesetzes für das Land Sachsen-Anhalt vom 17.06.2014 (GVBl. LSA S. 288), zuletzt geändert durch Gesetz vom 13.06.2018 (GVBl. LSA S. 72) und §§ 2 und 3 Kommunalabgabengesetz des Landes Sachsen-Anhalt (KAG-LSA) in der Fassung der Bekanntmachung vom 13.12.1996 (GVBl. LSA S. 405), zuletzt geändert durch Gesetz vom 17.06.2016 (GVBl. LSA S. 202), hat der Stadtrat der Stadt Dessau-Roßlau in seiner Sitzung am 03.07.2018 folgende Hundesteuersatzung beschlossen:

568

§ 1 – Steuergegenstand

(1) Die Stadt Dessau-Roßlau erhebt die Hundesteuer nach dieser Satzung.

(2) Gegenstand der Steuer ist das Halten von mehr als drei Monate alten Hunden durch natürliche Personen im Gebiet der Stadt Dessau-Roßlau. Kann das Alter eines Hundes nicht nachgewiesen werden, so ist davon auszugehen, dass der Hund mehr als drei Monate alt ist. Ausgenommen von der Besteuerung ist das Halten von Hunden, die ausschließlich zu Erwerbszwecken gehalten werden.

---

[396] OVG Magdeburg, Beschl. v. 25.10.2003 – 2 M 450/03, BeckRS 2003, 18354.
[397] Driehaus in Driehaus, Kommunalabgabenrecht, § 8 Rn. 170-171.
[398] Grundlage des Musters ist die HStS DeRsl. Diese wurde mit Änderungen übernommen; siehe auch ein kommentiertes Satzungsmuster in: Henke, § 22.

(3) Wird ein Hund gleichzeitig in mehreren Gemeinden gehalten, ist die Stadt Dessau-Roßlau steuerberechtigt, wenn der Hundehalter seinen Hauptwohnsitz in Dessau-Roßlau
hat.

§ 2 – Steuerschuldner

569

(1) Steuerschuldner ist der Halter eines Hundes.

(2) Halter eines Hundes im Sinne dieser Hundesteuersatzung ist, wer einen oder mehrere
Hunde im eigenen Interesse oder im Interesse seiner Haushaltsangehörigen im eigenen Haushalt oder Wirtschaftsbetrieb aufgenommen hat.

(3) Als Hundehalter gilt auch, wer einen Hund länger als zwei Monate im Jahr gepflegt,
untergebracht oder auf Probe oder zum Anlernen gehalten hat, es sei denn, er kann
nachweisen, dass der Hund bereits in einer Gemeinde der Bundesrepublik Deutschland versteuert wird oder von der Steuer befreit ist.

(4) Alle in einem Haushalt gehaltenen Hunde gelten als von ihren Haltern gemeinsam gehalten.

§ 3 – Entstehung und Ende der Steuerpflicht

570

(1) Die Steuerpflicht entsteht mit dem Ersten des Monats, der dem Monat folgt,

a) in dem ein Hund in einem Haushalt oder Wirtschaftsbetrieb aufgenommen wird,
b) in dem der Hund von einer im Haushalt oder Wirtschaftsbetrieb gehaltenen Hündin
geworfen wird,
c) in dem der Halter mit einem Hund zugezogen ist oder
d) in dem der Zeitraum von zwei Monaten in den Fällen des § 2 Abs. 3 überschritten
ist.
e) Für Hunde nach § 5 Abs. 5, deren Gefährlichkeit im Laufe des Jahres festgestellt
wird, entsteht die Steuerpflicht für die Steuersätze nach § 5 Abs. 1 Nr. e) anteilig mit
dem ersten des Monats, welcher dem Monat der Feststellung durch die Sicherheitsbehörde folgt.

Die Steuerpflicht beginnt jedoch frühestens, nach Ablauf des Monats, in dem der Hund
drei Monate alt wird.

(2) Die Steuerpflicht endet mit Ablauf des Kalendermonats, in dem die Hundehaltung beendet, wenn der Hund abgeschafft wird, abhanden kommt oder verstirbt.

(3) Kann der genaue Zeitpunkt der Beendigung der Hundehaltung nicht nachgewiesen
werden, endet die Steuerpflicht mit Ablauf des Monats, in dem die Abmeldung bei der
Stadt Dessau-Roßlau erfolgt.

(4) Für gefährliche Hunde im Sinne des § 5 Abs. 5 endet die Steuerpflicht für die Steuersätze nach § 5 Abs. 1 Nr. e) nach Ablauf des Kalendermonats, in dem die zuständige
Sicherheitsbehörde auf Antrag den Leinen- und/oder Maulkorbzwang aufhebt. Damit

beginnt die Steuerpflicht für die Besteuerung nach den in § 5 Abs. 1 Nr. a bis c angeführten Steuersätzen wieder.

(5) Für Hunde der Rassen nach § 5 Abs. 3 und 4 endet die Steuerpflicht für die Steuersätze nach § 5 Abs. 1 (d) nach Ablauf des Kalendermonats, in dem die zuständige Behörde auf Antrag nach § 5 Abs. 6 die Ungefährlichkeit des Tieres in einem Wesenstest festgestellt hat sowie die fachliche Eignung des Halters nachgewiesen wurde. Damit beginnt die Steuerpflicht für die Besteuerung nach den in § 5 Abs. 1 a–c angeführten Steuersätzen.

571   **§ 4 – Erhebungszeitraum, Entstehung, Festsetzung und Fälligkeit der Steuerschuld**

(1) Die Steuer wird als Jahressteuer erhoben. Erhebungszeitraum ist das Kalenderjahr.

(2) Entsteht oder endet die Steuerpflicht im Laufe des Kalenderjahres, so ist die Steuer anteilmäßig auf volle Monate zu berechnen.

(3) Die Jahressteuerschuld entsteht jeweils zu Beginn des Erhebungszeitraumes am 01.01. des jeweiligen Kalenderjahres. Beginnt die Steuerpflicht erst im Laufe des Erhebungszeitraumes, entsteht die Steuerschuld mit Beginn des Monats, in dem die Steuerpflicht beginnt (§ 3 Abs. 1).

(4) Die Steuer wird mit Bescheid festgesetzt. Der Bescheid gilt bis zum Beginn des Zeitraumes, für den ein neuer Bescheid erstellt wird, oder bis zum Ende der Steuerpflicht.

(5) Die Steuer ist in halbjährlichen Raten zum 15. Februar und 15. August eines jeden Jahres fällig. In besonderen Härtefällen können auf Antrag davon abweichende Fälligkeitstermine für das laufende Jahr bestimmt werden.

(6) Entsteht oder ändert sich die Steuerpflicht im Laufe des Kalenderjahres, so ist die für dieses Kalenderhalbjahr zu entrichtende Steuer innerhalb eines Monats nach Bekanntgabe des Steuerbescheids zu entrichten.

(7) Die Steuer kann auf Antrag bei der Stadt Dessau-Roßlau ab dem Folgejahr jährlich zum 1. Juli festgesetzt werden. Die beantragte Zahlweise bleibt so lange maßgebend, bis ihre Änderung beantragt wird.

572   **§ 5 – Steuersätze**

(1) Die Steuer beträgt jährlich für

a) den 1. Hund	90 EUR
b) den 2. Hund	180 EUR
c) jeden weiteren Hund	192 EUR
d) jeden Kampfhund	700 EUR
e) jeden gefährlichen Hund	700 EUR

(2) Hunde, die steuerfrei gehalten werden dürfen (§ 7), werden bei der Anrechnung der Anzahl der Hunde nicht angesetzt. Hunde, für die die Steuer nach § 8 ermäßigt wird, gelten als erste Hunde.

(3) Kampfhunde sind solche Hunde, bei denen nach ihrer besonderen Veranlagung, Erziehung und/oder Charaktereigenschaft die erhöhte Gefahr einer Verletzung von Personen bestehen oder von denen eine Gefahr für die öffentliche Sicherheit ausgehen kann. Kampfhunde im Sinne dieser Vorschrift sind insbesondere:

Bandog, Bullterrier, Chinesischer Kampfhund, Dogo Argentino, Dogue de Bordeaux, Fila Brasileiro, American Staffordshire Terrier, Mastin Espanol, Mastino Neapoletano, American Pit-Bull-Terrier, Mastiff, Staffordshire-Bullterrier, Tosa Inu, Bullmastiff

(4) Dies gilt auch für Kreuzungen dieser Rassen untereinander oder mit anderen als den in Absatz 3 erfassten Hunderassen.

(5) Gefährlich im Sinne von Abs. 1 Nr. e sind insbesondere Hunde, die sich gegenüber Menschen oder Tieren als aggressiv bzw. bissig erwiesen haben und deshalb gemäß § 4 Abs. 4 S. 2 des Gesetzes zur Vorsorge gegen die von Hunden ausgehenden Gefahren vollziehbar als gefährlich festgestellt wurden.

(6) Hunde der Rassen nach § 5 Abs. 3 und 4 sind auf Antrag nach § 5 Abs. 1 a–c zu besteuern, wenn die Voraussetzungen gemäß Gesetz zur Vorsorge gegen die von Hunden ausgehenden Gefahren (GefHuG LSA) §§ 6 bis 10 nachgewiesen werden. Über das Vorliegen der Voraussetzungen entscheidet die zuständige Behörde nach GefHuG LSA § 17 Abs. 1.

§ 6 – Allgemeine Voraussetzungen für Steuerermäßigungen

(1) Steuervergünstigungen können auf Antrag in Form von Steuerbefreiungen nach § 7 oder in Form von Steuerermäßigungen nach § 8 gewährt werden.

(2) Steuervergünstigungen werden nur gewährt, wenn der Hund, für den die Vergünstigung in Anspruch genommen werden soll,

    a) für den angegebenen Verwendungszweck geeignet ist,
    b) entsprechend den Erfordernissen des Tierschutzes gehalten wird,
    c) und wenn der Halter des Hundes in den letzten fünf Jahren nicht rechtskräftig wegen Tierquälerei bestraft ist. Der Antragsteller hat dies durch eine Erklärung zu versichern.

(3) Die Steuervergünstigung kann nach § 130 AO zurückgenommen bzw. nach § 131 AO widerrufen werden.

(4) Für Kampfhunde im Sinne des § 5 Abs. 3 und 4 ist jede Steuervergünstigung ausgeschlossen.

(5) Der Antrag auf Steuerbefreiung oder -ermäßigung ist mindestens zwei Wochen vor Beginn des Monats, in dem die Steuervergünstigung wirksam werden soll, schriftlich bei der Stadt Dessau-Roßlau zu stellen. Bei späterem Antragseingang wird die Steuervergünstigung erst ab dem auf die Antragstellung folgenden übernächsten Monat gewährt.

574

§ 7 – Steuerbefreiungen

Steuerbefreiung wird auf Antrag gewährt für das Halten

a) eines Hundes, der ausschließlich dem Schutz und der Hilfe blinder, tauber oder sonst hilfloser Personen dient, sonst hilflose Personen sind solche, die einen Schwerbehindertenausweis mit dem Merkzeichen „B", „BL", „aG" oder „H" besitzen,

b) von Hunden, die von ihrem Halter aus einem Tierheim erworben oder länger als zwei Monate gepflegt wurden.

Die Steuerbefreiung wird für ein Jahr gewährt.

575

§ 8 – Steuerermäßigungen

Die Steuer ist auf Antrag des Steuerpflichtigen auf die Hälfte des Steuersatzes nach § 5 Abs. 1a für das Halten eines Hundes zu ermäßigen,

a) der zur Bewachung eines bewohnten Gebäudes benötigt wird, welches vom nächsten bewohnten Gebäude mehr als 200 m Luftlinie entfernt liegt,

b) wenn der Steuerpflichtige laufende Leistungen nach dem Sozialgesetzbuch XII (Sozialhilfe, Grundsicherung im Alter) oder Sozialgesetzbuch II (Grundsicherung für Arbeitssuchende) erhält,

c) der eine Jagdeignungsprüfung abgelegt hat und auch jagdlich verwendet wird (Jagdgebrauchshund).

Die Voraussetzungen sind nachzuweisen.

576

§ 9 – Billigkeitsmaßnahmen

(1) Ansprüche aus dem Steuerschuldverhältnis können ganz oder teilweise gestundet werden, wenn die Einziehung der Fälligkeit eine erhebliche Härte für den Schuldner bedeuten würde und der Anspruch durch die Stundung nicht gefährdet erscheint.

(2) Ist deren Einziehung nach Lage des Einzelfalls unbillig, können sie ganz oder zum Teil erlassen werden.

(3) Anträge auf Stundung oder Erlass sind an die Stadt Dessau-Roßlau zu richten.

§ 10 – Meldepflichten

(1) Der Hundehalter ist verpflichtet, den oder die Hunde innerhalb von 14 Tagen

    a) nach Aufnahme des Hundes im Haushalt oder Wirtschaftsbetrieb,
    b) nach Zuzug,
    c) nach Überschreitung des Zeitraumes von zwei Monaten nach § 2 Abs. 3,
    d) nachdem der Hund drei Monate alt geworden ist, schriftlich bei der Stadt Dessau-Roßlau anzumelden. Diese Pflicht gilt für alle Hunde unabhängig von ihrer Steuerpflicht.

(2) Bei Hunden, die nach der bisherigen Satzung nicht, jedoch nach dieser Satzung als Kampfhunde einzustufen sind, hat der Hundehalter innerhalb von einem Monat nach Inkrafttreten dieser Satzung die Änderung anzuzeigen.

(3) Der Hundehalter ist verpflichtet, einen Hund innerhalb von 14 Tagen nach Beendigung der Hundehaltung (§ 3 Abs. 2) bei der Stadt Dessau-Roßlau schriftlich abzumelden. Im Falle einer Veräußerung sind bei Abmeldung Name und Anschrift des Erwerbers anzugeben.

(4) Entfallen die Voraussetzungen für eine Steuerermäßigung oder Steuerbefreiung, ist der Hundehalter verpflichtet, der Stadt Dessau-Roßlau dies innerhalb von 14 Tagen nach Eintritt des Grundes für den Wegfall der Vergünstigung schriftlich anzuzeigen.

§ 11 – Hundesteuermarken

(1) Für jeden angemeldeten Hund, dessen Haltung im Gebiet der Stadt Dessau-Roßlau angezeigt wurde, wird eine Hundesteuermarke, die im Eigentum der Stadt Dessau-Roßlau verbleibt, ausgegeben.

(2) Die Hundesteuermarken bleiben für die Dauer der Haltung des Hundes gültig.

(3) Der Hundehalter und der Hundeführer dürfen Hunde außerhalb ihrer Wohnung oder ihres umfriedeten Grundbesitzes nur mit der an den Hundehalter ausgegebenen, sichtbar befestigten Steuermarke mit sich führen oder umherlaufen lassen.

(4) Sie sind verpflichtet, den Beauftragten der Stadt Dessau-Roßlau oder den Polizeibeamten die gültige Steuermarke auf Verlangen vorzuzeigen.

(5) Endet die Hundehaltung, so ist die Steuermarke mit der Anzeige über die Beendigung der Hundehaltung innerhalb von 14 Tagen an die Stadt Dessau-Roßlau zurückzugeben.

(6) Bei Verlust der Hundesteuermarke wird dem Halter eine Ersatzmarke ausgehändigt. Hierfür erhebt die Stadt Dessau-Roßlau eine Gebühr nach Maßgabe der Satzung über die Erhebung von Verwaltungskosten im eigenen Wirkungskreis (Verwaltungskostensatzung) in der jeweils gültigen Fassung. Dasselbe gilt für den Ersatz einer unbrauchbar gewordenen Hundesteuermarke; die unbrauchbar gewordene Hundesteuermarke ist zurückzugeben. Wird eine in Verlust gegangene Hundesteuermarke wieder

aufgefunden, ist die wiedergefundene Marke der Stadt Dessau-Roßlau unverzüglich zurückzugeben.

579

12 – Ordnungswidrigkeiten

(1) Wer vorsätzlich oder fahrlässig

a) entgegen § 10 Abs. 1 seinen Hund/seine Hunde nicht innerhalb von 14 Tagen anmeldet,
b) entgegen § 10 Abs. 2 die Änderung der Einstufung seines Hundes/seiner Hunde als Kampfhund(e) nicht innerhalb von einem Monat nach Inkrafttreten dieser Satzung anzeigt,
c) entgegen § 10 Abs. 3 Satz 2 bei der Abmeldung nicht Name und Anschrift des Erwerbers angibt,
d) entgegen § 10 Abs. 4 den Wegfall von Steuervergünstigungsgründen nicht innerhalb von 14 Tagen anzeigt

und es dadurch ermöglicht, Abgaben zu verkürzen oder nicht gerechtfertigte Abgabenvorteile zu erlangen (Abgabengefährdung), begeht eine Ordnungswidrigkeit nach § 16 Abs. 2 Nr. 2 des Kommunalabgabengesetzes des Landes Sachsen-Anhalt (KAG-LSA). Sie kann nach § 16 Abs. 3 KAG- LSA mit einer Geldbuße geahndet werden.

(2) Wer vorsätzlich oder fahrlässig

a) entgegen § 11 Abs. 3 seinen Hund/seine Hunde außerhalb seiner Wohnung oder seines umfriedeten Grundbesitzes ohne die an den Hundehalter ausgegebene und gültige Hundesteuermarke mit sich führt oder umherlaufen lässt,
b) entgegen § 11 Abs. 4 die mitgeführte Hundesteuermarke auf Verlangen nicht vorzeigt,
c) entgegen § 11 Abs. 5 nach Abmeldung seines Hundes/seiner Hunde die Hundesteuermarke nicht abgibt oder umtauscht,

handelt i. S. des § 8 Abs. 6 KVG LSA ordnungswidrig. Die Ordnungswidrigkeit kann mit einer Geldbuße bis zu 2.500 EUR geahndet werden, soweit gesetzlich nichts anderes bestimmt ist.

580

§ 13 – Inkrafttreten

Diese Satzung tritt am 01.08.2018 für das Gebiet der Stadt Dessau-Roßlau in Kraft.

Dessau-Roßlau, den 04.07.2018

Peter Kuras
Oberbürgermeister
Im Original unterschrieben und gesiegelt.

ABBILDUNGSVERZEICHNIS

Abb. 1 – Aufteilung der Finanzausgleichsmasse nach § 3 FAG LSA   16
Abb. 2 – Kommunale Finanzmittel   20
Abb. 3 – Abgrenzung Steuern/Gebühren/Beiträge   24
Abb. 4 – Moderne Abgabenprinzipien   25
Abb. 5 – Wirtschaftliche Einheit (§ 2 BewG)   27
Abb. 6 – Hauptfeststellung, Fortschreibung und Nachfeststellung   30
Abb. 7 – Zerlegung des Grundsteuermessbetrages   33
Abb. 8 – Zerlegung des Gewerbesteuermessbetrages   42
Abb. 9 – Vorauszahlungen und deren Abrechnung   45
Abb. 10 – Kommunale Steuern   54
Abb. 11 – Merkmale der Amtshandlung   58
Abb. 12 – Begriff der Amtshandlung im Verwaltungskostenrecht   59
Abb. 13 – Verwaltungskostenrecht für Amtshandlungen im eigenen Wirkungskreis   60
Abb. 14 – Verwaltungskostenrecht im eigenen und übertragenen Wirkungskreis   62
Abb. 15 – Abgrenzung Verwaltungs-/Benutzungsgebühren   75
Abb. 16 – Beispiele für soziale, kulturelle und wirtschaftliche öffentliche Einrichtungen   76
Abb. 17 – Grundstücks- und personenbezogene Leistungen   76
Abb. 18 – Zwei-Stufen-Theorie   78
Abb. 19 – Finanzierung leitungsgebundener öffentlicher Einrichtungen   88
Abb. 20 – Kostenerstattungen für Grundstücksanschlüsse nach § 8 KAG-LSA 89
Abb. 21 – Einordnung des Kommunalabgabenrechts   93
Abb. 22 – Modifizierung der Regelung der AO durch das KAG-LSA   94
Abb. 23 – Anwendungsbereich der AO auf Realsteuern/Kommunalabgaben   96
Abb. 24 – Entstehung, Festsetzung und Fälligkeit von Abgaben   98
Abb. 25 – Inhalts- und Bekanntgabeadressat sowie Empfänger (1)   100
Abb. 26 – Inhalts- und Bekanntgabeadressat sowie Empfänger (2)   100
Abb. 27 – Inhalts- und Bekanntgabeadressat sowie Empfänger (3)   101
Abb. 28 – Abgabenfestsetzung durch öffentliche Bekanntmachung   106
Abb. 29 – Zusammenspiel zwischen Finanzamt und Gemeinde bei Realsteuern 109
Abb. 30 – Festsetzungsfrist   112
Abb. 31 – Fälligkeit   116
Abb. 32 – Stundung   116
Abb. 33 – Erhebliche Härte als Stundungsvoraussetzung   118
Abb. 34 – Überschreitung der Fälligkeit   123
Abb. 35 – Pfändung und Einziehung einer Forderung (Arbeitseinkommen)   130
Abb. 36 – Beitreibungsmaßnahmen (Zusammenfassung)   134
Abb. 37 – Zahlungsverjährung   138
Abb. 38 – Beginn, Dauer und Ende der Zahlungsverjährung   138
Abb. 39 – Unterbrechung der Zahlungsverjährung (Beispiel 1)   139
Abb. 40 – Unterbrechung der Zahlungsverjährung (Beispiel 2)   140
Abb. 41 – Erlassvoraussetzungen   144
Abb. 42 – Entstehungszeitpunkt (Beispiele)   157
Abb. 43 – Rückwirkung von Abgabensatzungen   162
Abb. 44 – Echte und unechte Rückwirkung von Abgabensatzungen   163

Abb. 45 – Rückwirkende Korrektur einer fehlerhaften Abgabensatzung   163
Abb. 46 – Zeitraum der Rückwirkung einer Abgabensatzung   165

TABELLENVERZEICHNIS

Tab. 1 – Abgabenrechtliche Grundbegriffe   21
Tab. 2 – Bewertungsverfahren bei der Grundsteuer   32
Tab. 3 – Ermittlung des Grundsteuermessbetrages   32
Tab. 4 – Sachliche Zuständigkeit für die Steuerverwaltung   48
Tab. 5 – Örtliche Zuständigkeit für die Realsteuerverwaltung   49
Tab. 6 – Abgrenzung Verbrauch-/Aufwandsteuern   52
Tab. 7 – Anwendungsbereich des VwKostG LSA   60
Tab. 8 – Gebührenbemessung   66
Tab. 9 – Zusammenfassung der Gebührenarten   71
Tab. 10 – Zusammenfassung der Gebührenarten   74
Tab. 11 – Anschluss- und Benutzungszwang   77
Tab. 12 – Beispiele für Kostendeckungsgrade öffentlicher Einrichtungen   81
Tab. 13 – Äquivalenzprinzip und Gleichheitsgrundsatz   83
Tab. 14 – Anwendungsbereich der AO für Realsteuern/Kommunalabgaben (Auswahl)   95
Tab. 15 – Auszug aus dem Anhang zur PfändfreiGrBek 2019   130
Tab. 16 – Maßstab der Abgabe (Bemessungsgrundlage)   154
Tab. 17 – Satz der Abgabe   156

ABKÜRZUNGSVERZEICHNIS

a. F.	alte Fassung
a. E.	am Ende
a. A.	andere Ansicht
Abs.	Absatz
AEAO	Anwendungserlass zur AO
AllGO LSA	Allgemeine Gebührenordnung des Landes Sachsen-Anhalt
Alt.	Alternative
AO	Abgabenordnung
Art.	Artikel
BauO LSA	Bauordnung des Landes Sachsen-Anhalt
BeckRS	Rechtsprechungsdatenbank auf beck-online.de
Beschl.	Beschluss
BetrKV	Verordnung über die Aufstellung von Betriebskosten
BewG	Bewertungsgesetz
BFH	Bundesfinanzhof
BGB	Bürgerliches Gesetzbuch
BGBl. I	Bundesgesetzblatt Teil I
BGH	Bundesgerichtshof
BSG	Bundessozialgericht
BVerfG	Bundesverfassungsgericht
BVerwG	Bundesverwaltungsgericht
d. h.	das heißt
DÖV	Die Öffentliche Verwaltung
Drs.	Drucksache
DSAG LSA	Gesetz zur Ausfüllung der Verordnung (EU) 2016/679 und zur Anpassung des allgemeinen Datenschutzrechts in Sachsen-Anhalt
DSGVO	Datenschutz-Grundverordnung (Verordnung (EU) 2016/679 des Europäischen Parlaments und des Rates vom 27. April 2016 zum Schutz natürlicher Personen bei der Verarbeitung personenbezogener Daten, zum freien Datenverkehr und zur Aufhebung der Richtlinie 95/46/EG)
DVO-VwVG LSA	Verordnung zur Durchführung des Verwaltungsvollstreckungsgesetzes des Landes Sachsen-Anhalt
DVP	Deutsche Verwaltungspraxis
e. V.	eingetragener Verein
EStG	Einkommenssteuergesetz
et al.	et alii (und andere)
EUR	Euro
f.	folgende(r)
FeiertG LSA	Gesetz über die Sonn- und Feiertage (des Landes Sachsen-Anhalt)
ff.	fortfolgende
FG	Finanzgericht

FVG	Gesetz über die Finanzverwaltung
GastG	Gaststättengesetz (des Bundes)
GastG LSA	Gaststättengesetz des Landes Sachsen-Anhalt
GbR	Gesellschaft bürgerlichen Rechts
GemFinRefGDV ST 2015	Verordnung zur Durchführung des Gemeindefinanzreformgesetzes
GemKVO Doppik	Verordnung über die Kassenführung der Gemeinden im Land Sachsen-Anhalt nach den Grundsätzen der Doppik
GemSOBG	Gemeinsamer Senat der obersten Gerichtshöfe des Bundes
GewArch	Gewerbearchiv
GewStDV	Gewerbesteuer-Durchführungsverordnung
GewStG	Gewerbesteuergesetz
GFRG	Gesetz zur Neuordnung der Gemeindefinanzen
GG	Grundgesetz
ggf.	gegebenenfalls
GrStG	Grundsteuergesetz
GVBl. LSA	Gesetz- und Verordnungsblatt für das Land Sachsen-Anhalt
Hs.	Halbsatz
HStS DeRsl	Hundesteuersatzung der Stadt Dessau-Roßlau
HundeG LSA	Hundegesetz Sachsen-Anhalt
i. S. d.	im Sinne des
i. V. m.	in Verbindung mit
InsO	Insolvenzordnung
IZG LSA	Informationszugangsgesetz Sachsen-Anhalt
juris	Rechtsprechungsdatenbank auf juris.de
JVollzGB I LSA	Erstes Buch Justizvollzugsgesetzbuch Sachsen-Anhalt – Vollzug der Freiheitsstrafe, der Jugendstrafe, der Untersuchungshaft und des Strafarrestes
KAG-LSA	Kommunalabgabengesetz Sachsen-Anhalt
Kap.	Kapitel
KKZ	Kommunal-Kassen-Zeitschrift
KomHVO	Kommunalhaushaltsverordnung
KVG LSA	Kommunalverfassungsgesetz Sachsen-Anhalt
lfd.	laufende
lit.	litera (Buchstabe)
LKV	Landes- und Kommunalverwaltung
m. w. N.	mit weiteren Nachweisen
NJW	Neue Juristische Wochenschrift
Nr.	Nummer
NVwZ	Neue Zeitschrift für Verwaltungsrecht
NVwZ-RR	Rechtsprechungs-Report Verwaltungsrecht
OLG	Oberlandesgericht
openjur	Rechtsprechungsdatenbank auf openjur.de
OVG	Oberverwaltungsgericht
OVGE	Entscheidungen der Oberverwaltungsgerichte
PfändfreiGrBek	Pfändungsfreigrenzenbekanntmachung
PresseG LSA	Pressegesetz für das Land Sachsen-Anhalt
Rn.	Randziffer

S.	Satz/Seite
SGB	Sozialgesetzbuch
SOG LSA	Gesetz über die öffentliche Sicherheit und Ordnung des Landes Sachsen-Anhalt
sog.	sogenannte
StGB	Strafgesetzbuch
StVG	Straßenverkehrsgesetz
StVollzG	Gesetz über den Vollzug der Freiheitsstrafe und der freiheitsentziehenden Maßregeln der Besserung und Sicherung
u. a.	und andere
UmwG	Umwandlungsgesetz
Urt.	Urteil
v.	von
Verf ST	Verfassung des Landes Sachsen-Anhalt
VerpflG	Gesetz über die förmliche Verpflichtung nichtbeamteter Personen
VGH	Verwaltungsgerichtshof
vgl.	vergleiche
VR	Verwaltungsrundschau
VwGO	Verwaltungsgerichtsordnung
VwKostG LSA	Verwaltungskostengesetz des Landes Sachsen-Anhalt
VwKostS	Verwaltungskostensatzung
VwVfG LSA	Verwaltungsverfahrensgesetz Sachsen-Anhalt
VwVfG	Verwaltungsverfahrensgesetz (des Bundes)
VwVG LSA	Verwaltungsvollstreckungsgesetz des Landes Sachsen-Anhalt
z. B.	zum Beispiel
ZVG	Gesetz über die Zwangsversteigerung und die Zwangsverwaltung

STICHWORTVERZEICHNIS

Abgabentatbestand...153
Abgabenverfahrensrecht...93
Ablaufhemmung...113
Anlaufhemmung...112
Anschlussbeiträge..87
Äquivalenzprinzip..68, 82
Aufrechnung...137
Auslagen..72
Beiträge...87
Beitreibung..125
Benutzungsgebühren...75
Entstehung..98
Erlass..140
Erlöschen...137
Erschließungsbeiträge...90
Fälligkeit...115
Fehlerhafte Abgabensatzungen...159
Festsetzung...99
Festsetzungsfrist...111
Festsetzungsverjährung...111
Finanzmittelbeschaffung...15, 18
Forderungspfändung..129
Gebühren..57
Gesamtschuldner...107
Gewerbeertrag..40
Gewerbesteuer..38
Gewerbesteuerumlage...47
Grundsteuer..26
Grundsteuermessbetrag..32
Hemmung der Zahlungsverjährung...138
Immobiliarvollstreckung..131
Insolvenzverfahren..132
Kommunalabgaben..51, 94, 109
Kommunalverfassung...150
Kostendeckungsprinzip...66, 80
Leistungsgebot..114
Mahnung...125
Mindestinhalte der Abgabensatzung...151
Mobiliarvollstreckung..128
Niederschlagung...134
öffentliche Bekanntmachung...105
Örtliche Verbrauch- und Aufwandsteuern...51
Realsteuern..26, 94, 108
Reisegewerbebetrieb...39

Rückwirkender Erlass einer Abgabensatzung 162
Sachaufklärung..127
Sachpfändung..128
Säumniszuschlag...123
Stehender Gewerbebetrieb..38
Steuergeheimnis..145
Stundung..116
Stundungszinsen...121
Unterbrechung der Zahlungsverjährung...139
Verwaltungsgebühren...57
Verwaltungsvollstreckung..125
Vollstreckungsaufschub..131
Vollstreckungsvoraussetzungen...126
Zahlung..137
Zahlungsverjährung..137
Zahlungsverzug...122
Zwei-Stufen-Theorie...76

LITERATURVERZEICHNIS

Basala, Sabine, Niedersächsisches Kommunalabgabengesetz, 2013

Blankenhorn, Harald, Gewerbesteuer, 2. Auflage 2019

Brüning, Christoph, Kommunale Gebühren, 2018

Burgi, Martin, Kommunalrecht, 6. Auflage 2019

Bücken-Thielmeyer, Detlef/Grimberg, Michael/Miller, Manfred/Schneider, Peter/Wiegand, Bernd/Gundlach, Ulf/Fenzel, Stefan, Kommunalverfassungsrecht Sachsen-Anhalt, 33. Ergänzungslieferung 2020, zitiert als: Bücken-Thielmeyer et al.

Christ, Josef/Oebbecke, Janbernd, Handbuch Kommunalabgabenrecht, 2016, zitiert als: Christ et al.

Driehaus, Hans-Joachim, Abgabensatzungen, 2. Auflage 2017

Driehaus, Hans-Joachim, Kommunalabgabenrecht, 62. Ergänzungslieferung 2020

Grimberg, Michael, Kommunalabgabengesetz Sachsen-Anhalt (KAG-LSA), 2018, zitiert als: Grimberg, KAG-LSA

Grimberg, Michael, Kommunalhaushaltsrecht Sachsen-Anhalt, 2. Auflage 2018, zitiert als: Grimberg, Kommunalhaushaltsrecht

Grimberg, Michael/Bernhardt, Horst/Mutschler, Klaus/Stockel-Veltmann, Christoph, Neues Kommunales Haushaltsrecht LSA, 6. Auflage 2018, zitiert als: Grimberg et al.

Haurand, Günter, Kommunale Einrichtungen – Begriff, Entstehung, Organisation, DVP 2016, 381–387

Henke, Angela, Kommunale Steuern, 2017

Käsbohrer, Franz/Resch, Martin/Schmitt, Sigrid, Abgabenrecht, 2018, zitiert als: *Käsbohrer et al.*

Kaschner, Christian, Verwaltungskostenrecht, 2018

Kirchmer, Manfred/Schmidt, Claudia/Haack, Uwe, Kommunalabgabengesetz für das Land Sachsen-Anhalt, 2. Auflage 2001, zitiert als: Kirchmer et al.

Klein, Franz, Abgabenordnung, 15. Auflage 2020

Maunz, Theodor/Dürig, Günter, Grundgesetz, 90. Auflage 2020, zitiert als: Maunz et al.

Musielak, Hans-Joachim/Voit, Wolfgang, ZPO, 17. Auflage 2020, zitiert als: Musielak et al.

Mutschler, Klaus, Kommunales Finanz- und Abgabenrecht Nordrhein-Westfalen, 14. Auflage 2018

Pfeiffer, Stephan/Wiener, Matthias, Kommunale Buchführung Sachsen-Anhalt, 2018, zitiert als: Pfeiffer et al.

Ratjen, Carola/Sager, Silke/Schimpf, Nadine, Abgabenordnung und Finanzgerichtsordnung, 4. Auflage 2019, zitiert als: Ratjen et al.

Rheindorf, Beate, Der florierende Gartenbaubetrieb, DVP 2017, 203–205

Schmid, Hans-Dieter/Reich, Andreas/Schmid, Willi/Trommer, Friederike, Kommunalverfassung für das Land Sachsen-Anhalt, 5. Ergänzungslieferung 2020, zitiert als: Schmid et al.

Schwarz, Bernhard/Pahlke, Armin, AO/FGO, Stand Mai 2020, zitiert als: Schwarz et al.

Schwind, Hans-Dieter/Hauptmann, Peter-Helge, Gewerbesteuer leicht gemacht, 2. Auflage 2015, zitiert als: Schwind et al.

Theisen, Rolf-Dieter, Die Katzensteuer und die Kastrationspflicht für Streuner, VR 2020, 203–209

Tipke, Klaus/Kruse, Heinrich Wilhelm, Abgabenordnung, Finanzgerichtsordnung, 161. Ergänzungslieferung 2020, zitiert als: Tipke et al.

Piepenbrock, Dirk, Gabler, Kompakt-Lexikon Volkswirtschaftslehre, 3. Auflage 2009.

Vorwerk, Volkert/Wolf, Christian, Beck'scher Online-Kommentar ZPO, 38. Edition 2020, zitiert als: Vorwerk et al.